牧野富太郎

花と恋して九〇年

上山明博

青土社

牧野富太郎　目次

牧野富太郎　花と恋して九〇年

書は以て読まざる可らず書を読まざる者は一も通ずる所なき也
雖然其説く所必ずしも正とするに足らざるなり　牧野富太郎

プロローグ

「日本の植物学の父」と呼ばれる牧野富太郎（一八六二－一九五七）は、日本人に最も知られた日本人科学者のひとりです。

牧野富太郎は小学校を中退して以来、独学によって植物分類学の研究に情熱を傾け、日本の植物学の骨格とその概容を築き上げました。全国各地を訪れて約四〇万点の植物標本を収集し、日本の固有植物のおよそ半数に当たる約二五〇〇種（うち新種約一〇〇〇、新変種約一五〇〇）の植物を命名しました。牧野富太郎が命名した学名の最後には〝Makino〟の名が記されており、そのため亡くなってから六〇余年を経た今日においても世界の植物学者の間で〝Makino〟の名を知らない者はいません。

牧野富太郎の活動は植物学者としての学術研究にとどまらず、たとえば『牧野日本植物図鑑』に代表される数多くの植物に関する図鑑や随筆として結実し、その多くはいまもロングセラーとして版を重ねながら老若男女の別なく数多《あまた》の日本人に愛読され、読み継がれています。

また、牧野富太郎は植物鑑賞の楽しみを一般の人びとに伝えるために、全国各地の植物同好会に講師として精力的に参加しました。そうした活動は植物愛好家の裾野を広げ、牧野富太郎が国民的な学者としていまも人びとに愛される大きな要因ともなりました。

本書『牧野富太郎』の執筆を志して間もなく、私は富太郎少年が小学校を僅か二年で自主的に退学した事実に改めて驚かされました。しかも、このころすでに富太郎は植物学者になる夢を抱いていたことにさらに驚かされました。老婆心ながら、植物学者になるためには少なくとも大学に行く必要があり、小学校中退の学歴では到底植物学者になれるとは思えなかったからです。その富太郎がどのようにして日本を代表する世界的な植物学者になったのか、その大いなる謎を解くために私は富太郎の生涯を本格的に追うことにしました。

私は富太郎が執筆した自伝的随筆や自叙伝、さらに生前本人に直接取材して書かれた富太郎に関する伝記や小説のほとんどに目を通しました。すると、意外なことに彼の経歴の時期や年齢などの記述に辻褄《つじつま》が合わない場合がしばしばあり、事実を確かめるために東京・千代田区永田町の国立国会図書館に通いました。その検証の過程でさらに謎が生じ、その謎を追って富太郎の故郷、高知県高岡郡佐川《さかわ》町にある青山文庫を訪ねて取材し、また、高知市五台山に造成された高知県立牧野植物園牧野文庫で富太郎の著書や蔵書、手紙など、多くの貴重な資料を拝見させていただきました。さらに、富太郎の終《つい》の住み家となった東京・練馬区東大泉の居宅跡に設けられた練馬区立牧野記念庭園を訪れ、老境の富太郎が丹精込めてつくった庭を散策しました。

本書の取材・調査における主な目的は、次に挙げる五つです。

自伝を書くに当たり、いつ誰と結婚したかはその生涯を語るうえで欠くことのできない重要な事柄のひとつですが、大様な性格ゆえに富太郎は結婚した年を失念するか、あるいは勘違いすることが多分に見受けられました。本書の第一の目的は、牧野富太郎がいつ誰と結婚したのか、その時期と年齢を特定するために複数の資料を比較検討し、客観的な事実に基づく歴史に耐えうる評伝とすることです。

たとえば、富太郎が最期まで手元に残した手紙などから、最愛の妻寿衛《すえ》(戸籍上寿衛、通称寿衛子)と結婚する以前の明治一四年(一八八一)頃に、富太郎(当時一九歳)と従妹の猶《なお》(旧姓山本、当時一七歳)の祝言が故郷の佐川で盛大に執りおこなわれたと推察されるのですが、その事実を富太郎が東京で人に語った形跡はなく、私が知るところ牧野猶が富太郎の自伝や自叙伝に登場したことは一度もありません。

また、富太郎は自伝的随筆『植物記』(桜井書店、昭和一八年)ならびに『牧野富太郎自叙伝』(長嶋書房、昭和三一年)において、「妻の寿衛子と結婚したのは、明治二十三年頃――私がまだ二十七、八《ママ》歳のまだ青年の頃でした」とたびたび証言しているのですが、明治二一年一〇月に富太郎と小沢寿衛の間に長女園子《そのこ》(明治二六年一月夭逝)が生まれていることから、富太郎が一目惚《ひとめぼ》れして寿衛と根岸・御院殿跡の離れ家で一緒に暮らしはじめたのは、遅くとも明治二〇年一二月、当時富太郎が二五歳、寿衛が一四歳だと推定することができます。さらに富太郎が寿衛と結婚したのは明治二三年(一八九〇)頃ではなく、正確には根岸で一緒に暮らしはじめてから一七年後の明治三七年(一九〇四)九月七日に入籍していることなど、富太郎には自伝的随筆や自叙伝などを介して、些細な点でしばしば都合良く勘違いし公言する傾向が見受けられるのです。もっともそれも、生来鷹揚《せいらいおうよう》な富太郎の愛嬌のひとつであるのかもしれません。

そのため、本書の執筆の過程で、資料に細かな点で食い違いを発見することがたびたびあり、どの資料が正しいのか、その事実を確認するために多くの手間と労力を要することとなりました。

次いで本書の第二の目的は、東京大学と牧野富太郎との確執、なかでも矢田部良吉植物学教授と牧野富太郎が対立した原因を探ることです。

東京大学理学部植物学教室の矢田部良吉初代教授と牧野富太郎とは、その対立がしばしば語られ、それがその後の東京大学と牧野富太郎が長年にわたって反目する端緒となりました。その大きな原因は、富太郎の大学教授に対するある種の学歴コンプレックスにあり、そこには論争と呼べるものはなかったと複数の同大学関係者は証言しています。事実、小学校を二年で中退し、独学で日本を代表する植物学者になることをめざした富太郎に、大学教授に負けまいとする気概と情熱があったことは確かでしょう。しかし、気概と情熱だけで日本を代表する植物学者になれるわけではないこともまた確かです。

私は富太郎と矢田部教授との対立に、論争と呼べるものはなかったのかを調べるために、国立国会図書館を訪れ、矢田部教授と富太郎の二人の著作物に丁寧に目を通しました。しばらくして私は、明治一六年（一八八三）に矢田部教授が翻訳し、文部省編輯局が発行した植物学の教科書『植物通解』において、矢田部教授が初めて訳出した用語を富太郎が厳しく批判している事実を発見しました。富太郎はある論稿のなかで、矢田部教授が〝Midrib（ミッドリブ）〟を「中肋」と訳出したことを厳しく批判し、「これはすこぶるマズイ言葉であるので、私は日常未《いま》だ曾《かつ》てこんな語を使用した事がない」と矢田部教授の訳語を誤訳であると指摘し、拒否したのです。

じつは、ミッドリブが訳出されたのは、矢田部教授の『植物通解』が最初ではなく、これまでも日本の植物学の先人たちが、それぞれに適切と思える訳語を創出し発表しています。ではなぜ富太郎は矢田部教授の訳語のみを問題にし、批判したのでしょうか。それは矢田部教授の訳語が植物の特徴を正しく捉えておらず、それを許せば日本の植物学の歴史に汚点を残すことになると富太郎が考えたからです。そこで本書では、富太郎が矢田部教授の訳語を批判した理由を検証し、その主張を紹介します。

つづいて本書の第三の目的は、牧野富太郎が東京帝国大学を辞職した理由、わけても大学教授の陰謀説の真偽を探ることです。

昭和一四年（一九三九）五月、東大泉の富太郎の自宅を東京帝国大学理学部・寺沢寛一部長の使いの者と称する二人の大学事務員が訪れ、富太郎に辞表を提出するよう申し入れました。それを聞いてさすがの富太郎も激昂《げっこう》し、同五月二五日、本郷の大学を訪れて寺沢寛一理学部長に辞表を提出しました。しかし当の寺沢部長は使いの者を出してはいませんでした。長年にわたる大学側の富太郎に対する目に余る嫌がらせは大学の内外を問わず多くの者の知るところでしたが、それにも耐えて四七年勤めた東京帝国大学に対して、富太郎はついにその日辞表を提出し、辞職したのです。

富太郎の辞表提出は、彼の反応行動を熟知した者が周到に計画したものと推察され、当時からその裏には植物学教授の陰謀説がささやかれました。また、富太郎自身も誰が大学から追い出すように仕向けたのか承知していたようでもあったのですが、彼はついぞその教授の名を口外することはありませんでした。

当時陰謀者として噂に上った植物学教授は、富太郎より二〇歳も年下で、一見して両者は何の関係もない間柄のように思われました。しかし、今回その教授の生い立ちを丁寧に辿《たど》ると、富太郎との関係は教授の恩師や実父の代にまで遡《さかのぼ》ることができ、二人の間には宿怨ともいえる深い因縁がありました。その由縁を紹介したいと思います。

また本書の第四の目的は、牧野富太郎を校訂者に起用して植物図鑑の仕掛け人となった名編集者の村越三千男が、なぜ突然富太郎と絶縁することになったのか、その理由を検証することです。

村越三千男は、「東京帝国大学理科大学牧野富太郎校訂」と表紙に大きく掲げた『普通植物図譜』を明治三九年に編集・出版し、好評を博しました。つづいて村越は『野外植物之研究　正・続』(明治四〇年)、『植物図鑑』(明治四一年)と、校訂者牧野富太郎と編集者村越三千男による植物図鑑を立てつづけに出版し、植物図鑑ブームを巻き起こしました。しかし、その後牧野と村越のコンビによる植物図鑑は一冊も出ることはありませんでした。せっかく「植物図鑑」という新分野を開拓し、植物の魅力をより多くの人びとに広める機会を手にしながら、牧野と村越はなぜ絶縁したのか。その理由を調べていくと、二人の間に著作権問題があることが分かってきました。

私は国立国会図書館で二人の植物図鑑に片っ端から目を通しました。そうするうちに、二人がその後出版した植物図鑑の序文に、それぞれに著作権問題に関する記述があることに気がつきました。その二冊とは、村越三千男編『集成新植物図鑑』(昭和三年)と、牧野富太郎著『牧野日本植物図鑑』第七版改訂版(昭和二四年)です。二冊の序文を読み比べながら、牧野と村越が絶縁した原因を検証し、著作権問題に対する二人の言い分を紹介しようと思います。

さらに本書の第五の目的は、南方熊楠と牧野富太郎は互いに反目する犬猿の仲であると思われてきましたが、それは本当なのか、その真偽を確認することです。熊楠と富太郎は当時から互いを強くライバル視し、それは、熊楠と富太郎が対面する機会が幾度もあったにも関わらず生涯一度も会わなかったことでも明らかなように思われました。

しかし近年、南方熊楠顕彰館ならびに高知県立牧野植物園牧野文庫の双方から南方熊楠牧野富太郎往復書簡が発見され、少なくとも熊楠は多くの新種を発見し学名を次々と論文発表する富太郎を尊敬し、会いたがっていた可能性が高いことが判明しました。

さらに、熊楠と富太郎は対面してはいないものの、じつは手紙のやり取りを頻繁におこなっており、熊楠が紀州で採取した植物標本を共通の知人を介して富太郎に送り、富太郎に植物の同定を依頼するという、互いの研究内容に密接に関わる交流があったことが分かりました。熊楠は礼節を尽くして富太郎に教えを乞い、富太郎は植物分類学の専門家として一つひとつ丁寧に回答し、熊楠の質問に応じています。本書では、近年発見された南方熊楠牧野富太郎往復書簡の文面を紹介し、それに若干の解説を加えてみたいと思います。

さて、本書を取材執筆する過程で私がつねに抱きつづけた疑問は、小学二年中退の富太郎が、どのようにして日本を代表する世界的な植物学者になったのか、ということでした。

その根元的な疑問を抱きながら、その後の悪戦苦闘の生涯を追う裡《うち》に、私は富太郎は植物を学問の対象に選択したのではないことに気がつきました。富太郎はただ単に植物学者になることをめざしたのではなく、植物のすべてを愛し、植物を師として生き、植物とともに暮らす喜びを希求し、それを体現した結果として、植物学者になったのです。

富太郎はあらゆる権威に抗《あらが》い、貧困と闘いながらも、植物相《フローラ》の解明という植物学の究極の夢に向かって研鑽《けんさん》を重ね、海外の植物画をも凌駕《りょうが》する牧野式植物図を完成させました。植物の天然自然の生命力を、富太郎の精緻を極めた観察力と描写力によって余《あま》すところなく写し取った植物画に、植物本来の普遍的な生気が息づいている理由がそこにあります。

周囲の人間関係に配慮するあまり、場の空気を読むことが大きな関心事となる現代社会において、自分の好きなことだけを我が儘《まま》に追い求めた富太郎の生き方は、今日の私たちに示唆に富んだ教訓を示しているのかもしれません。

牧野富太郎の生涯を追った本書は、小学校を中退して以来、自然を師としながら独学で近代植物分類学の孤高の道を踏破し、「日本の植物学の父」と呼ばれるまでに至った奇跡の物語です。九四年の長きにわたるその人生を通して、富太郎が今日も愛されつづける理由を理解する一助となればそれに勝る喜びはありません。

第一章

本草学から植物学へ

誕生日が植物学の日に

高知市街から西に二五キロメートルほど隔てた山間《やまあい》を縫うように、春日川（柳瀬川支流の一級河川）が流れている。その細流を南に向かって遡ると、川沿いの少し開けた盆地に佐川町はある。文久二年四月二四日（一八六二年五月二二日）、土佐国高岡郡佐川村西町組一〇一番屋敷の「岸屋《きしや》」と呼ばれる酒造と雑貨を営む裕福な牧野家に待望の長子が生まれ、「成太郎」と名づけられた。その子は長じて「日本の植物学の父」と呼ばれ、誕生日の四月二四日はのちに「植物学の日」に制定されることになる。

牧野家の先祖は、紀州那智郡貴志荘（現在の和歌山県貴志川町）から文禄慶長（一五九二―一六一五）ごろに土佐に移ってきたことが『佐川市中旧家先祖書《せんぞがき》』などによって分かっている。成太郎の母久寿《くす》（一八三三―一八六七）は牧野家の息女で、父佐平《さへい》（一八二七―一八六五）は近親の家から見込まれて養子に入った。しかし、慶応元年（一八六五）七月六日、成太郎が三歳のとき佐平（牧野家第五代当主）が流行病《はやりやまい》（当時佐川村で流行した虎列刺《コレラ》と推察される）に罹患して三八歳で急逝する。その二年後の慶応三年（一八六七）二月二二日、今度は久寿が後を追うように三四歳で病死し、父母ともに三〇代の若さで相次いで早世した。さらに翌年（一八六八）には牧野家第四代当主の祖父小左衛門《こざえもん》（一七九四―一八六八）も七四歳で病没した。残された祖母浪子《なみこ》（一八一〇―一八八七、祖父の後添い）は気丈に牧野家を切り盛りするとともに、邪気を払い、牧野家に富がもたらされることを祈念して成太郎の名を「富太郎」と改め、岸屋のたった一人の跡取り息子（血縁のない孫）の富太郎を鍾愛《しょうあい》し大切に育てたのである。

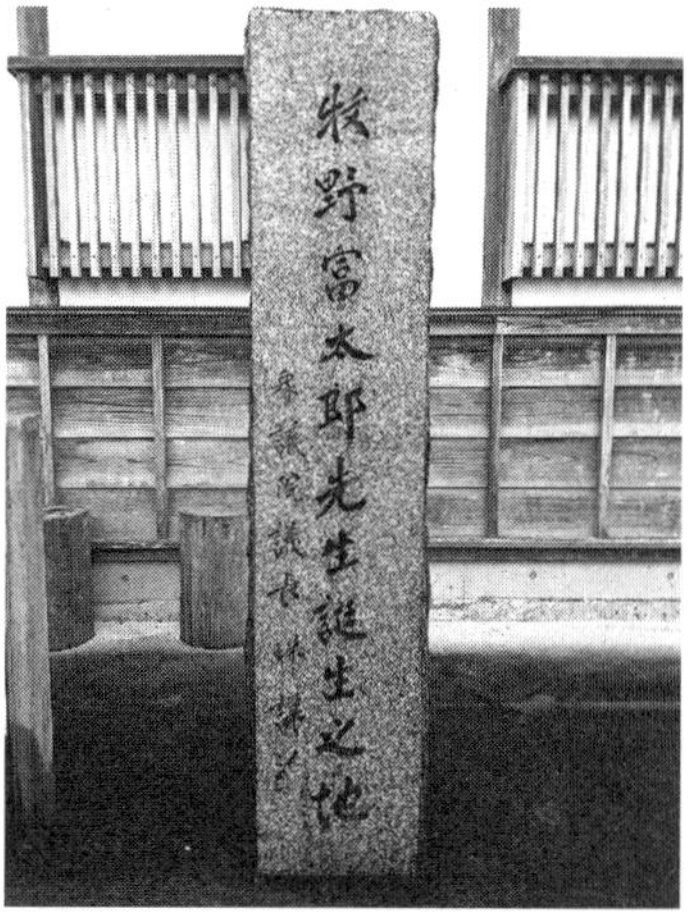

▲牧野富太郎の生家「岸屋」跡に立つ生誕地の石碑（高知県高岡郡佐川町甲1485、著者撮影）

▲『佐川市中旧家先祖書』（佐川町教育委員会蔵）

明治五年（一八七二）、牧野富太郎は一〇歳になると近くの寺子屋に通った。牧野家は江戸初期よりつづく旧家の豪商で、御目見得《おめみえ》町人として領主から苗字帯刀を許された家柄だが、富太郎は刀を差すことを嫌い、当時の多くの少年たちが熱中した剣道の稽古も好まず、自宅の裏山の金峰《きんぷ》神社で一人で草木と遊ぶ子どもだった。肋《あばら》骨の見える痩身白皙《そうしんはくせき》の外見から、富太郎はまわりの子どもたちから「ハタットウ」（土佐の方言でバッタの意）の渾名《あだな》で呼ばれた。

佐川は土佐藩筆頭家の深尾家の領地で、領主の深尾家は文教を盛んに奨励した。翌六年（一八七三）、一一歳になった富太郎は郷校の名《めい》教館《こうかん》（元・深尾家家塾）に入り、儒学者伊藤徳裕（蘭林《らんりん》、一八一五－一八九五）に習字・算術・四

▲金峰神社の参道（佐川町甲1896）

書・五経を学んだ。名教館は洋学をいち早く取り入れ、西洋の最新の地理・物理・天文などを積極的に教えていた。そのため、富太郎は国学や漢学のほかに、福沢諭吉（一八三五－一九〇一）の『窮《きゅう》理《り》圖《ず》解《かい》』（明治元年に刊行した初の科学入門書）や『世界國《くに》盡《づくし》』（明治二年に福沢諭吉が著した世界地理の入門書）、川本幸《こう》民《みん》（一八一〇－一八七一）の『気海観瀾広義』（力学・化学・熱学・電気学・光学・天文などを解説した理学書）、後藤達三（一八四一－一八九二）の『訓蒙窮理問答』（自然哲学の小学校用教科書）、内田正雄（一八三九－一八七六）の『輿《よ》地《ち》誌《し》略《りゃく》』（明治初期に流行した世界地誌書）、小幡篤次郎（一八四二－一九〇五）の『天変地異』（明治初期に評判となった科学啓蒙書）などの教科書を通して西洋の知識に触れ、乾いた土地に水が染み込むように旺盛に吸収した。

富太郎が生まれた文久二年（一八六二）は、鎖国から目覚めた日本が西洋文明と出会い、折しも坂下門外の変（二月一五日）や寺田屋事件（四月二三日）、生麦事件（八月二一日）などが発生した年でもある。富太郎が西洋文明と出会うのは、学制の発令後、全国に順次導入された小学教育からと見るのが一般的だが、右に示したとおり名教館では最新の洋学をいち早く取り入れた質の高い教育がおこなわれており、佐川に小学校が開設される以前にすでに富太郎は洋学の洗礼を受けていた。そ

▲佐川小学校に移設された名教館の玄関（佐川町上町、左右ともに著者撮影）

のため進取の精神に満ちた早熟の富太郎は、好奇の目を輝かせて一心に学んだ。

　日本で最初の近代的学校制度を定めた学制が発令されたのは、明治五年のことである。洋学者箕《み》作麟祥《つくりりんしょう》（一八四六－一八九七、のちに登場する菊池大麓・箕作佳吉の従弟）らによって欧米の学制を参考に起草された学制は、これまでの封建社会における儒教的為政者教育を否定し、「邑《むら》に不学の戸なく家に不学の人なからしめんことを期す」ことを目的に、すべての国民に等しく教育の機会を与え、個人の能力を伸ばし、自立自営を支援することを理念に掲げ、そのための実学教育を推進するための教育制度である。

　明治五年の学制発布を受けて、明治七年に名教館は佐川小学校に改組する。文部省が公布した『小学教則』によれば、初等教育を担う小学校は八年制で、下等と上等を各八級に分け、下等八級より上等一級に至る毎級の授業期間を六ヶ月としたが、試験によって随時進級することができた（『学制百年史』文部省）。富太郎は明治七年に佐川小学校の下等八級に入学し、イロハの読み書きから改めて習った。

　名教館ですでに中等教育以上に相当する教育を受けた一二歳の富太郎にとって、六歳児用に組まれた初等教育

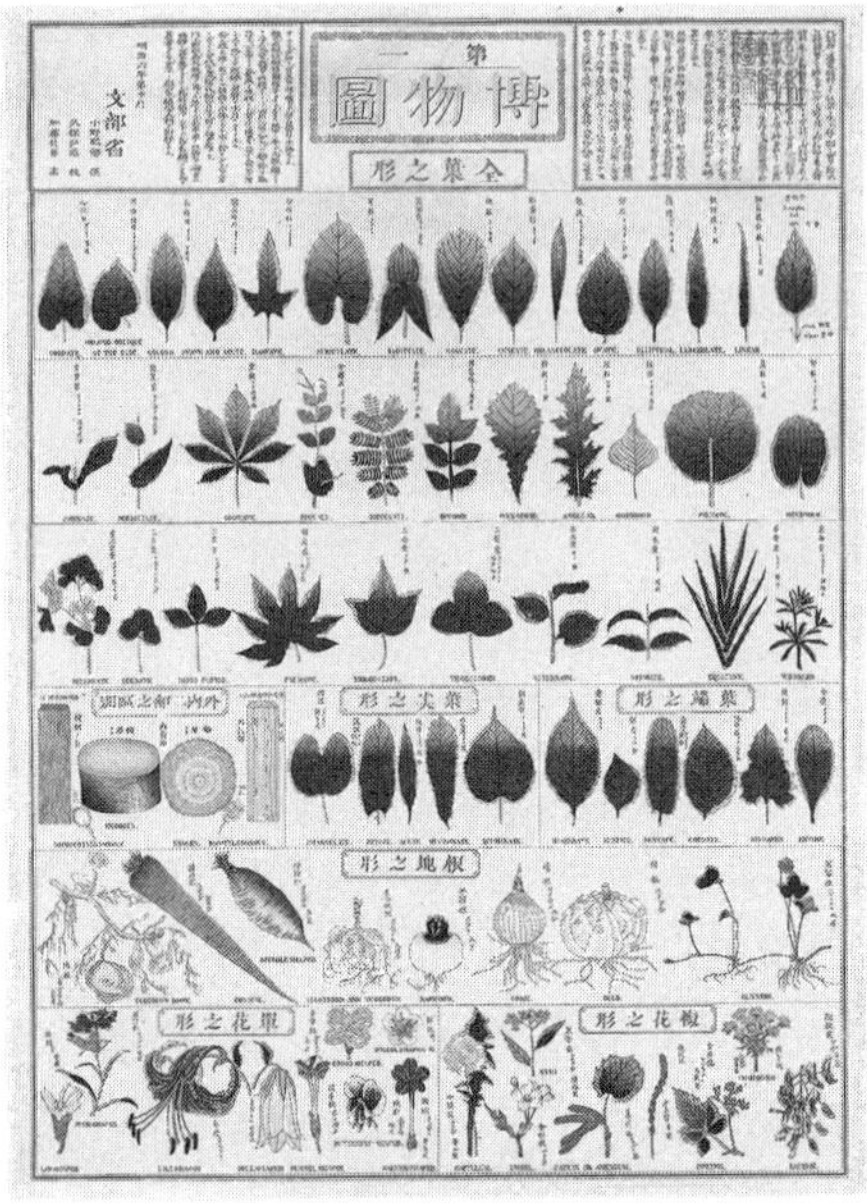

▲「第一博物図―全葉之形・葉端之形・葉尖之形・根塊之形・複花之形・単花之形」文部省、明治6年

を学ぶのは退屈というより苦痛だったろう。そのなかで唯一富太郎が興味を持った教材が『博物図』だった。昭和三一年、富太郎が最晩年の九三歳の折に著した『牧野富太郎自叙伝』（長嶋書房）には、富太郎少年が小学校で初めて博物図を見たときの印象が鮮やかに記されている。

私のまだ在学している時、文部省で発行になった『博物図』が四枚学校へ来たので、私は非常に喜んでこれを学んだ。それは私は植物が好きであるので、この図を見ることが非常に面白かった。そして図中にある種々の植物を覚えた。

図は皆着色画で、その第一面が植物学的の事柄で、葉形やら根やら花やらなどの事が出て、その第二面には種々の果実ならびに瓜の類が出ており、その第三面には穀類、豆類、根塊類が出て、その第四面には野菜の類、海藻類、菌類が出ていた。

（『牧野富太郎自叙伝』長嶋書房、一九五六年）

『博物図』とは、小学校の理科教材として文部省博物局の田中芳男（一八三八－一九一六）と小野職《もと》愨《よし》（一八三八－一八九〇）が、米国の博物学者M・ウィルソン&N・A・カルキンズ（M.Willson & N.A.Kalkins）の〝School and Family Charts〟を参考に企画編纂した初等教育用掛図である。

　富太郎の自叙伝の記述を注意深く読むと、佐川小学校で見た四枚の『博物図』は、明治六年一〇月に文部省が発行した「第一博物図―全葉之形・葉端之形・葉尖之形・根塊之形・複花之形・単花之形」（小野職愨撰、久保弘道校、加藤竹齋畫）、「第二博物図―蓏果類」（小野職愨撰、久保弘道校、長谷川竹葉畫）、「第三博物図―穀物之類・莢豆之類・根塊之類」（小野職愨撰、久保弘道校、長谷川竹葉畫）、「第四博物図―葉茎類・菫辛類・海藻類・芝栭類」（小野職愨撰、久保弘道校、長谷川竹葉畫）と符合する。銅版の輪郭線に木版で色刷りした大判の掛図はこれまでになく精巧なもので、富太郎の心を捉えたのも頷《うなず》ける。

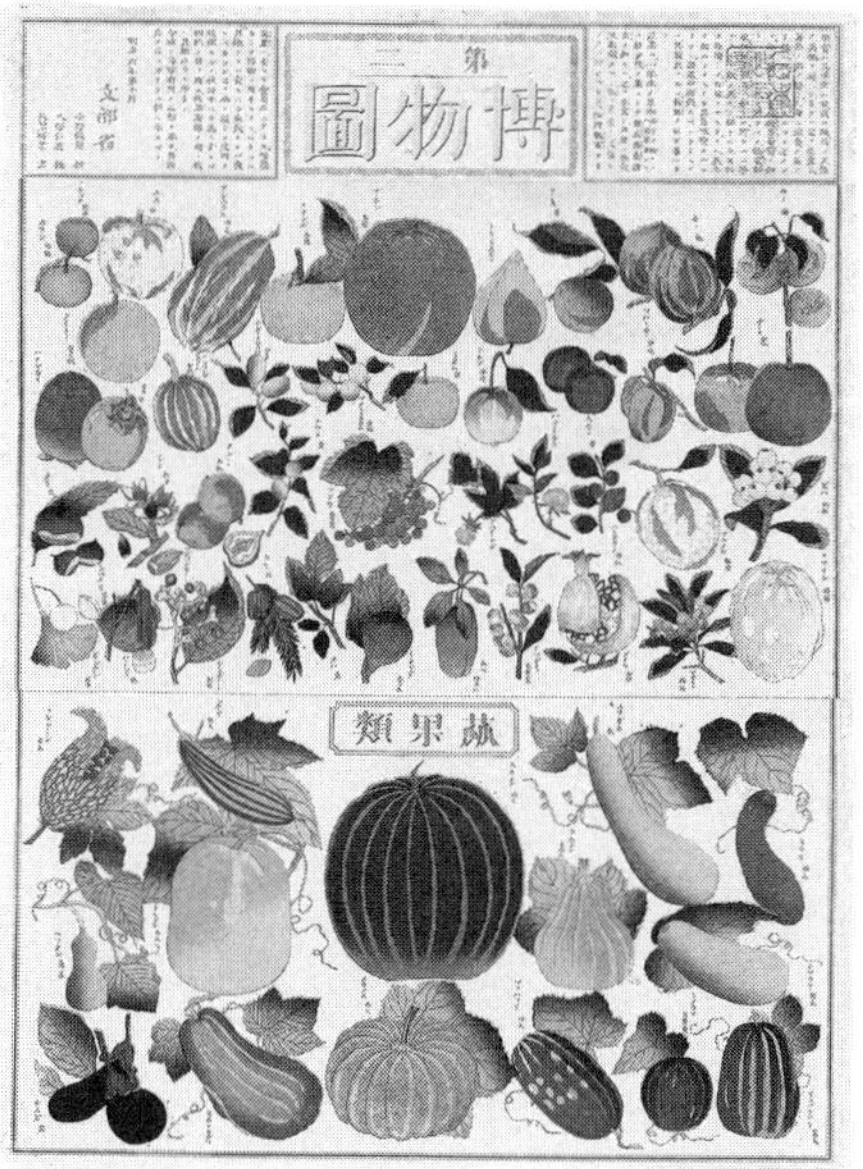

▲「第二博物図―蓏果類」文部省、明治６年（左右ともに国立公文書館蔵）

　将来、日本を代表する偉大な植物学者となる富太郎の才能を発芽させる最初のきっかけは、この文部省が発行した四枚の博物図にあるといってよい。その後、富太郎はこの掛図を制作した田中芳男と小野職愨に会うために東京の博物局（明治一四年農商務省に移管）を訪ね、憧れの二人から励ましの言葉を得て、植物学者になるという夢に向かって具体的な一歩を踏み出すことになる。

明治七年に佐川小学校下等八級に入学した富太郎は、僅か二年で学校が嫌になり、明治九年に下等一級まで進級した際に自主退学してしまう。退学の理由は判然としないが、晩年富太郎は「嫌になった理由は今判らないが、家が酒屋であったから小学校に行って学問をし、それで身を立てることなどは一向に考えていなかった」（『牧野富太郎自叙伝』長嶋書房）と述懐している。

名教館で生徒の学力に応じて洋学を学んでいた富太郎は、文部省が全国一律に教える小学校の授業には飽き足らなかった。それよりも彼は、野外の教場で自然を生きた教科書にして学ぶことを選び取り、緑豊かな佐川の山々に分け入って植物を観察する日々を過ごすのである。

本草学と植物学

小学校を退学した富太郎にとって、唯一の先生は佐川の豊かな自然に育まれて芽吹く多くの植物たちだった。彼は野山で巡り会った草花たちの名前を知りたかったが、それに答えてくれる人がいないために苦心した。しかし、富太郎は書物などに書かれた先人の知識が多くの疑問に答えてくれることを知り、本草書などを手がかりにして野山を歩き回った。するとすぐに、緑深い佐川の自然は植物の宝庫であることに気づくのである。

町の外から水草を採ってき、家の鉢に浮して置いたが、その草の名を知りたいと思っていると家の下女が「びるむしろ」だといった。私は『救荒本草』という本を高知で買って持っていたが、その中に似た草があったことを想い出し、調べた結果、この草は眼子菜、「ひるむしろ」であることをはじめて知った。また町の近所で上に小さな丸い実のある妙な草があったので、『本草綱目啓蒙』で調べたところ、それは「ふたりしずか」であった。このように自分の実際の知識と書物とで、名を憶えることに専念した。

（『牧野富太郎自叙伝』長嶋書房、一九五六年）

右は、明治一四年ころの出来事と思われる。富太郎は佐川の町外れの湿地に生えていた水草を持ち帰って観察していたが、なんという名前の植物かどうしても分からずに困っていると、田舎から奉公に来ていた使用人が「びるむしろ」だと教えてくれた。「びる」は土佐の方言で「ヒル（蛭）」を指し、ヒルがこの葉の上で筵《むしろ》代わりに昼寝をする意味から、土佐では「びるむしろ」と呼ばれたのである。

早速、書物を取り出して調べると、中国の本草書『救荒《きゅうこう》本草』のなかに葉の形などがそっくりな水生植物の記述があり、「ヒルムシロ（眼子菜）」という名前であることが分かった。このとき富太郎は、植物学を学ぶ者にとって、身分や性別や学歴の上下に関係なく、すべての人から学ぶことが重要であることを知った。この貴重な経験が、後年（明治二〇年）創刊する植物学会誌に富太郎が最初に発表する論文につながることになるのだが、それは後に述べる。

かくて富太郎は、佐川の山で出会った美しい草花を飽くことなく眺め、好きな植物の名前や特徴などを知るために、持ち帰った植物と書物とを付き合わせる日々を夢中で過ごすのである。

なお、『救荒本草』は飢饉の際などに救荒食物として利用できる四〇〇品種余りの植物を図と文章で紹介した中国明《みん》代の代表的な本草書であり、また『本草綱目啓蒙《ほんぞうこうもくけいもう》』は江戸時代を代表する本草学者小野蘭山《らんざん》（一七二九－一八一〇）の講義録をまとめた本草学の名著である。富太郎は『救荒本草』を高知の本屋で購入し、『本草綱目啓蒙』を佐川の洋物屋鳥羽屋《とばや》を介して大阪の本屋から取り寄せるなど、さまざまな方法を用いて目当ての本を入手した。

富太郎が佐川小学校を退学した翌年、向学心旺盛な富太郎の誠実な受講態度とその能力を高く認めた佐川小学校校長は、一五歳の富太郎に佐川小学校の授業生（代用教員）になることを依頼した。そして明治一〇年、富太郎は授業生として月三円の給金を得て、小学校で教鞭をとることになる。このとき富太郎は、佐川の草原に生徒たちと一緒に出かけて植物観察会や写生会などをおこなった。生徒が尋ねるすべての質問に満面の笑顔で即座に答える富太郎のいきいきとした姿が想像される。

後年（大正二年）、東京帝国大学理科大学の植物学講師となった富太郎は、大学の教室で講義をするよりも、屋外での植物実習に力を注いだ。それは富太郎にとって、植物学本来の学びの姿であったからである。かつて富太郎が佐川の山で出会った植物の美しさに魅了されたように、彼は佐川小学校や東京帝国大学の教え子たちにも自分と同じように天然の教場で植物の魅力をじかに感じ取ってくれることを望んだのだろう。

自然界に存在する植物を採集・分類し、植物相を体系的に捉えようとする試みは古くからおこなわれてきた。その先駆者のひとりに、古代ギリシアのレスボス島に生まれ、アリストテレス（Aristotelēs, 紀元前三八四－三二二）に次いでリュケイオン（アリストテレスの学園）の学頭を務めた哲学者テオフラストス（Theóphrastos, 紀元前三七一－二八七）がいる。テオフラストスは植物を高木、低木、亜低木、草の四つに分類した。また族、科、属というグループに分けて体系的に記録する研究法を編み出し、今日の植物学の基本となる植物分類学を創始した。彼の主著『植物誌（Historia Plantarum）』は、世界初の植物学書として後世に多大な影響を与え、その先駆的な研究からテオフラストスは「植物学の始祖」と呼ばれている。

また、古代ローマ（ローマ皇帝ネロの統治下）に活躍した医者ディオスコリデス（Dioscorides, 四〇頃－九〇）は、長年におよぶフィールドワークを経て実用的な本草書『薬物誌（De Materia Medica）』を出版した。同書はその後一五〇〇年以上にわたって西洋医学の基本文献として活用され、その著者ディオスコリデスは「薬草学の父」と呼ばれている。

他方、中国を中心に東アジア諸国で発展した本草学は、漢方薬および不死の霊薬の材料として盛んに研究された。なかでも中国六朝《りくちょう》時代の医学者陶弘景《とうこうけい》（四五六－五三六）は、永元二年（五〇〇）に、七三〇種余りの薬名を記載した『神農本草経《しんのうほんぞうきょう》』を著し、本草学の基礎を築いたといわれている。その後多くの本草書が編纂されたが、なかでも特筆すべきは、明代の医学者李時珍《りじちん》（一五一八－一五九三）が一八七一種もの薬種を収載する『本草綱目』を著し、万暦二三年（一五九六）に出版したことである。

本草学の集大成として注目された『本草綱目』は、その初版本が日本にもいち早く輸入され、少なくとも慶長一二年（一六〇七）には江戸の儒学者林羅山《はやしらざん》（一五八三－一六五七）が『本草綱目』を入手し、同年将軍職を辞して大御所となった徳川家康（一五四三－一六一六）に献上している。一方、『本草綱目』に興味を持った家康はこれを境に本草学の研究に熱心に取り組んだこともあり、同書はその後多くの優れた本草学書が上梓される契機となった。たとえば、林羅山は慶長一七年（一六一二）に『本草綱目』を抄出し、江戸の本草学者貝原益軒《かいばらえきけん》（一六三〇－一七一四）は、宝永七年（一七〇九）に『大和本草』を編纂し、さらに江戸の本草学者小野蘭山は、弘化四年（一八四七）に日本最大の本草学書といわれる『重訂《じゅうてい》本草綱目啓蒙』全四八巻を刊行するなど、江戸時代において本草学は発展し隆盛を極めたのである。

なお、一般に植物学の植物図は植物を体系的に分類する目的で用いられ、本草学は他の類似の植物から薬草を鑑別する目的で用いられた。西洋の植物学と東洋の本草学は目的において大きな違いがあるが、どちらも植物を同定するために客観的な科学者の目で描かれた点で同様である。

宇田川榕菴の『植学啓原』

さて、富太郎が西洋の近代植物学に最初に触れたのはいつか？　その時期を正確に特定することは難しい。

富太郎の終の住み家となった大泉の自宅（現在の練馬区東大泉六－三四－四　練馬区立牧野記念庭園）には九四年の生涯の間に四万五〇〇〇冊におよぶ書籍が蒐集《しゅうしゅう》され、その多くは「繇條書屋《ようじょうしょおく》（『書経』の一節から採った言葉で「枝や草が伸び茂る書斎」の意）」と名づけられた書斎に所蔵されていた。昭和三二年（一九五七）に富太郎が亡くなると、その膨大な蔵書は散逸を避けるために郷里の高知県にすべて寄贈され、現在、高知県立牧野植物園（高知市五台山四二〇〇－六）の牧野文庫に収蔵されている。

『牧野文庫蔵書目録』（高知県立牧野植物園編発行）に目を通すと、江戸時代における本草書の最高傑作といわれる小野蘭山の『重訂本草綱目啓蒙』（一八四七年刊）をはじめとする多くの本草書のほかに、オランダ商館付医師として来日した植物学者カール・ペーテル・ツンベルクが日本の植物について著した『日本植物誌（Flora Japonica）』（ライプチヒ、一七八四年刊）やシーボルトとツッカリーニの共著『日本植物誌（Flora Japonica）』全二巻（ライデン、一八三五－一八七〇年刊）、さらに西洋の植物学を日本に初めて紹介した伊藤圭介の『泰西本草名疏《たいせいほんぞうめいそ》 上・下巻』（一八二九年刊）や、植物学の全容を詳しく解説した宇田川榕菴《ようあん》（一七九八－一八四六）の『植学啓原《しょくがくけいげん》 全三巻』（一八三三年刊）など、西洋の植物学者が著した原書や日本の蘭学者が翻訳した植物学の入門書が網羅されている。

これらの数多の稀少本は、刊行年は分かるものの富太郎がいつ蒐集し読んだのかは分からない。しかし、富太郎が宇田川榕菴の『植学啓原』を読み、そこに記載されている植物の文と画を自分の頭と手に刻みつけるためにみずから写本した『植学啓原訳文』が存在することが分かった。

宇田川榕菴の『植学啓原』は一三〇頁にわたって漢文で記され、その巻末の二一頁にわたって一〇〇余点の植物図が付されている。富太郎はこの榕菴の『植学啓原』の全文を書き下し文に訳し、さらに巻末に付された一〇〇余点の植物図を丁寧に描き写して、自筆の『植学啓原訳文』を制作した。

そして現在牧野文庫には、宇田川榕菴の『植学啓原』とともに富太郎の筆による写本『植学啓原訳文』が収蔵されている。その表紙見返しには「明治十一年初春、遅日園訳且写」とあり、また裏表紙見返しには「此の本の原本は佐川町裏町医者堀見久庵氏の蔵本之れを借りて元の漢文を和訳し且写す、時に明治十一年初春也」とある。さらに朱筆で「海南土佐国遅日園主牧野氏蔵本、土佐高岡郡佐川町牧野富太郎自写自筆」と富太郎の書き込みが残されている。なお、表紙見返しの「遅日《ちじつ》園《えん》」は富太郎の初期の号で、「遅日」とは日が暮れるのが遅いことを意味し、「遅日園」は春の日の園を指す。

富太郎が初めて植物学に対面した時期を正確に知ることは難しい。しかしながら、みずから写本した『植学啓原訳文』の存在によって、少なくとも明治一一年（一八七八）、一五歳の春に富太郎は蘭学者宇田川榕菴が天保四年（一八三三）に著した『植学啓原』全三巻を入手し、紙がすり減るほど丹念に読み込んだことは明らかである。

ちなみに、裏表紙見返しの「堀見久庵《きゅうあん》氏」は、薬用植物を用いた全身麻酔による手術に成功したことで高名な華岡青洲《はなおかせいしゅう》（一七六〇－一八三五）の門下生で、当時佐川町で医院を営んでいた町医者の名である。

富太郎が佐川で一緒に植物採集などをして遊んだ親友に堀見克礼《よしのり》（一八六七－没年不詳、後の大阪医科大学教授）がいる。その父が堀見久庵（生年不詳－一九一二）で、裏町の開業医の書棚に宇田川榕菴の『植学啓原』があったのを目ざとく見つけた富太郎は、親友に頼み込んで『植学啓原』を借り受け、植物学の様々な術語や図版と対面したのである。富太郎が写本した『植学啓原訳文』には、富太郎がいかに宇田川榕菴に私淑し、西洋の植物学を学ぼうとしたのかを想像することができる。
牧野文庫に残された『植学啓原訳文』の文と画は、一五歳の富太郎の、植物に向けられた眩《まぶ》しいほどの好奇心をもって写し取った秀逸な写本であり、すでにそこには将来の植物学者としての非凡な技量の一端を見ることができて興味深い。

リンネの高弟ツンベルクの来日

富太郎が植物学者になることをめざした大きな要因のひとつに、宇田川榕菴をはじめとする先人たちの業績に触れ、感銘を受けたことが挙げられる。そのことを理解するためには、植物分類学を創始したリンネの業績を見る必要があるだろう。なぜなら、今日の植物分類学は、スウェーデンの生物学者カール・フォン・リンネ（Carl von Linné, 1707-1778）が著した『植物種誌（Species Plantarum）』（一七五三年刊）に起因するからである。

リンネは『植物種誌』を著すために、世界各地で収集した約五九〇〇種の植物を詳細に観察した末に、植物の花（生殖器官）こそ植物にとって最も大切な器官であると確信する。そして、植物の生殖形質に基づいて分類をおこなうことを主張した。リンネは、『植物種誌』ですべての植物を「綱《こう》（class）」、「目《もく》（order）」、「属《ぞく》（genus）」、「種《しゅ》（species）」の四つの階級（rank）を用いて体系づけ、その最上位の分類階級である「綱」の区分において雄蕊《おしべ》と雌蕊《めしべ》の数や配置などの形質の違いを重視した。

さらにリンネは雄蕊の数によって綱を一三に区別し、雄蕊の配置の違いや雌蕊との合着によって全「二四綱分類」を構成した。こうして、雄蕊と雌蕊のほか、花冠《かかん》、花床《かしょう》、萼《がく》、果皮、種子などの形質の相違によって「性分類体系（Systematis Sexualis）」を構築するのである。

また、リンネはこれまで統一されていなかった学名の命名に対して、属名の後に一語（trivial name）をつなげる「二名法」を厳格に用いることを提唱し、簡便で誰もが容易に理解できる学名の活用・普及に努めたのである。

日本にはこれまでも、中国および東アジアで医薬品の活用を中心に発達した本草学があった。その本草学とは異なるリンネの植物分類法を用いて初めて日本の植物を記述したのは、リンネの高弟カール・ペーテル・ツンベルクである。

カール・ペーテル・ツンベルク（Carl Peter Thunberg, 1743-1828）は、幕末の日本に長崎出島を中心に一年余り滞在した世界的に高名な植物学者である。一七四三年一一月一一日にスウェーデン南部の都市ヨンショーピングに生まれたツンベルクは、一四七七年に創設したウプサラ大学のリンネに師事して植物学を修め、リンネの勧めに従ってオランダ東インド会社の医師となった後、安永四年（一七七五）八月一一日にオランダ商館付医師として長崎出島に赴任した。翌五年（一七七六）、Capitao《カピタン》（オランダ商館長）に同行して江戸に参府し、江戸城大広間で一〇代将軍徳川家治《いえはる》（一七三七–一七八六）の拝謁式に臨んだ。その往き帰りの道中、長崎、京都、富士、箱根、江戸の各地でしばしば駕籠を降りて多くの植物標本を収集し、同年（一七七六）一二月三日、帰国の途についた。スウェーデンに帰ると、ツンベルクは日本で採集した植物標本の研究に取り組み、ウプサラ大学植物学教授に就任した年の一七八四年、三九〇種の新種を含む八一二種の日本の植物を記載した『Flora Japonica《フロラ・ヤポニカ》（日本植物誌）』（ライプチヒ刊）を出版した。

次いで、ツンベルクが離日してから四七年後の一八二三年、ツンベルクと同じオランダ商館付医師として長崎出島に赴任したのは、フィリップ・フランツ・バルタザール・フォン・シーボルト（Philipp Franz Balthasar von Siebold, 1796-1866）である。一七九六年二月一七日にミュンヘン近郊のヴュルツブルクの名門の家に生まれたシーボルトは、ヴュルツブルク大学で医学を学び、軍医少佐としてオランダ東インド会社に勤務した。このとき、日本の稀少な植物などを採集調査する目的で日本に派遣されることになったのである。

文政六年（一八二三）八月一一日、シーボルトはツンベルクが一七八四年に著した『フロラ・ヤポニカ（日本植物誌）』をはじめとする複数の貴重な植物学書を携えて来日し、前任者のツンベルクと同様、オランダ商館長の江戸参府に随行して文政九年二月一五日長崎出島を出立し、その道中植物標本を収集した。同年三月二九日、シーボルトは東海道の尾張・熱田宿で医師で本草学者の水谷豊文（一七七九－一八三三、当時四八歳）、大河内存真（一七九六－一八八三、当時三一歳）、伊藤圭介（当時二四歳）の三人の出迎えを受け、道中三人と医学や植物学などの談話をして交友した。四月一〇日に品川宿で宇田川榕菴（当時二九歳）ら江戸の蘭学者の出迎えを受けて江戸に到着し、五月一日に第一一代将軍徳川家斉《いえなり》（一七七三－一八四一）に拝謁する。

シーボルトは江戸に三七日間滞在し、五月一八日に帰途についた。途中五月二七日に再び熱田宿で水谷豊文、大河内存真、伊藤圭介の出迎えを受けた。このとき三人は日本産植物の図や標本を持参し、シーボルトは植物の種の同定の仕方などについて話をした。こうしてシーボルトは、文政九年二月一五日に長崎出島を出てから五ヶ月後の七月七日、長崎に戻ったのである（『江戸参府紀行』シーボルト）。

リンネの植物分類法を初めて日本に紹介したのは、シーボルトを熱田宿で出迎えた三人のうちで最年少の伊藤圭介（一八〇三－一九〇一）である。

文政一〇年五月、伊藤圭介は名古屋を出て、江戸にいた五歳年上の宇田川榕菴の居宅に寄宿していたが、同年九月シーボルトが長崎で運営する私塾鳴滝塾《なるたきじゅく》に入塾し、シーボルトから西洋の植物学について薫陶を受ける。翌一一年伊藤が鳴滝塾を去るに当たり、シーボルトは餞別《せんべつ》としてツンベルクが日本の植物について著した『フロラ・ヤポニカ』を伊藤に贈った。爾来、伊藤はツンベルクの『フロラ・ヤポニカ』の翻訳に没頭し、そこに記されていたラテン語の植物名に和漢文を当て、さらに巻末にリンネの二四綱分類体系の図を載せて、『泰西本草名疏　上・下巻』（ツンベルク原著、伊藤圭介編訳）を文政一二年（一八二九）に出版する。これが西洋の植物学が日本に紹介された最初である。

逆にいえば、中国で発展した本草学が比較的早期に日本に移入されたのに対して、西洋で発展した植物学の移入は遅かったというべきだろう。つまり、本草学の名著『本草綱目』が中国からいち早く（少なくとも数年以内に）長崎を経由して日本に移入され、発展を遂げたのに対して、植物分類学の祖であるリンネの高弟ツンベルクが日本の植物相について初めて著した『フロラ・ヤポニカ』は、一七八四年に上梓されてから四五年も経った後にその概容が紹介されたにすぎないのである。

日本の本草学者が、西洋の植物学を国内に紹介することに遅れた理由は、第一に、鎖国政策によって西洋知識の移入が厳しく制限されていたことが挙げられる。さらに第二の理由として、日本の本草学者の間で本草学の分類体系が広く普及し、本草学に基づく医薬の調合や処方がおこなわれ、

▲日本の植物の学名をアルファベット順に記載、右はツンベルクの肖像画（『泰西本草名疏　上巻』カール・ペーテル・ツンベルク原著、伊藤圭介編訳、文政12年／国立国会図書館蔵）

それによって本草学者や薬師《くすし》などの当時の医療従事者は大きな利益を得ていたことが挙げられる。それに比べて西洋の植物学は、純粋な学問としての研究の色合いが強く、多くの本草学者にとって利益が期待できず、関心をもちにくかったと思われる。加えて、オランダ語や英語は習得しても、ラテン語まで学ぼうとする学者が極めて稀《まれ》であったことも大きな要因のひとつにあったと考えられる。

こうした難関を乗り越えて上梓された伊藤圭介編訳による『泰西本草名疏』（ツンベルク原著『フロラ・ヤポニカ』の抄訳）は、縦書きの和綴《わとじ》本で、一見すると普通の本草書のように見える。だが、日本の植物を学名（ラテン語と仮名）と和名（仮名と漢字）を並記し、たとえば〝Amygdalus《アメイグダリュス》 persica《ペルシカ》 L.〟には「モモ、桃」と対照して記載されていた。

この本を初めて手にした日本人は、世界では植物を学名で呼び、日本の植物にも西洋の植物学者たちによってすでに学名が与えられていることを知り、大いに驚いたに違いない。

シーボルトが残した『植物学入門』

文政九年(一八二六)に熱田宿で伊藤らと別れたシーボルトは、江戸で逗留中に宇田川榕菴と親しく交流した。その折シーボルトは、ドイツの著名な植物学者クルト・シュプレンゲル(Kurt Polycarp Joachim Sprengel, 1766-1833)が一七八〇年に著した『植物学入門(Anleitung zur Kenntniss der Gewaechse)』全三巻を榕庵の前に置くと、その第一巻の見返しに「わが好学の友宇田川榕庵への記念品として――ドクター・フォン・シーボルト一八二六年」と献辞・署名して榕菴に贈呈した(早稲田大学図書館蔵)。

文政一一年(一八二八)九月、五年の任期を終えたシーボルトが帰国の準備をしていたとき、国禁であった伊能忠敬作の日本地図などを国外に持ち出そうとしていたことが発覚し、いわゆる「シーボルト事件」が起きる。国禁の品二六点が押収され、その後シーボルトは一年間にわたって尋問を受け、翌一二年九月二五日長崎奉行より国外追放の沙汰が下る。そしてシーボルトは文政一二年(一八二九)一二月五日、日本を去ったのである。

そのころ、宇田川榕菴はシーボルトから恵与《けいよ》された本を大切に読んでいたが、伊藤圭介が『泰西本草名疏』を訳出したことを知って大いに刺激を受けた。しかも、伊藤の『泰西本草名疏』は、植物学の概略を示すのにとどまり、リンネの植物分類学の全貌を記述するまでには至ってはいなかった。それを知った榕菴は、シュプレンゲルの『植物学入門』などを参考にリンネの二四綱分類体系をはじめとする植物分類学の解説書の執筆に着手し、『泰西本草名疏』の刊行から三年後の天保四年（一八三三）にリンネの植物分類法の本格的な解説書『植学啓原』を上梓する。

『植学啓原』は全三巻からなり、巻之一はリンネの二四綱分類、巻之二は生殖器官の形態と生理、巻之三は植物化学と植物生理について解説された。さらに、巻之三の巻末には「植学啓原図」を付し、「林娜《リンネ》氏二十四綱」などの注目すべき図解を多数収録した。

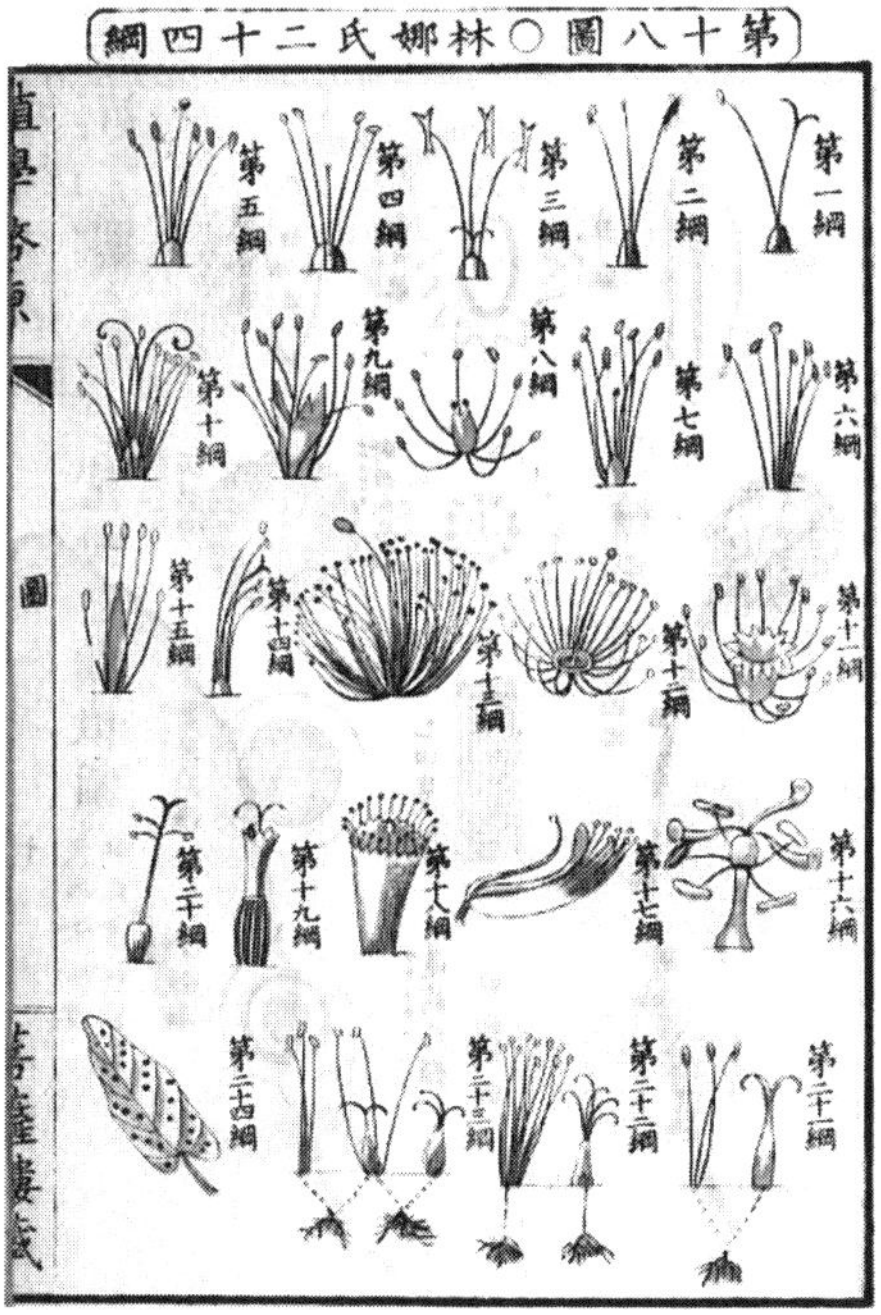

▲「林娜氏二十四綱」の図解（『植学啓原　巻之三』宇田川榕菴、天保４年／国立国会図書館蔵）

榕菴はこの『植学啓原』の巻之一の冒頭部「学原」で、「万物の学は別て三門と為す。一を斐斯多里、二を費西加、三を舎密という」と述べている。一の「斐斯多里《ヒストリー》」とは「博物学」、二の「費西加《ヒシカ》」とは「物理学」、三の「舎密《セイミ》」とは「化学」の意である。そして榕菴は、植物学を博物学の中核を為す学問と位置づけ『植学啓原』を出版したのである。

かくて西洋の植物学を詳しく紹介した『植学啓原』は、幕末

第一綱	一雄蕊綱（Monandria）	一本
第二綱	二雄蕊綱（Diandria）	二本
第三綱	三雄蕊綱（Triandria）	三本
第四綱	四雄蕊綱（Tetrandria）	四本
第五綱	五雄蕊綱（Pentandria）	五本
第六綱	六雄蕊綱（Hexandria）	六本
第七綱	七雄蕊綱（Heptandria）	七本
第八綱	八雄蕊綱（Octandria）	八本
第九綱	九雄蕊綱（Enneandria）	九本
第十綱	十雄蕊綱（Decandria）	十本
第十一綱	十二雄蕊綱（Dodecandria）	十二本
第十二綱	二十雄蕊綱（Icosandria）	萼上に二十本
第十三綱	多雄蕊綱（Polyandria）	花軸上に二十～百本
第十四綱	二強雄蕊綱（Didynamia）	二強雄蕊
第十五綱	四強雄蕊綱（Tetradynamia）	四強雄蕊
第十六綱	一束雄蕊綱（Monadelphia）	一束雄蕊
第十七綱	二束雄蕊綱（Diadelphia）	二束雄蕊
第十八綱	多束雄蕊綱（Polyadelphia）	多束雄蕊
第十九綱	集葯雄蕊葯（Syngenesia）	集葯雄蕊
第二十綱	雌雄合蕊綱（Gynandria）	雄蕊と雌蕊は合着
第二十一綱	雌雄同株綱（Monoeciaia）	雌雄花同株
第二十二綱	雌雄異株綱（Dioecia）	雌雄花異株
第二十三綱	雌雄雑性綱（Polygamia）	雌雄花同株または異株
第二十四綱	隠花植物綱（Cryptogamia）	無し

▲リンネ二十四綱の名前（学名）と雄蕊の形質

から明治初めの日本の植物学の黎明期において、優れた入門書として、本草学者や蘭学医など植物を研究する者の間で熱心に読み継がれたのである。

雄蘂と雌蘂

富太郎は晩年に多くの随筆や自伝を執筆した。そのなかに昭和二四年（一九四九）、八七歳の折に著した随筆『四季の花と果実』（通信教育振興会刊）がある。

その冒頭、富太郎は宇田川榕庵の『植学啓原』の言葉を挙げて、植物にとって花は種の保存と繁栄のためになくてはならないものであると述べている。その文章は、近代植物学の根本原理であるリンネの「性分類体系（Systematis Sexualis）」を、植物学の学術用語を用いることなく一般読者に平易に説明することに成功している。

左にその冒頭を抜粋する。

花は、率直《そっちょく》にいえば生殖器《せいしょっき》である。有名な蘭学者の宇田川榕庵《うだがわようあん》先生は、彼の著《ちょ》『植学啓源《けいげん》』に、「花は動物の陰処《いんしょ》の如《ごと》し、生産蕃息《はんそく》の資《とり》て始まる所なり」と書いておられる。すなわち花は誠《まこと》に美麗《びれい》で、且《か》つ趣味に富《と》んだ生殖器であって、動物の醜《みにく》い生殖器とは雲泥《うんでい》の差があり、とても比《くら》べものにはならない。そして見たところなんの醜悪《しゅうあく》なところは一点もこれなく、まったく美点に充《み》ち満《み》ちている。まず花弁《かべん》の色がわが眼を惹《ひ》きつける、花香《かこう》がわが鼻を撲《う》つ。なお子細《しさい》に注意すると、花の形でも蕚《がく》でも、注意に値《あたい》せぬものはほとんどない。

この花は、種子《たね》を生ずるために存在している器官である。もし種子を生ずる必要がなかったならば、花はまったく無用の長物《ちょうぶつ》で、植物の上には現《あらわ》れなかったであろう。そしてその花形《かけい》、花色《かしょく》、雌雄蕊《しゆうずい》の機能は種子を作る花の構《かま》えであり、花の天から受け得た役目である。ゆえに植物には花のないものはなく、もしも花がなければ、花に代わるべき器官があって生殖を司《つかさ》どっている。（ただし最も下等なバクテリアのようなものは、体が分裂して繁殖《はんしょく》する。）

植物にはなにゆえに種子が必要か、それは言わずと知れた子孫《しそん》を継《つ》ぐ根源であるからである。この根源があればこそ、植物の種属は絶《た》えることがなく地球の存する限り続くであろう。そしてこの種子を保護しているものが、果実である。

草でも木でも最も勇敢《ゆうかん》に自分の子孫《しそん》を継《つ》ぎ、自分の種属を絶《た》やさぬことに全力を注《そそ》いでいる。だからいつまでも植物が地上に生活し、けっして絶滅《ぜつめつ》することがない。これは動物も同じことであり、人間も同じことであって、なんら違ったことはない。この点、上等下等の生物みな同権である。そして人間の子を生むは前記のとおり草木《くさき》と同様、わが種属を後代《こうだい》へ伝えて断《た》やさせぬためであって、別に特別な意味はない。子を生まなければ種属はついに断《た》えてしまうにきまっている。つまりわれらは、続かす種属の中継《なかつ》ぎ役をしてこの世に生きているわけだ。〈中略〉

動物が子孫を継《つ》ぐべき子供のために、その全生涯を捧《ささ》げていることは蝉《せみ》の例でもよくわかる。暑い夏に鳴きつづけている蝉《せみ》は雄蝉《おすぜみ》であって、一生懸命《いっしょうけんめい》に雌蝉《めすぜみ》を呼んでいるのである。うまくランデブーすれば、雄蝉《おすぜみ》は莞爾《かんじ》として死出《しで》の旅路《たびじ》へと急ぎ、憐《あわ》れにも木から落ちて死骸《しがい》を地に曝《さら》し、蟻《あり》の餌《え》となる。

しかし雌蝉《めすぜみ》は卵を生むまでは生き残るが、卵を生むが最後、雄蝉《おすぜみ》の後《あと》を追って死んでゆく。いわゆる蝉《せみ》と生まれて地上に出《い》でては、まったく生殖のために全力を打ち込んだわけだ。これは草でも、木でも、虫でも、鳥でも、獣《けもの》でも、人でも、その点はなんら変わったことはない、つまり生物はみな同じだ。

われらが花を見るのは、植物学者以外は、この花の真目的を嘆美《たんび》するのではなくて、多くは、ただその表面に現れている美を賞観《しょうかん》して楽しんでいるにすぎない。花に言わすれば、誠《まこと》に迷惑《めいわく》至《し》極《ごく》と歎《かこ》つであろう。花のために、一掬《いっきく》の涙があってもよいではないか。

（『四季の花と果実』牧野富太郎、通信教育振興会、一九四九年）

冒頭の「花は、率直にいえば生殖器である」は、近代植物学の父リンネの分類体系の本質を的確に表しており、至言である。

この一文で富太郎は、植物にとって花は、厳しい生存競争のなかで種を後代に伝えるために精巧に仕組まれた器官であるといっている。その花の真の目的を理解しようともせずに、ただ漫然と美しいと思っているだけでは花に対して失礼ではないかと主張する。では、どうすればよいのか。富太郎は、精巧に仕組まれている花弁や雄蘂、雌蘂、萼などを植物学者のように一つひとつ注意深く観察し、また花の色や香りを感じながら、花の真の目的とその美を感じ取って欲しいというのだ。

そのために富太郎は、宇田川榕庵の『植学啓原』の言葉「花は動物の陰処の如し、生産蕃息の資て始まる所なり」を引用し、種の保存と繁栄のために獲得した植物の花弁、萼、雌雄蕊などの形態や仕組みに注視し、その違いによって植物を分類するという近代植物学の根本原則を、一般の植物愛好家に向けて分かりやすく説明する。

さらに富太郎は、生殖器としての花の仕組みを詳しく解説するために、日本に最初に西洋の植物学を紹介した伊藤圭介の『泰西本草名疏』において、伊藤が初めて「雄蘂《おしべ》」や「雌蘂《めしべ》」という言葉を創作し、普及させたことを紹介する。

左は、随筆『植物記』（桜井書店）に収められた「雄蘂と雌蘂」と題する一文である。

今日一般に用いている Stamen の訳語雄蘂と Pistil の訳語雌蘂とは、共に始め伊藤圭介氏（理学博士、男爵）が案出した字面で、これは今から百八年前の文政十二年（一八二九）に発行せられた同氏撰著の『泰西本草名疏』附録で公にしたものである。宇田川榕菴氏の『植学啓原』ではこの雄蘂の通名を鬚蘂と為し漢訳の『植物学』では単に鬚といっている。雄蘂の方は『啓原』ではその通称を心蘂と成し『植物学』では単に心と書いている。

Filamentすなわち雄蘂の茎を花糸というのもまた圭介氏創設の文字で榕菴氏はこれを絣と称している。絣は字音カンでこれは糸の意味を表したものだ。葯の字をAntherに用いたのは榕菴氏の創意で圭介氏はこれを糸頭と訳し『植物学』では単に嚢といい、降て明治十一年発行の松原新之助氏纂述の『植物綱目撮要』ならびに同氏講義の『薬用植物篇』には花嚢といい、同十四年刊行の丹波敬三、高橋秀松、柴田承桂三氏合著の『普通植物学』では粉嚢と訳してある。元来葯は白芷という草の葉もしくはある草の名であって敢てAntherに当て嵌《はめ》るべき字ではないが、榕菴氏はどういう拠り処に基いてこれをそれに用いたものか。

Pollenを花粉というのは伊藤圭介氏の創訳で宇田川榕菴氏もこれを使用しているが『植物学』では単に粉と書いてあるに過ぎない。

雌蘂のStyleを花柱と訳したのは伊藤氏で宇田川氏も同様であるが『植物学』では管といっている。Stigmaの柱頭もまた伊藤氏の創訳で宇田川氏もこれに従っているが『植物学』では単に口と訳している。

Ovuleを子房と為しそれが今一般の通称と成っているがこれは始め『植物学』に出て居り支那人の訳語である。伊藤圭介氏はこれを実礎と書いているがこれは同氏の創作語であろう。そして宇田川氏はこれを卵巣といっている。

（『植物記』牧野富太郎、桜井書店、一九四三年）

富太郎は、生殖器としての花の精巧な仕組みを一般の人に伝えるために、花の各部位の名づけ親である伊藤圭介の業績を紹介する。その業績とは、ツンベルクが著した『フロラ・ヤポニカ』（一七八四年）を翻訳する際、原著に記載された〝Stamen《スタメン》〟に「雄蘂《おしべ》」、〝Pistil《ピッシル》〟に「雌蘂《めしべ》」、〝Pollen《プレン》〟に「花粉《かふん》」、〝Filament《フィラモン》〟に「花糸《かし》」という言葉をそれぞれ創作して当てたことである。そして文政一二年（一八二九）、伊藤は『泰西本草名疏』を翻訳・出版し、その後の日本の植物学の普及と発展を牽引したのである。

なお、『フロラ・ヤポニカ』を翻訳した五一年後の明治一三年（一八八〇）、伊藤圭介はスウェーデンの植物学者ツンベルクの業績を日本に初めて紹介したことが高く評価され、スウェーデン王立学士院から銀牌《ぎんぱい》を贈られた。さらに伊藤は明治一四年に東京大学理学部教授に就任し、明治二〇年の学位令の制定を受けて翌二一年に日本初の理学博士の学位を文部大臣より授与されている。

第二章

植物相の解明をめざして

植物学者を志す

本格的に学問を志すには郷里を出る必要がある。そう考えた富太郎は、明治一二年（一八七九）に佐川小学校の授業生を辞め、高知で評判の弘田正郎の私塾五松学舎に入った。が、そこでは主に漢学を教え、富太郎が学びたい洋学などは講じてはいなかった。そのため、次第に塾から足が遠のいた。しかし、富太郎は高知で師とも友ともいえる知己を得る。その人の名は永沼小一郎といった。

永沼先生と私とは極めて懇意になった。早朝から夜の十一時頃迄、話し続けたこともあった程である。永沼先生はベントレーの植物の本を訳し、また土佐の学校にあったバルホアーの『クラスブック・オヴ・ボタニイ』という本の訳もし、私はそれを見せてもらった。この人は実に頭のよい博学の人で、私は色々知識を授けられた。永沼先生は土佐に久しくいたが、その間高知の病院の薬局長になったりした。化学・物理にも詳しく、仏教もよく知っていた。永沼先生は植物学のことをよく知っていたが、実際の事は余りよく知らなかったので、私に書物の知識を授け、私は永沼先生に実際のことを教えるという具合に互に啓発しあった。

永沼先生は後に土佐を去り東京で亡くなった。私の植物学の知識は永沼先生に負うところ極めて大である。

（『牧野富太郎自叙伝』長嶋書房、一九五六年）

当時、永沼小一郎は兵庫県立病院付属医学校を卒業し、神戸から高知県師範学校に赴任してきた新人教師だった。永沼の話に啓発された富太郎は、彼を敬意を込めて永沼先生と呼び、しばしば一日中語り合った。その際に彼の豊富な植物学の知識に刺激を受けたことで、その後、富太郎は植物学の研究の道を本格的に歩む決意を固める。

なお、永沼が訳したベントレーの植物の本とは、英国の植物学者ロバート・ベントリー（Robert Bentley, 1821-1893）が著した『植物学（Botany）』（一八七五年刊）だろう。また、土佐の学校にあったというバルホアーの『クラスブック・オヴ・ボタニイ』とは、スコットランドの植物学者ジョン・ハットン・バルフォア（John Hutton Balfour, 1808-1884）が著した『植物学のクラスブック（Class Book of Botany）』（一八五二年刊）であると思われ、いずれも植物学の英語による入門書である。

植物学の師と呼べる永沼小一郎と出会ったことによって、植物学を研究する道が以前よりはっきりと見えるようになった富太郎は、本格的な研究に入る前の準備を開始する。たとえば、植物をより詳しく調べるためにはより多くの書籍が必要であり、また植物をより詳しく観察するためには一流といわれるドイツ製の顕微鏡も欠かせない。折しもちょうどそのころ、東京上野で第二回勧業博覧会（明治一四年三月一日から同年六月三〇日）が開催されていた。富太郎は、勧業博覧会の見物を兼ねて、研究に必要な書籍や実験器具を購入するための東京旅行を計画し、祖母の浪子に願い出る。

このころ岸屋に、従妹の山本猶（一八六四－一九五〇）が手伝いに来ていた。猶は富太郎の母久寿《くす》の末妹政《まさ》と夫山本源吉との間に生まれた娘で、富太郎より二歳年下だった。猶は高知県女子師範学校（高知大学教育学部の前身）を卒業すると母の実家の岸屋を手伝っていたが、彼女の誠実な働きぶりを気に入った浪子は、富太郎と猶の結婚を強く願い、猶を富太郎の許嫁《いいなずけ》として店の従業員や近隣の住人たちに紹介していた。

浪子は富太郎の東京行きを二つ返事で快諾した。それは、跡取り息子の独身時代の最後の望みを叶《かな》えるという意味もあった。そこで、充分すぎる旅費をもたせ、でき得る限りの旅支度を整えた。また、東京行きの富太郎の同行者には、祖父の代からの番頭でいまは引退した佐枝竹蔵の息子の佐枝熊吉と、旅行の会計係として実直な店の使用人が厳選され、富太郎の両脇を固めた。

明治一四年四月、富太郎ら三人は、浪子と猶ほか大勢の使用人や近隣の住人たちに見送られ、まるで海外に行くような盛大な送別を受けて郷里佐川を旅立った。

生まれて初めての東京行きは、御維新の新しい息吹と青春の高鳴る鼓動とともに、急速に文明開化を遂げつつある日本を駆け足で追体験する旅でもあった。富太郎はこのとき生まれて初めて蒸気船や陸蒸気《おかじょうき》（明治期の汽車の俗称）に乗り、また生まれて初めて四国の外で植物採集をおこなった。

行程は、佐川から徒歩で高知へ出て、高知港から蒸汽船に乗って海路神戸に行き、陸蒸気で鉄路京都ステーションに到着、京都から徒歩で大津・鈴鹿峠・四日市を経由し、外輪船で海路横浜に向かい、横浜から再び陸蒸気で新橋ステーションに至るというもので、その道中、適宜植物採集をおこなった。

東京・神田猿楽町に郷里出身の人を訪ねて宿を世話してもらい、同じ猿楽町の宿に泊まった。翌朝、初めて迎えた東京の宿の窓から富士山の秀峰を見て、富太郎たち三人は大いに感嘆したという。

早速その日から富太郎は東京市中を散策し、丸善などの専門店で珍しい洋書や翻訳本を物色し、ドイツ製の最新式顕微鏡やルーペなどを品定めして次々に購入した。

明治一四年三月初めから六月末までの四ヶ月間、上野公園を会場におこなわれた第二回内国勧業博覧会は、上野の山の花見客も加わって、会期中の入場者は八二万人余りと大盛況だった。富太郎は上野の桜を鑑賞し、内国勧業博覧会を観覧したあと、博覧会を企画・運営する山下町（現在の千代田区内幸町一丁目）にあった農商務省博物局（明治一四年内務省から移管）に向かった。そこに、佐川小学校の教室で見た四枚の博物図（掛図）を制作した田中芳男と小野職愨がいるはずだからである。

田中芳男はパリ万国博覧会（一八六七年開催）やウィーン万国博覧会（一八七三年開催）の日本出展を主導し、上野に東京国立博物館を創設するなど、「日本の博物館の父」として知られる明治期を代表する博物学者である。

田中芳男の多くの業績のひとつに、『ドゥ・カンドルレ氏植物自然分科表』の翻訳・出版がある。ダーウィンの進化論に影響を与えたことで知られるスイスの高名な植物学者オーギュスタン・ピラミュ・ドゥ・カンドルレ（Augustin Pyramus de Candolle, 1778-1841）は、主著『植物自然分科表（Théorie élémentaire de la botanique）』のなかで「分類体系（taxonomy《タクソノミー》）」という用語を初めて用いて植物分類体系を構築した。田中芳男はそのドゥ・カンドルレの著書を翻訳し、明治五年（一八七二）に『垤甘《ドゥ・カン》度爾列《ドルレ》氏植物自然分科表』の書名で文部省博物局から出版した。それによって、植物分類学の全容を体系的に捉える考え方が初めて日本に導入され紹介されたのだ。

また、小野職愨は江戸の高名な本草家の家に生まれ、『本草綱目啓蒙』を口述した小野蘭山は曾祖父、同著を編纂した小野職孝《もとたか》は父に当たる。文久元年（一八六一）、領土確定のために咸臨丸《かんりんまる》で小笠原諸島を巡察し、四ヶ月間植物採集をおこなった。維新後、大学南校（東京大学の前身）を経て、明治五年（一八七二）に発足した文部省博物局に入局し、田中芳男の下で植物学の教科書ならびに辞書の制作に傾注した。

わけても明治七年（一八七四）に文部省から刊行された小野職愨訳・田中芳男閲による『植学訳《やく》筌《せん》』は、日本初の植物学術用語の英語・ラテン語・日本語の対訳辞典として、西洋の植物学の先端的学術書の翻訳に大きな貢献を果たしたのだった。

このころ田中芳男は、博物局天産課長（明治一五年博物局長）を務め、一方小野職愨は、田中の下で英国の植物学の教科書〝School Botany（学校の植物学）〟の翻訳・編纂に取り組んでいた。

富太郎が博物局を訪ねると、ちょうど田中も小野も在席し、富太郎は幸運にも憧れの二人と会うことができた。このとき富太郎は、高知で植物学者になることをめざし、土佐に自生するすべての植物を網羅する『土佐植物目録』を制作中であることなどを夢中で話し、持参した何枚かの植物図を見せた。

田中芳男は土佐からやって来た富太郎の話と画に興趣《きょうしゅ》をもち、植物学者をめざす富太郎を応援し、『土佐植物目録』の制作を励ました。また小野職愨の案内で博物局内を見学させ、さらに後日、神田一ツ橋の東京大学理学部植物学教室や小石川の東京大学理学部附属植物園（通称小石川植物園）を見学させた。

富太郎にとって東京行きの旅は、植物採集をすることも大きな目的のひとつだった。帰省の日が近づいた五月末、富太郎ら三人は東京から足を伸ばして日光に植物採集に出かけた。三人は、千住大橋から日光街道を徒歩と人力車で日光に向かい、道中宇都宮に一泊したのち、人力車で日光の杉並木を通って中禅寺まで行った。日光・中禅寺での最大の収穫は、中禅寺湖畔の石ころの間に自生する「春の妖精」(春先に花をつけ、あとのほとんどの期間を地下で過ごす春植物の別称)と呼ばれるヒメニラ(姫韮)を発見したことだった。

日光から東京に戻るとすぐに、三人は帰省の途についた。帰路は新橋ステーションから陸蒸気で横浜まで行き、後は東海道を徒歩と人力車と乗合馬車で下った。一週間ほどで京都に着くのだが、関ヶ原で富太郎は二人の同行者と京都の宿で落ち合うことを約し、単身伊吹山に登った。このとき富太郎は伊吹山の麓で、見かけぬスミレを発見する。花の色が淡紫で花柱に毛はなかった。珍しいと思って丁寧に採取し持ち帰った。後で外国の文献で調べたところ、「ヴィオラ・ミラビリスの(*Viola mirabilis* var. *subglabra*)」という学名の大変珍しいスミレであることが判明し、富太郎は日本で初めて発見された山の名にちなんで、和名を「イブキスミレ(伊吹菫)」と命名するのである。

その後富太郎は、京都三条の宿で同行の二人と合流し、無事に佐川に帰郷した。生まれて初めて経験した東京行きでのさまざまな出来事は、富太郎にとってかけがえのない経験となった。とりわけ憧れの田中芳男や小野職愨の知遇を得、励ましの言葉を掛けてもらったことは、独学で植物学者になることを夢見てきた富太郎にとって、何にも増して大きな励みと自信になったことだろう。振興めざましい近代科学のひとつである植物分類学の研究に、本格的に取り組む覚悟を新たにしたに違いない。

生涯を貫く指針「赭鞭一撻」

東京で開催された第二回内国勧業博覧会の見物から帰郷した明治一四年ころ、富太郎（一九歳）と猶（一七歳）との祝言が岸屋で盛大に執りおこなわれた。以後、猶は富太郎の嫁として浪子によく仕え、岸屋は浪子と猶が切り盛りすることとなる。

この少し前に、店の番頭も先代の佐枝竹蔵から若い井上和之助《わのすけ》に引き継がれ、さらに正式に牧野家の嫁として猶を迎え、岸屋に若い活気が蘇った。一方、富太郎は酒が嫌いで一滴も呑めず、当主といってもで岸屋でできることはこれといってなかった。むしろ自分以外の猶や番頭の和之助や若い衆たちが皆忙しく働いている姿を見るにつけ、かえって富太郎は気兼ねなく植物採集に出かけ、『土佐植物目録』の完成をめざしてこれまで以上に植物学の研究に熱心に励むのである。

このころ富太郎は、郷里佐川町の自宅で抱懐していた当時の信条を「赭鞭一撻《しゃべんいったつ》」と題する一文にまとめ、植物学を志す心得として書き残している。植物学者としての富太郎のその後の生涯を貫く指針とすべく定めた赭鞭一撻の一五の言葉を、左に記す。

なお、原文は一五項目の箇条書きの後に漢文調の解説文を付しているが、読者の読みやすさを考慮し、解説文を現代語訳して掲載した（原文は本書二五三頁参照）。

赭鞭一撻　　　　結網子　稿

一、忍耐を要す

何事においても忍耐は必要である。植物学の真髄は、ちょっとやそっとで分かるようなものではない。行き詰まっても、耐え忍んで研究をつづけること。

二、**精密を要す**

観察するにしても、試験するにしても、比較するにしても、記載文を作成するにしても、不明な点や不明瞭な点が有るのをそのままにしてはならない。いい加減に済まさずに、精密に努めること。

三、**草木の博覧を要す**

より多くの草木を観察すること。少しの材料で済まそうとすれば知識も偏り、不十分な成果しか上げられない。

四、**書籍の博覧を要す**

書籍は古今東西の学者の研究の結実である。植物記載の書をでき得る限り多く読み、自分自身の血や肉とし、それを土台に研究すること。植物学者になるためには当然である。

五、**植学に関係する学科は皆学ぶを要す**

植物学を志すのなら、物理学、化学、動物学、地理学、農学、画学、文章学など、植物学に関連する学問は皆積極的に学ぶこと。

六、**洋書を講ずるを要す**

植物の学問は日本人や中国人のそれよりも、西洋人の学問が進んでいるので、洋書を読むこと。ただし、それは現在の時点でのことであり、将来は欧米の植物学を日本の植物学が追い越すだろう。

七、当《まさ》に画図を引くを学ぶべし

植物の形態や生態を観察し、その研究成果を発表する際に、最も適した画図の技法を学ぶこと。植物図を自分自身の手で描いてこそ、植物の特徴を詳細に伝えることができる。

八、宜《よろし》く師を要すべし

書籍だけですべての疑問を解くことはできない。年齢や身分の上下に関係なく多くの師を持つこと。年下の者に聞くのは恥だと思うようでは死ぬまでに疑問を解くことはできないだろう。

九、吝財者《りんざいしゃ》は植学者たるを得ず

植物の研究に必要な書籍や顕微鏡を買うに際は、財を惜しまずお金に糸目をつけずに求めること。財を惜しんでいるようではよい植物学者にはなれない。

十、跋渉《ばっしょう》の労《ろう》を厭《いと》ふ勿《なか》れ

採集の労を惜しまないこと。植物を探して山に登り、森に分け入り、沼に入り、原野を歩き廻ってこそ、その土地にしかない植物を得ることができ、植物固有の生態を知ることができ、新種を発見することができる。

十一、植物園を有するを要す

自分の植物園をつくること。遠隔の地の珍しい植物も植えていつでも観察できるようにすれば、なにかと役に立つだろう。

十二、博《ひろ》く交《まじわり》を同志に結ぶ可《べ》し

植物を学ぶ人を求めて友人にもつこと。遠い近いや年令の上下に関係なく、お互いの知識を情報交換することよってより広い知識が身につくだろう。

十三、邇言《じげん》を察するを要す

職業や男女、年令などに関係なく、すべての人から植物の知識を聞き、植物の名前や薬の効用など、彼らの言うことを記録すること。

十四、書を家とせずして友とすべし

本は読まなければならないが、書かれてある事がすべて正しいとは限らない。本を信じて本の中に安住すれば、自分の学問を延ばすことができず、新説をたてることもできなくなる。他の学者の研究成果を批判し、誤りを正してこそ、学問に貢献することができる。書物は自分と対等な友人であると思うこと。

十五、造物主《ぞうぶつしゅ》あるを信ずる毋《なか》れ

神様は存在しないと思うこと。学問がめざす真理の探究にとって、有神論を取ることは未知の自然を神の偉業として済ますことにつながる。自分の知識の無さを神の偉業として覆い隠さず、学問の真理の探究に努めることが必要である。

（「余が年少時代に抱懐せし意見」牧野富太郎『植物研究雑誌　第一巻第六号』植物研究雑誌社、大正六年六月三〇日）

「赭鞭一撻」の赭鞭とは赤い鞭《むち》の意で、本草書に登場する古代中国における本草学の伝説上の創始者神農《しんのう》が植物を鞭で打っては口に含み、その薬効をみずからの体で確かめたとする言い伝えから、一般に本草学を指していう。富太郎は植物学者になるために一五項目の心得を書きとめ、自分の心に叩き込む意味を込めて一撻としたのだろう。

なお、署名の前に記された「結網子《けつもうし》」は、中国の歴史書『漢書』董仲舒《とうちゅうじょ》伝のなかの一説「淵《ふち》に臨《のぞ》みて魚《うお》を羨《うらや》むは退《しりぞ》いて網《あみ》を結《むす》ぶに如《し》かず（岸辺に立って魚が欲しいとただ眺めているよりは、家に帰って魚を捕る網を編んだほうがよいの意）」の言葉に感銘を受けた富太郎が、みずから考案し好んで用いた号である。目的遂行のために努力を惜しまず実行しつづけた富太郎の学問に対する姿勢がよく表れている。

ところで、浪子は富太郎に対して、いずれ岸屋の主人ともなれば道楽の一つや二つあっても当然で、多少金がかかったとしても植物学を道楽にする程度なら、酒や女に放蕩《ほうとう》するより世間体もよい、と考えていた節がある。しかし当の富太郎は、体は佐川にあっても心は東京にあった。

間もなく、浪子の想いは富太郎の想いとは根本的に相容れないことが判明する。明治一七年七月、富太郎は浪子に、植物学者になるために東京に出て研鑽を積みたいと申し出たのである。これまでたった一人の嫡子を溺愛してきた浪子は、言い出したら後には引かない富太郎の性格を誰よりも承知していた。賢明な浪子は、親族から託された孫に岸屋を継がせるという唯一の願いを半ば断念し、富太郎の想いを尊重する。

富太郎が日本を代表する植物学者になれた背景には、つねに富太郎の望みを叶え、最良の環境を与えることを最優先に考えた祖母浪子の海容な愛による支えがあった。そして富太郎は、近代科学の黎明期にあった日本において、植物学の研究を牽引していた東京大学理学部植物学教室に導かれるようにして、再び上京するのである。

東京大学理学部植物学教室

明治一七年（一八八四）七月、二度目の上京を果たした富太郎は取りあえず下宿を探し、麹町区飯田町の当時司法卿兼参議を務めていた山田顕義伯爵（一八四四－一八九二、明治一八年初代司法大臣）の屋敷近くに、家賃四円の部屋を借りた。ここを生活拠点に定めた富太郎は、早速三年前（明治一四年）に土佐から出て来たときに博物局の小野職愨の案内で見学した、神田一ツ橋の東京大学理学部植物学教室を訪ねた。

このころ東京大学理学部植物学教室は、矢田部良吉《りょうきち》（一八五一－一八九九）初代主任教授が率いていた。矢田部良吉は伊豆国田方郡韮山（現在の静岡県伊豆の国市韮山）で医師で蘭学者の矢田部卿雲《きょううん》（一八一九－一八五七）の子息として嘉永四年（一八五一）九月一九日に生を受けた。慶応元年（一八六五）に中浜万次郎（一八二七－一八九八、明治二年開成学校英語教師）や大島圭介（一八三三－一九一一、明治一〇年工部大学校校長）に英語を学び、明治二年（一八六九）に開成学校（東京大学の前身）教授補となったのち、外務省文書大令使として森有礼《ありのり》（一八四七－一八八九、明治一八年初代文部大臣）に随行して渡米した。

帰朝後、さらに米国コーネル大学に官費留学し、米国の高名な植物学者エーサ・グレー（Asa Gray, 1810-1888）教授やウイリアム・ギルソン・ファロー（William Gilson Farlow, 1844-1919）教授の下で植物学を四年間学び、明治九年（一八七六）に帰国した。明治一〇年（一八七七）、理学部、医学部、法学部、文学部と予備門から構成される東京大学が創立する。そのなかで、理学部植物学教室の初代教授（植物園兼務）に洋行帰りの矢田部良吉が就任する。専門的な研究分野はお雇い外国人教師が指導に当たることが常であった当時、専門教育を教授できる数少ない日本人として矢田部教授は東京大学内で注目される存在であった。

東京大学が創立初期に多くの外国人を教員として雇ったのは、西洋文明をいち早く移入し全国に普及させるために、各分野の第一線で活躍する欧米の学者を高給で日本に招き入れ、西洋の最先端の専門知識を身に付けた日本人を一人でも多く育成するという意図があった。

たとえば、英国からは、東京化学会（現在の日本化学会）を創設し、桜井錠二（一八五八－一九三九、明治四〇年東京帝国大学理科大学長）をはじめとする多くの日本人化学者を育てた化学者ロバート・ウィリアム・アトキンソン（Robert William Atkinson, 1850-1929）や、三菱一号館などの設計を手がけ、辰野金吾（一八五四－一九一九、東京駅などの設計者）をはじめとする多くの日本人建築家を育成した建築家ジョサイア・コンドル（Josiah Conder, 1852-1920）、またドイツからは明治天皇の主治医を務め、日本の風土病や温泉の医学的効果を研究した医学者エルヴィン・フォン・ベルツ（Erwin von Bälz, 1849-1913）や、日本初の本格的な地質図を作成し、フォッサマグナの発見やナウマンゾウの命名で知られる地質学者ハインリヒ・エドムント・ナウマン（Heinrich Edmund Naumann, 1854-1927）、さらに米国からは三角測量法を日本に導入し、富士山の標高（三七八七・二メートル）を測定した土木工学者ウィンフィールド・スコット・チャプリン（Winfield Scott Chaplin, 1847-1918）や、日本に初めてダーウィンの進化論を体系的に紹介し、大森貝塚の発掘を指揮した動物学者エドワード・シルヴェスター・モース（Edward Sylvester Morse, 1838-1925）など、じつに多くの外国人教師たちが雇われ、ほとんどの学科で専門分野の知識を日本の学生たちに教授した。

そのなかにあって、東京大学理学部植物学教室は、一人のお雇い外国人教師も招聘することなく当初から日本人の教授陣のみで指導運営された点で、極めて稀な学科であった。

その理由の前提として、江戸幕府によって鎖国政策がおこなわれ、明治政府によって開国されるまで、西洋の知識や技術の移入が厳しく制限されていたことが挙げられる。そうした幕府の政策に対して、明治政府は文明開化を早期に効率的に推進するためにお雇い外国人教師を招聘し、指導を仰いだ。だが、植物学は物理学や化学、医学などの他の自然科学の学問とは事情が異なっていた。

中国から移入された本草学は江戸期において発達し、生薬や園芸などに応用され普及した。鎖国によって海外の知識と遮断されているとはいえ、日本国内では植物に関しては比較的豊富な知識が蓄積されており、そこに西洋の近代植物学が入ってきても、それを受け入れるだけの充分な素養を備えていたのである。

こうした時代状況のなかで、幕末の日本にやって来た人物が、植物学者のシーボルトだった。鎖国をつづける日本の国内状況を偵察するためにオランダ商館医として来日したドイツ軍医少佐シーボルトは、長崎で鳴滝塾を開き、本草学者の伊藤圭介や蘭学者の宇田川榕庵らを介して日本の植物標本の収集を効率的におこなった。その過程でシーボルトは、長崎の鳴滝塾で植物学を学ぶ伊藤圭介にリンネの高弟ツンベルクが著した『フロラ・ヤポニカ』を贈呈し、また蘭学者の宇田川榕庵にドイツを代表する植物学者シュプレンゲルが著した『植物学入門』を贈呈したことは、第一章で詳述したとおりである（本書三四頁参照）。

こうしたツンベルクやシーボルトの日本での精力的な活動は、伊藤圭介や宇田川榕庵らに受け継がれ、明治政府が盛んに招聘したお雇い外国人教師の役割をはからずも担う結果となったのである。『東京大学百年史　部局史二』（東京大学百年史編集委員会編、東京大学、一九八七年）収載の資料「東京大学法理文学部教授受持学科表（明治一〇年九月－一一年八月）」から、理学部教授を抜き出して表にすると左のとおりである。

「明治一〇年度東京大学理学部教授受持学科表」で分かるように、日本人教授は植物学の矢田部良吉教授のほかには、数学の菊池大麓《だいろく》（一八五五－一九一七）教授と冶金学の今井巌（一八五二－一八九九）教授の二名だけである。

植物学がお雇い教師に最初から頼らなかった理由は、第一に、幕末の日本において本草学が盛んに研究応用されていたことが背景にあった。また第二に、唯一出入りを許されていたオランダを介して、ツンベルクやシーボルトなどが本草学者や蘭学者などの知識人に対して近代植物分類学を教授し、先進の植物学に関する書籍を恵与したことがあった。それらの理由に加えて、矢田部良吉の学歴の高さがあったことも指摘しておかなければならない。矢田部は米国への留学試験を受けて合格し、官費留学した米国コーネル大学では植物学を専攻した。しかも、同大学で〝Bachelor of Science《バチュラー・オブ・サイエンス》（理学士）〟の称号を得るなど、当時の東京大学の教授陣のなかでも高学歴を誇ったのである。

明治一七年（一八八四）七月、富太郎は東京大学理学部植物学教室を訪れ、同教室を主宰する矢田部良吉初代主任教授と初めて面会した。このとき富太郎は、土佐で自生するすべての植物を網羅した『土佐植物目録』を制作中であることを矢田部教授に告げ、そこに掲載するための植物図を鞄から何枚か取り出して卓子の上に並べた。その植物図の精巧さに息を呑む矢田部教授に対し、富太郎は土佐での植物採集をほぼ終え、次は日本全国のすべての植物を記載した日本植物誌の出版をめざしている、と青年らしいはっきりとした口調で力強く語った。

ヴヰーダル	物理学講義及物理学実験
ベルソン	高等物理学
スミス	熱論及蒸気機関機器功力講義
アトキンソン	製造化学講義及化学実験
ジュエット	分析化学講義及化学実験
デーブウイスキー	代数幾何
サルダー	微分
マンジョウ	積分
菊池大麓	数学
矢田部良吉	植物学
モース	動物学
チャプリン	土木工学
ナウマン	金石学及地質学
今井　巌	冶金学

▲明治 10 年度東京大学理学部教授受持学科表（資料『東京大学百年史　部局史二』東京大学百年史編集委員会編、東京大学、1987 年）

　このころ植物学者にとって、日本植物誌の出版は永遠の夢といってよかった。日本は南北に長く連なる列島からなり、北は亜寒帯から南は亜熱帯までの多彩な自然環境のなかで数多の植物が自生している。その多種多様な日本の植物相をすべて記載するためには気の遠くなる歳月を要することは植物学に関わる者なら誰しも了解でき、少なくとも教室にいる者は皆、自分が生きているうちは不可能な夢物語だと認識していたと思われる。そのため、このとき植物学教室にいた助手や学生たちは半ば呆れた様子で聞き流し、なかには苦笑した者もいただろう。

矢田部教授は日本の植物学の第一人者として、日本に自生する植物標本の収集の重要性を誰よりも強く感じていた。土佐の田舎から遥々《はるばる》やって来た植物好きの青年が、すでに土佐で植物標本の収集をおこなっていることを頼もしく思い、さらに植物図の精巧な出来映えに目を見張った。矢田部教授は、植物学者でさえ公言が憚《はばか》られることを堂々と言ってのける富太郎を大層面白がり、彼に大学に出入りすることを認め、植物学教室の図書室や標本室などの施設をいつでも自由に使うことを許したのである。

大学組織が未だ固まっていない当時ですら、大学とは無関係の小学校中退の青年を教室に入れることは異例であった。しかし、大学の窮屈な人間関係のなかで生きていかなければならない者たちは、富太郎を新種の植物を観察するように好奇の目で眺め、面白がった。野心や出世などとは無縁の、ただ植物が好きなだけの富太郎の素朴で力強い言葉に、自身がかつて植物学の研究を志した当初の純粋無垢な動機を見出したのかもしれない。

富太郎は矢田部教授に公言したとおり、日本の多様な植物相（flora《フローラ》）を検証し、その全容を解明し正確に記述することを本気で希求した。しかし日本植物誌を編纂するためには、多くの先人たちが得た植物情報を収集し、そうして得られた大量の蓄積情報を積極的に活用する必要があった。なぜなら、一つの植物を植物学上において正確に分類するためには、他の植物の膨大な標本と比較・照合・検討し、同種の植物の類似点や相違点などを総合的に判断する必要があるからである。

幸い、植物学教室には世界各国で出版された植物に関する貴重な文献が多数所蔵されていた。また当時すでに全国から寄贈された二〇〇〇種を超える植物標本が標本室に収められていた。それらの文献や標本を自由に使用できるという思ってもみない厚遇に与り、富太郎は満面の笑みを浮かべて教室のなかにいる全員に感謝の気持ちを表したことだろう。

このころ植物学教室には、矢田部良吉教授の下に助手の松村任三《じんぞう》（一八五六－一九二八、明治一六年助教授）と御用掛《ごようがかり》の大久保三郎（一八五七－一九一四、明治一六年助教授）がいた。

日本植物学会百年史編集委員会が編纂した『日本の植物学百年の歩み――日本植物学会百年史』（日本植物学会、一九八二年）などの史料によれば、植物学教室は木造平屋建てで、教授室と実験室と講義室の三室で構成されていた。教授室には教授の机と椅子が据えられ、そこに矢田部教授が陣取った。一方、実験室の中央に置かれた卓子の周囲には小さな机が並べられ、これは助手の松村や御用掛の大久保、それに画工（植物画を描くために雇用された画家）や学生たちが使用した。

矢田部教授は生物学科の学生に対して「植物学実験及講義」という課目の授業を受け持ち、講義は植物学教室内の講義室で、米国の植物学者が著した教科書を用いてすべて英語でおこなわれた。

当時、東京大学理学部植物学教室の最重要課題のひとつに、標本室（herbarium《ハーバリウム》）の拡充があった。なぜなら標本室の拡充は、植物の分類群や類型をより正確に研究するうえで必要であり、またその植物が新種であるかどうかを特定するために類似の植物との相違をより正確に見分けるうえで不可欠だったからだ。そのため植物学教室では、日本全国に自生するより多くの植物標本を収集・保管し、必要なときにいつでも照合・検証できるデーターベースの構築が進められていた。

そんなとき四国の山奥から上京し、土佐周辺の植物採集をほぼ終えて、次は日本植物誌を出版するのが夢だと公言する富太郎に、矢田部教授は無理を承知で僅かな期待を寄せ、大学の出入りを許したのかもしれない。

富太郎は麹町区飯田町の下宿を拠点に、関東近隣に植物採集に泊まりがけで出かけ、下宿に帰ると採取した植物の標本づくりを徹夜でおこなった。富太郎の部屋は採取した植物を腊葉《さくよう》（押し葉）標本にするための作業場となり、泥の付いた植物や泥を洗い流す水桶や濡れた植物を乾かす新聞紙などで瞬くうちに足の踏み場もないほどに埋め尽くされた。

その富太郎の部屋に、当時植物学教室の学生だった池野成一郎（一八六六－一九四三、ソテツの精子の発見者）、三好学（一八六二－一九三九、植物生理学者）、岡村金太郎（一八六七－一九三五、海藻学者）らが遊びに来て、「富太郎の部屋は狸《たぬき》の巣のようだ」といって植物標本に血道を上げる富太郎をからかった。

また、富太郎は大学の教員とも親しく交流し、当時動物学の助教授で『動物進化論』（明治一六年）を出版したばかりの石川千代松《ちよまつ》（一八六〇－一九三五、動物学者、明治二三年教授）は、学生が噂する「狸の巣」を確かめるために富太郎の部屋を訪ねたりもした。またその反対に、富太郎は松村や大久保とともに矢田部教授の富士見町の居宅に招かれ、ご馳走に預かることもあった。

富太郎が東京大学に出入りを許されてから二年後の明治一九年（一八八六）四月一日、帝国大学令の発令によって東京大学は帝国大学に改組し、法科大学、医科大学、工科大学、文科大学、理科大学の五つの分科大学（明治二三年農科大学が加わる）と一つの大学院で形成されることになった。そのなかで帝国大学理科大学は数学、星学、物理学、化学、動物学、植物学の六つの学科から構成された（『東京帝国大学五十年史』東京帝国大学編発行）。

『植物学雑誌』の創刊

植物学教室に頻繁に出入りするうちに、富太郎に気心の知れた同年代の友人ができた。植物学教室の学生の田中延次郎（明治三一年東京帝国大学理科大学植物学講師）と染谷徳五郎（明治二二年東京高等女学校教諭）である。

ある日、田中延次郎が自分たちの研究成果を発表する植物学雑誌の刊行を発案し、染谷徳五郎と富太郎も「それはいい」と話がまとまった。原稿も出来、雑誌の体裁もほぼ決まったころ、田中と染谷と富太郎の三人は植物学教室を主宰する矢田部教授に、雑誌の件を一応報告した。

このとき矢田部教授は、自身が会頭を務める東京植物学会にまだ機関誌がないことから、この雑誌を学会の機関誌にしてやってもよいと話を持ちかけ、三人は教授の話をその場で了解した。

矢田部教授が初代会頭を務める東京植物学会（現在の日本植物学会）は、御用掛の大久保三郎が植物学会の創設を発案し、矢田部教授や松村助手などと協議を重ねて、明治一五年（一八八二）二月二五日に小石川の東京大学理学部付属植物園の事務室で第一回総会を開催して創立した。翌一六年、会長に矢田部良吉、幹事に松村任三と大久保三郎が就任したが、これといった活動のない開店休業の状態で、会報誌もなかった。

矢田部教授にとって、学生たち（と富太郎）の植物学雑誌刊行の提案は渡りに船であったろう。矢田部教授は学会の研究活動を促進するために会員から論文を募り、定期的な研究発表の場とすることを考えたのだ。

こうして明治二〇年二月一五日、『植物学雑誌』が東京植物学会編集所から発行された。これによって、日本の植物学者たちがみずからの研究成果を発表公示し、自由に意見交換し、研究で得た知識を共有する場が誕生したのである。その第一巻第一号の表紙には、次の目次が掲載された。


表紙につづく巻頭頁には「本会略史」と題する大久保の論稿が掲げられ、植物学会創設の主旨と植物学会誌創刊の意義をこう宣言した。

本会略史　　大久保三郎　記

凡《およ》そ新に事物を発明したる者は必之を世に公にし、衆人をして普《あまね》く之を知り、益《ます》其蘊奥《うんのう》を極めしむることを勉めざるべからず。縦令《たとえ》如何《いか》なる発明を為すとも深く之を秘して衆に公示せず、他人の同一の事を発明するに及んで、我曾《かつ》て之を発明せり、我已《すで》に之を知れりと言ふと雖《いえど》も、人誰か之を信ぜんや。斯くの如きは啻《ただ》に人に益することを能はざるのみならず、自損して其功を放棄するものと謂ふべきなり。

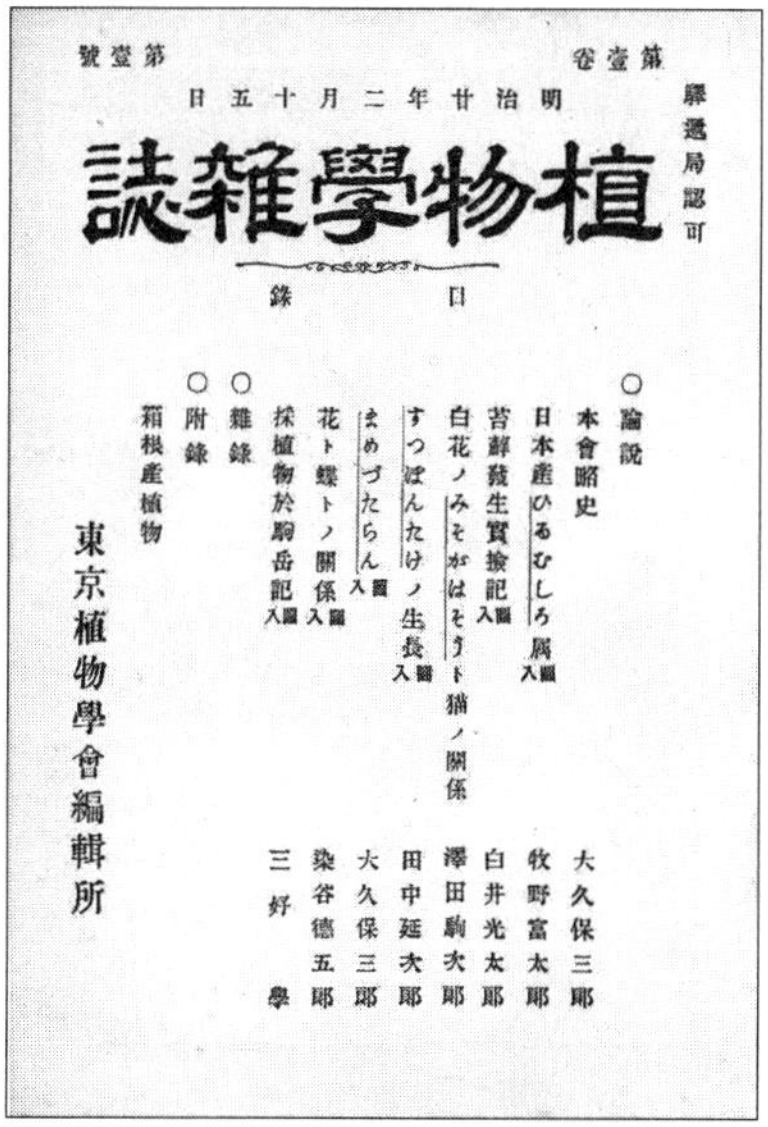

第壹卷　第壹號

明治廿年二月十五日　驛遞局認可

植物學雜誌

目錄

○論説
本會略史　大久保三郎
日本產ひるむしろ屬 入圖　牧野富太郎
苔蘚栽生實驗記 入圖　白井光太郎
白花ノみそがはそうト猫ノ關係　澤田駒次郎
すつぽんたけノ生長 入圖　田中延次郎
まめづたらん 入圖　大久保三郎
花ト蝶トノ關係 入圖　染谷德五郎

○雜錄
採植物於駒岳記 入圖　三好學

○附錄
箱根產植物

東京植物學會編輯所

▲『植物学雑誌　第１巻第１号』東京植物学会編輯所、明治 20 年２月 15 日

植物学に於ても亦之に同じ故に、此学に志す者にして植物に関し苟《いやしく》も発明する所の者あらば其細大を問はず之を同志者に公示し、又其中疑団を免れざるものあらば、亦同志者に質して其解説を求め、互に知識を交換し、此学の進歩を謀るを緊要とす。是を以て欧米諸国の植物家の如きは同志相謀我邦に在ては従来植物専門の会無かりしは実に此学の一大欠事《けんじ》と謂ふべし。〈後略〉

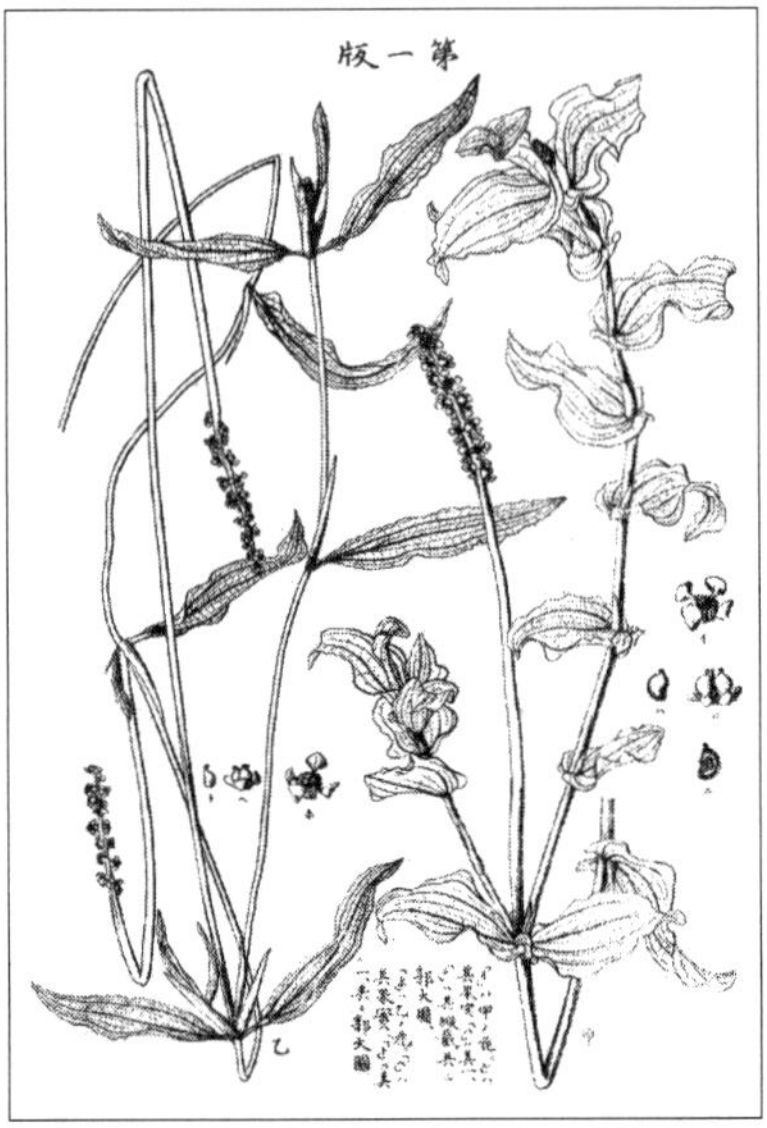

▲『植物学雑誌　第１巻第１号』で発表した牧野富太郎の「日本産ひるむしろ属」の植物図

（『植物学雑誌　第一巻第一号』東京植物学会編輯所、明治二〇年二月一五日）

なお、富太郎は東京植物学会に入会することが許され、会員として『植物学雑誌』創刊号に論文を発表した。論文の題名は「日本産ひるむしろ属」である。かつて佐川の町外れの湿地で採取し、名前が分からずに困っていた際、家の使用人から名前を教えてもらったときの水生植物、「ヒルムシロ（Potamogeton）」について論述したものである。

かくて大久保の発案で植物学会が創設され、田中の発案で植物学雑誌が創刊されると、富太郎は水を得た魚のように関東一円をめぐり、日光・秩父・武甲山・筑波山などに出かけて積極的に植物採集をおこなった。そして、植物学雑誌の誌面は瞬くうちに富太郎の報告論文で占有された。富太郎の研究報告は質と量において他の研究者を圧倒し、富太郎の植物学に対する情熱と才能はたとえ学歴がなくとも会員の誰もが認めるところとなったのである。

明治二〇年（一八八七）五月六日、つねに富太郎を愛し庇護した祖母浪子が他界した。行年七七歳であった。浪子は娘夫婦の佐平と久寿、それに当主の夫・小左衛門を相次いで疫病で亡くして、最初におこなったのは、たった一人残された孫の成太郎を富太郎に改名したことだった。その富太郎に旧家の酒蔵「岸屋」を継がせ、岸屋に再び富がもたらされることを願い、浪子は富太郎が望めばできる限りの環境を整え、何不自由することのないよう育てた。

岸屋では、長きにわたって岸屋の女主人として差配してきた浪子に相応しい盛大な葬儀がおこなわれ、牧野家第六代当主として富太郎はその喪主を務めた。現在、牧野浪子の墓は奥《おく》ノ土居《どい》（現在の佐川町甲　牧野公園）の墓地山の山頂下の巻き道に立ち、墓石の側面には彼女の出自《しゅつじ》と功労が手彫りされている。

▲牧野浪子の墓石の側面に刻まれた碑撰文（奥ノ土居、著者撮影）

「浪子は、高岡村なる川田宗平か三女にして、牧野小左衛門か妻なり、夫小左衛門かうせぬる後、その孫なる富太郎はおのか実の孫にはあらされと、よくこれをひたしをし養ひて、あまたの年月を重ね、つひに家の名を受継しめたり」。

惜しむらくは、浪子の夢と富太郎の夢は異なっていたことである。浪子は富太郎に岸屋の身代《しんだい》を良い状態で継がせることだけを願い、富太郎は東京を研究拠点に日本の植物相を究明するという夢を描いた。そして、二人の夢の軌跡は一度も交わることはなかった。

浪子の死を境に、富太郎の足は岸屋から遠のいた。爾後、富太郎と岸屋との連絡は浪子に代わって岸屋を切り盛りする猶との手紙でのやり取りとなり、富太郎からの手紙の内容は岸屋への金の無心、つまり東京での生活に入り用な金銭の多寡と入金期限に関するもので占められたのである。

明治二〇年末当時、富太郎は麹町区三番町にあった同郷出身で陸軍兵学寮の若藤宗則の家の二階を間借りしていた。ある日、三番町の下宿から本郷の植物学教室に人力車で通う途中、富太郎は飯田町小川小路の道筋にあった菓子屋の娘に一目惚れする。

富太郎は家業の酒は好まず一滴の酒も口にしなかったが、その代わり甘いものには目がなかった。以来富太郎は菓子を買うという口実で小川小路の小さな菓子屋に、娘を目当てに足繁く通った。

娘の名は寿衛（通称寿衛子、一八七三－一九二八）といった。父は幕末の大老井伊直弼（一八一五－一八六〇）の家臣で小沢一政といい、明治維新後に上京して明治政府の陸軍営繕部に任ぜられた。小沢一政は京都花街の芸者あいを見染め、のちに皇典講究所が開黌される麹町区飯田町（現在の千代田区飯田橋三丁目五番）の広大な邸宅にともに暮らした。明治三年（一八七〇）一政とあいの間に次女として誕生したのが寿衛だった。寿衛は飯田町の広大な邸宅で何不自由なく暮らし、母から踊りや唄を習っていたが、小沢一政の急死によって小沢家はたちまち零落した。邸宅を売り払い、あい夫人は数人の子どもを育てるために、飯田町小川小路の道筋に小さな菓子屋を営んだのだった。

明治二〇年一二月ころ、当時二五歳の富太郎は、一四歳の寿衛と一緒に暮らすため、三番町の若藤家の二階の間借りを引き払うと同時に、下谷区根岸の御院殿跡にあった村岡家の離れの一軒家を借り受け、ここを寿衛との愛の巣として同棲生活をはじめるのである。

なお、現存する富太郎と寿衛の手紙などから、寿衛の母小沢あいをはじめとする小沢家の親族に連絡を取り、同棲の了解を得た形跡は見当たらない。

破門草とヤマトグサ

日本に植物学が導入された当初、日本の植物学者は日本で採取した植物に学名つけることができなかった。それは矢田部良吉教授も例外ではない。

たとえば、新種の植物と思われる場合、植物学者はその植物に類似する学名のタイプ標本（学名の基準として指定された標本）と比較検討して、新種であることを確認したうえで発表する必要がある。しかし、日本には学名の基準となる信頼できるタイプ標本がなく、またそれを記載した文献も不足していた。つまり、種の同定や新種を特定するための知識の蓄積が脆弱で、その経験もなかったのである。

そのため日本の植物学者は、日本で採取した植物の標本を日本の植物相に精通した欧州の権威ある植物分類学者に送り、鑑定を仰ぐことが恒例となっていた。日本の植物学者からとりわけ多くの鑑定依頼を受けていた人物に、カール・ヨハン・マキシモヴィッチがいる。

カール・ヨハン・マキシモヴィッチ（Carl Johann Maximowicz, 1827-1891）は、日本に来日して植物採集をした経験をもつ、日本を中心とする東アジアの植物相に精通したロシアの植物学者である。そのため、日本の多くの植物学者はマキシモヴィッチのいるサンクトペテルブルク帝立植物園に植物標本を送った。ところが、標本を送る際の意思疎通や輸送に要する時間などから、行き違いが発生することもあった。そのひとつに、日本特産のトガクシソウ（戸隠草：*Ranzania japonica* T.Itô ex Maxim.）にまつわる秘められた物語がある。

英国ケンブリッジ大学に私費留学をした植物学者・伊藤篤太郎《とくたろう》（一八六六－一九四一、伊藤圭介の孫）は、叔父の伊藤謙《ゆずる》（一八五一－一八七九、内務省博物局調査員）が明治八年（一八七五）に信州の戸隠山《とがくしやま》で採取した珍しい多年草の植物を明治一六年（一八八三）にロシアのマキシモヴィッチに送った。マキシモヴィッチはこれをメギ科ミヤオソウ属の一種であると判断し、一八八六年にロシアの生物学会雑誌『サンクトペテルブルク帝国科学院紀要（Bull. Acad. Imp. Sci. Saint-Pétersbourg）』に〝*Podophyllum japonicum* T.Itô ex Maxim.〟と名づけて発表した。

一方、伊藤篤太郎がマキシモヴィッチに植物を送った翌年の明治一七年（一八八四）、東京大学理学部植物学教室の矢田部良吉教授も戸隠山で伊藤が採取した同じ植物を独自に採取し、小石川の東京大学理学部付属植物園に持ち帰って植栽した。植物は二年後の明治一九年（一八八六）に開花し、翌二〇年（一八八七）にその標本をマキシモヴィッチに送って鑑定を仰いだところ、翌二一年（一八八八）三月、マキシモヴィッチは「本種はメギ科の新属であると考えられ、〝*Yatabea japonica* Maxim.〟の学名をつけたいが、正式に発表する前に確認のため再度花の標本を送ってほしい」と回答してきた。

この矢田部教授とマキシモヴィッチとのやり取りを大久保三郎助教授から聞いた伊藤篤太郎は、叔父が発見し、自分がマキシモヴィッチに送った〝*Podophyllum japonicum*〟が、じつはミヤオソウ属の一種ではなく新属であることを知って驚くと同時に、新属名が〝*Yatabea japonica*（ヤタベア・ジャポニカ）〟と矢田部教授に献名されることを聞いて憤慨した。自分が最初に標本を送った植物が新属であったにも関わらず、その学名に矢田部教授の名がつけられることが、同じ植物学者として許せなかったのだ。

明治二一年（一八八八）一〇月、伊藤篤太郎は英国ロンドンの植物学雑誌『植物学ジャーナル・英国と外国（Journal of Botany, British and Foreign)』26号に、新属〝*Ranzania*〟（小野蘭山に献名）を提唱し、〝*Podophyllum japonicum* T.Itô ex Maxim.〟をこの属に移したうえで、新たに学名を〝*Ranzania japonica*（ランザニア・ジャポニカ）T.Itô ex Maxim.〟として発表した。こうして伊藤篤太郎はマキシモヴィッチが矢田部教授に献名するはずだった〝*Yatabea japonica*〟の命名を阻止し、発見命名者の〝T.Itô ex Maxim.〟の名は残ることになった。

このことを知って激怒した矢田部教授は、伊藤篤太郎を直ちに破門し、植物学教室への出入り禁止を命じた。そのため植物学者の間では、しばしばトガクシソウは「破門草」と隠語で呼ばれることになったのだった。

今日、新種の発表は、「国際藻類・菌類・植物命名規約（ＩＣＮ＝International Code of Nomenclature for algae, fungi, and plants)」という植物の学名を定める唯一の国際的な規範に則しておこなわれ、その規範は国際植物学会議（International Botanical Congress）の命名部会によって、六年に一度開催される国際会議（第一回は一八六四年ブリュッセル）で改正される。

表記は新種の学名をラテン語で明記し、新たに見出した種と近似する種との区別点（判別文）と種の特徴を図などを用いて詳細に記述する。このとき、基準となるタイプ標本を一点指定して標本室（ハーバリウム）に保管し、どこに納めたかを記載する。そして学術雑誌に新種であることを示す〝sp.〟を明記してはじめて新種が発表される仕組みになっている。

さて、日本で発見された新種の植物を日本の植物学者が日本で発表したのは明治二〇年、「ヤマトグサ（Thelygonum）」が最初である。その第一報は、牧野富太郎の研究報告「ゼリゴナム一種の発見」によっておこなわれ、明治二〇年（一八八七）一〇月二五日発行の『植物学雑誌　第一巻第九号』（東京植物学会編輯所）を介して世界に向けて発表された。

ゼリゴナム一種の発見

牧野富太郎

昨年の夏予が知友、渡辺荘兵衛氏より同氏自ら土佐国吾川郡下名野川村の近傍に於て採取せる植物標本数十種を恵送せられしことありしが、就中《なかんずく》最も珍奇とすべき一種あり。此植物はゼリゴナム属に属する所にして殊に此属は書に據《よ》て之を按《あん》ずるにたゞ地中海地方に産する一年生の小草一種を包有するものゝ如し。而《しこう》して今此に別に其属する一種を発見して其寥々《りょうりょう》たる地中海地方の一種に加ふるに、此遠き東洋の我邦に在て仮令《たとえ》参商《しんしょう》永く相見ざるの状ありと雖《いえど》も抑《そもそ》も亦其伴侶を以てせし事実は之を同好の士に報道すること敢《あえ》て贅事に非ず。由て左に其状の梗概を図説す。然に其記事たる実に不完具なる免かれずと雖も亦以て其一班を窺《うかが》ふに而して其詳説の如きは姑く之を他日に譲る。

Thelygonum sp. ——CYNOCRAMBEÆ.

高さ十五センチメートル許《ばかり》の多年生草本、根は長き繊維状茎は多くは分枝、直生、円柱状殆ど平滑、葉は有柄にて下部のものは対生、上部は互生、托葉は葉柄の下底と連着し膜質、全辺、鈍頭、葉片は卵円形、梢葉に在ては卵状楕円形全辺、鈍尖頭、羽状脈、葉の上面は疎々微毛茸ありて葉緑に近つきて漸く著し、葉の下面は裸出す、雄蕊は腋生、無柄、花蓋は二葉片より成り、花被発状は蕾時に在ては其辺緑相接すと雖も花綻ぶるの後は外旋す、雄蕊は不定数（十六と二十数計）にて、花蓋の下底より分生し、花糸は繊毛状、葯は線形丁字様、二胞、縦裂、雌花は……花候は五月にて産地は山地なり。

（『植物学雑誌　第一巻第九号』東京植物学会編輯所、明治二〇年一〇月二五日）

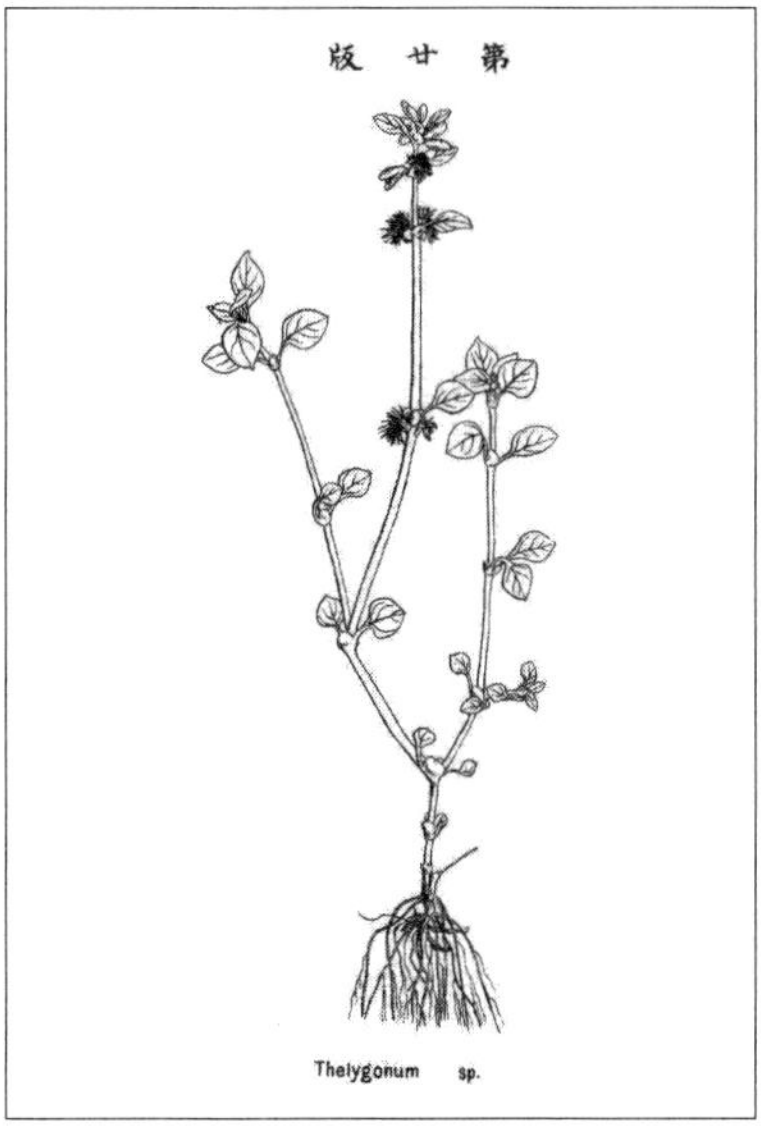

▲富太郎が写生した新種のヤマトグサ〝Thelygonum sp.〟（『植物学雑誌　第1巻第9号』東京植物学会編輯所、明治20年10月25日）

じつは、富太郎がヤマトグサを見たのは、このときが最初ではなかった。明治一七年（一八八四）に同じ名野川村付近で富太郎自身が発見し採集した標本には花がついていなかったため、当初富太郎はハシカグサ（アカネ科ハシカグサ属）だと考えていた。しかし明治一九年夏に、植物採集の朋友で同郷の小学校教諭の渡辺荘兵衛から、富太郎が発見した同じ場所で採集された花のついた標本が送られてきて、上向きに反り返った三枚の花弁から長い雄蘂が伸び、茎から糸のような細い束が垂れ下がっているなど、花が極めて特異な形状をしていることから、富太郎ははじめて新種だと気がつくのだ。

その後、富太郎は『植物学雑誌　第三巻第二三号』（明治二二年一月一〇日）に「日本植物報知・第二」を寄稿し、ヤマトグサが新種であることを次のように報告した。

Thelygonum Japonicum, n. sp. Okubo et Makino.

このヤマトグサ（新称）は日本に在て極めて珍奇とすべき一新種にて、明治十九年に於て渡辺氏の採集は吾人に大切なる考証の覧を供したるものと謂ふ可し。如何となれば当時同氏の採集品は皆な花を有せしを以て明かに其形質を稽査するを得たればなり。〈中略〉近日会て所蔵の標品を検め之を得為めに秋時其華葉の充分に成長したる状を明にせり。

（「日本植物報知・第二」牧野富太郎『植物学雑誌　第三巻第二三号』明治二二年一月一〇日）

さらに富太郎は、この間のヤマトグサの採集から学名の発表までの経緯を、後年著した『自叙伝』でこう述べている。

明治十七年に私ははじめてヤマトグサを土佐で採集したが、その翌年に渡辺という人がその花を送ってくれたので、私は大学の大久保君と共に研究し学名を附し発表した。これによってはじめて日本にヤマトグサ科という新しい科名を見るに至った。この属のものは世界に於てただ三種、すなわち欧洲に一、支那に一、わが国に一という珍草である。

(『牧野富太郎自叙伝』長嶋書房、一九五六年)

「ゼリゴナム一種の発見」(『植物学雑誌 第一巻第九号』明治二〇年一〇月二五日) ならびに「日本植物報知・第二」(『植物学雑誌 第三巻第二三号』明治二二年一月一〇日) の二つの研究報告は、いずれも牧野富太郎の単独で発表された。富太郎は収集したヤマトグサを大学に持ち込み、海外で本当に発表されていない植物かを共同研究者の大久保と二人で何年もかけて慎重に調べ、その結果新種だと判断し、〝Thelygonum Japonicum, n. sp. Okubo et Makino.〟の学名をつけたのである。

ヤマトグサは日本に自生し、日本で発表された最初の新種報告であることから、富太郎は「大和草」の和名をつけた。その植物は、北陸・関東以西から四国・九州の山中の樹下などに分布する多年草で、五月ごろ開花した。雌花は節ごとに一~二個つき、多数の雌蘂が下垂するが、雌花は雄花に比べて非常に小さいという特色を有していた。

なお、富太郎が日本で初めて学名をつけた記念すべきヤマトグサのタイプ標本は、その後神戸の池長植物研究所や大泉の牧野植物標品館などを経て、現在は八王子の東京都立大学牧野標本館(東京都八王子市南大沢一-一)で保管されている。

日本人初の日本植物志

富太郎は日ごろの研究を『植物学雑誌』に発表する傍ら、究極の夢に向かってしばしば想像を膨らませた。富太郎の究極の夢とは、無論、日本の植物志《フロラ》（誌）を出版することである。富太郎が最初に書いた自伝的随筆『植物記』に、彼が暗中模索しながら日本初の日本植物志の出版に向けて動きはじめる様子が記されている。

熟《つらつ》ら私の思うたには、従来我邦にまだ一の完全した日本の植物志すなわちフロラが無い。これは国の面目としても確かに一の大欠点であるから、それは是非ともわれら植物分類研究者の手によってその完成を理想として、新たに作り創めねばならんと痛感したもんだから、私は早速にそれに着手し、その業を刱《はじ》める事に決心した。それにはどうしても図が入用であるのだが、今それを描く自信はあるからそれはあえて心配は無いが、しかしこれを印刷せねばならんから、その印刷術も一ト通りは心得て置かねば不自由ダと思い、そこで神田錦町に在った一の石版印刷屋で一年程その印刷術の稽古をした。そして愈《いよい》よ日本植物志を世に出す準備を整えた。その時私の考えでは凡そ植物を知るにはその文章も無論必要だが図の方が早解りがする。ゆえに不取敢《とりあえず》その図を先きに出しその文章を後廻しにする事にして断然実行に移す事となり、まずその書名を日本植物志図篇と定めた。これは日本植物志の図の部の意味である。

（『植物記』牧野富太郎、桜井書店、一九四三年）

こうして富太郎は日本に自生するすべての植物を記載した『日本植物志』を出版するという、遠大な計画の実現に取りかかった。富太郎がそれをめざした背景には、東京大学の図書室に所蔵された貴重な文献や書籍をいつでも自由に閲覧できる、整った環境があった。それに加えて富太郎自身が、植物図の描画技術に圧倒的な自信をもっていたことが大きな要因のひとつにあった。

植物志に記載する重要な要素に植物図と解説文がある。なかでも植物図は、誰でも一見してその植物の特徴を理解でき、しかも解説文に比べてより多くの情報を注ぎ込むことができる。そのため富太郎は、解説文は取りあえずあとにまわすことにした。また、日本のすべての植物を記載する日本植物志の制作には膨大な年月を要し、いつ完成できるかさえ分からない。そのため、まずは小冊子をシリーズ化して随時刊行し、将来的にすべての植物が網羅できた段階で合本にして完成させるという計画を立てた。そうして富太郎は、植物図を集成した『日本植物志図篇』の制作をめざすのだった。

富太郎の植物図の制作には、彼独自の拘《こだわ》りと工夫が随所に活かされていた。たとえば、採取した植物をよい環境で観察するために、植物を「活かし箱」というガラスケースのなかに入れ、必要な場合はなかに氷を入れるなどして植物を瑞々しい状態に保ち、より長く詳細に観察できるようにした。そうして植物の形態の特徴が頭のなかで鮮明に記憶されるまで観察した。次にいよいよ描画作業に入るのだが、より詳細でより緻密な植物図を描くために、三本のネズミの毛（背中に生える最も長い毛）を使用した「根朱筆《ねじふで》」と呼ばれる極細の薪絵筆を特注し、息を詰めて描出した。

特製の「活かし箱」と「根朱筆」を用いて精密な植物図を描くことを可能にした富太郎が、次に拘ったのは、植物図の精密さを印刷用紙に再現する印刷技術の精度だった。彼は精密な植物図に必要な印刷技術を身に付けるために、神田錦町の石版印刷会社の主人太田義二に頼み込み、一年間かけて石版印刷技術を習得する。さらに、ドイツ製の石版印刷機も購入した。こうして一人で植物図を描き、製版し、印刷し、明治二一年一一月一二日、『日本植物志図篇（Illustrations of the Flora of Japan）第一巻第一集』を神保町の敬業社から出版する。

右のとおり『日本植物志図篇　第一巻第一集』は、特注の活かし箱や根朱筆による植物画の制作に加えて、一年におよぶ石版印刷技術の習得や印刷機の購入、さらに自費による製版、印刷、製本まで、富太郎がすべて一人でおこなった苦心の結晶だった。そうした努力の末に日本人初の日本植物志が出版されたのである。

顧みて、ツンベルクの主著『日本植物誌（Flora Japonica）』（ライプチヒ刊、一七八四年）、ならびにシーボルトとツッカリーニの共著『日本植物誌（Flora Japonica）』全二巻（ライデン刊、一八三五－一八七〇年）につづく、日本で最初の西洋式植物誌『日本植物志図篇』は、大学教授や大学出身の植物学者ではなく、土佐から上京してきたばかりの二六歳の一書生の自費出版によって実現したのである。

植物学教室の松村任三助教授は、富太郎が著した『日本植物志図篇』の見事さに驚嘆し、『植物学雑誌』第二巻第二二号「批評欄」で、理科大学助教授松村任三の署名を示して次のように評した。

余は今日只今、日本帝国内に本邦植物志図篇を著すべき人は牧野富太郎一人あるのみと信ず。

先の嘆きも晴れてまさに批評せんとし、今より後絶へず止まず、続篇を出版して本邦所産の植物を全壁せんの責任を氏は負わしめんとするものなり。理科大学助教授　松村任三

（『植物学雑誌』第二巻第二二号、明治二一年一二月一〇日）

また、松村の論評につづいて大久保三郎助教授も、富太郎の『日本植物志図篇』をこういって高評した。

実に分類学を専門とする者を稗益《ひえき》すること鮮少《せんしょう》には非ざるなり。本邦の植物を図せしもの小なきにあらずと雖ども未嘗《いまだかつ》て此書の如く完全なるものあるを見ずと言ふも豈《あに》夫れ過言ならんや。只氏の同時に日本植物志を著さゞりしことを恨むのみ。理科大学助教授

大久保三郎　（前同）

▲『日本植物志図篇　第１巻第１集』牧野富太郎著、敬業社、明治 21 年（国立国会図書館蔵）

松村ならびに大久保両助教授は、『日本植物志図篇』に収められた植物の特徴を適確に捉えた植物図を称

賛し、富太郎の卓越した技術と制作にかけた情熱を絶賛したのである。

矢田部教授との誤訳論争

富太郎の『日本植物志図篇』を松村助教授と大久保助教授が諸手を挙げて称賛する傍ら、このころから矢田部教授と富太郎との対立が徐々に表面化しはじめる。矢田部教授と富太郎はなぜ対立したのか。その原因を探ってみたい。

矢田部教授と富太郎との対立は大学関係者の間でしばしば語られ、それを起因として東京大学と富太郎との長年にわたる対立が新聞などを介してたびたび話題となった。その大きな原因は、富太郎の大学教授に対するある種の劣等感にあり、論争と呼べるものはなかったと当時の多くの同大学出身の植物学者は証言する。

事実、小学校を二年で中退し、独学で植物学者になることをめざし、研究していた富太郎にとって、大学教授はつねに大きな存在として立ちはだかり、学歴コンプレックスを抱いたこともあったかもしれない。しかし一般に、同じ植物学を研究する二人の学者が長年対立したにも関わらず、そこに対立すべき争点がなかったとは考え難い。

私は矢田部教授と富太郎との対立に、論争と呼べるものはなかったのかを調べるために、国立国会図書館を訪れ、二人の著作物に丁寧に目を通した。しばらくして私は、明治一六年（一八八三）に矢田部教授が翻訳し、文部省編輯局が発行した植物学の教科書『植物通解』において矢田部教授が初めて訳出した用語（新語）を、富太郎がある論稿のなかで厳しく批判している事実を発見した。

その論争を順を追って検証しよう。

富太郎は、自伝的随筆『植物記』を太平戦争最中の昭和一八年に上梓した。その本のなかの「植物学訳語の二、三（下）――中肋」と題する項で、葉の中心をなす主要な筋（主脈）を意味する〝Midrib〟を「中肋《ちゅうろく》」と訳出したのは矢田部良吉教授だが、富太郎は、これは大きな間違いであるので私は一度も使ったことはないと指摘し、次のように論駁《ろんばく》する。

> 今日の植物学者は通常葉面の中道を成す主脈、すなわちMidribを中肋といっているが、これはすこぶるマズイ言葉であるので、私は日常未《いま》だ曾《かつ》てこんな語を使用した事がない。そして何時も中脈と書いている。抑《そもそ》もこの中肋なる語を作った人は誰かと顧みて見ると、これは東京大学教授の矢田部良吉博士であって、すなわち明治十六年発行の同氏訳『植物通解』で公にせられたものである。元来Ribは肋骨の事であるからMidribをそのまま中肋と訳しても別に悪い事は無けれども、ここは訳者は大いに気を利かさねばならぬ所であった。なぜならば、元来肋骨というものは背中の脊椎骨から派《ゆか》れて斜めに前方の胸部に向い横出した狭長骨であって、これが一胸骨に湊《あつま》ってはいれどその胸骨は肋骨では無く、つまり中肋骨というものが無いからである。故にこの場合は仮令《たとい》原語はMidribであったとしても、もっと実際に即した訳し方をせねばならなかった筈であった。
>
> そこに至って昔の宇田川榕菴氏はサスガにその点は徹底したもので彼の著『植学啓原』にはそれが、「葉之大筋。謂フ㆓之ヲ中筋ト㆒。分ツコト㆑枝ヲ略類ス㆓肋《アバラ》状ニ㆒。謂フ㆓之ヲ肋状筋ト

」と叙してある。すなわち中央のMidribを中筋と名《なづ》け、その中筋より分出するVeinsを肋状筋と呼んでいる。そしてその中筋の場合に見当違いの肋の字は用いてない。その中筋は私のいう中脈で、その肋状筋は支脈である。

矢田部氏が中肋と訳名を提唱した以前、このMidribがいろ〳〵の学者によって如何に訳せられていたかを識《し》るのも聊《いささ》か興味が無いでもない。まず第一にこれを総管と為したのが彼の漢訳の『植物学』であった。次に明治七年版の伊藤謙《ゆずる》氏訳の、『植学略解』には中央総管と記し、同年板の小野職愨《もとよし》氏訳の、『植学浅解』と『植学訳筌』とには上の『植物学』の総管を用い、明治十一年発行の松原新之助氏著『普通植物学総論』には幹管と称し、明治十四年版の丹波敬三、高橋秀松、柴田承桂三氏同訳の、『普通植物学』には中央葉脈と書いてある。

(『植物記』牧野富太郎、桜井書店、一九四三年)

この論稿で富太郎は、今日「主脈」を意味する〝Midrib〟が「中肋」と呼ばれるようになったのは、矢田部良吉教授が明治一六年に翻訳した『植物通解』が最初だと述べている。それを確認するために、私は国立国会図書館で「中肋」が最初に登場したという『植物通解』を借り受けた。

矢田部教授が訳した『植物通解』の原著は、米国ハーバード大学植物学教授のエーサ・グレーが著した『レソンス・イン・ボタニ(植物学教科書)』であり、原著者の米国ハーバード大学エーサ・グレー植物学教授は、矢田部が米国ハーバード大学留学中に植物学を学んだ恩師でもある。

さて、富太郎が指摘した「中肋」の言葉を探して頁を目で追うと、果たしてそれはあった。

葉の骨格は木質を以て成る。是れ堅靭なる繊維状の物質にして、平行する糸即ち繊維束を成し、茎より葉柄を通して葉中に入り、横に分開して其肋（リッブ）と脈（ヴェーン）とを成す。骨格の主たる大枝を肋と曰ふ。又第八十三図等の如く、大枝一條なる或いは中央の一條頗る大なるは、之を中肋（ミッド《マ》リ《マ》ッブ）と曰ひ、小なる枝を脈と曰ふ。脈分岐して更に小なるものを細脈（ヴエーンレット）といふ。（『植物通解』エーサ・グレー著、矢田部良吉訳、文部省編輯局、明治一六年）

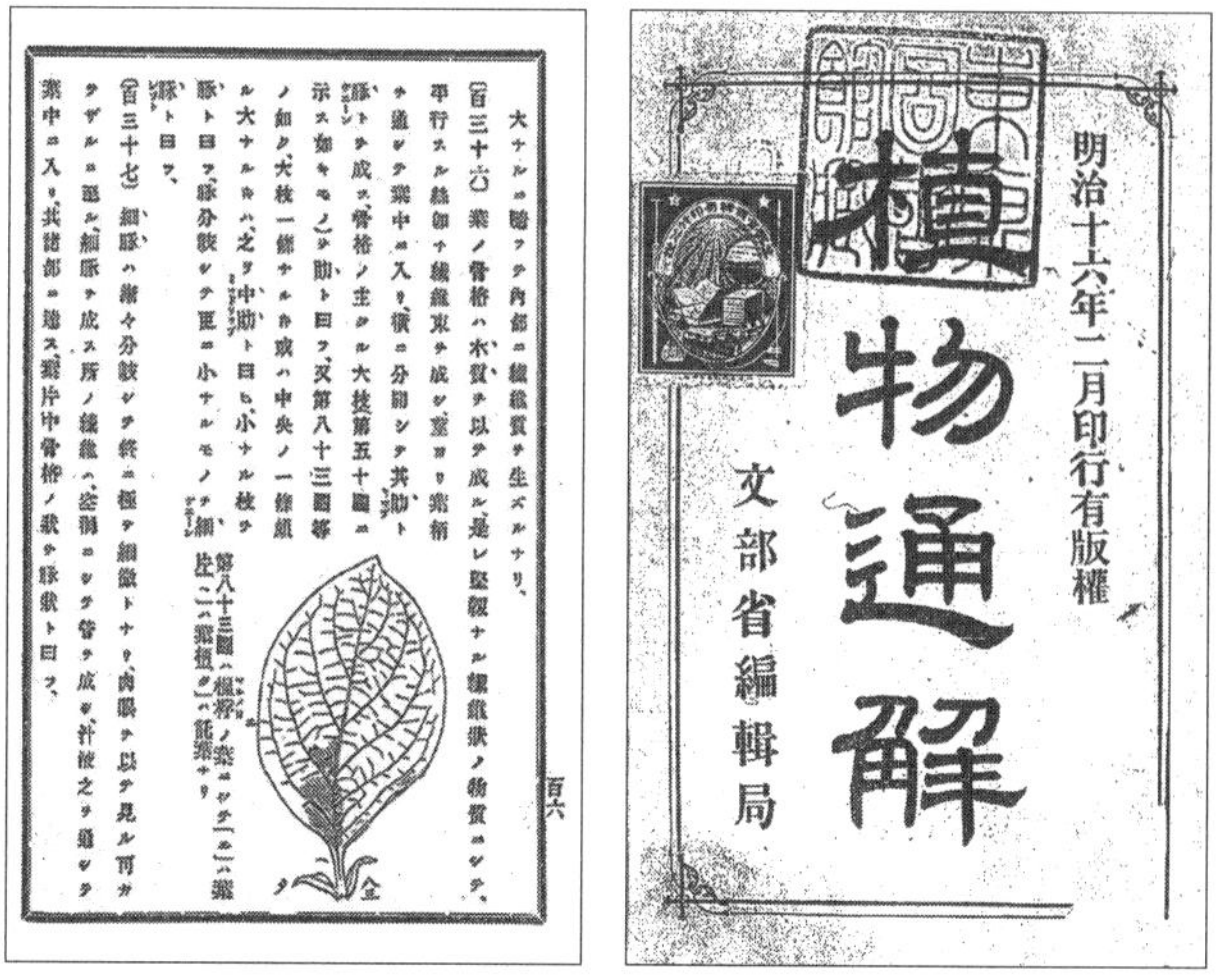

▲『植物通解』エーサ・グレー著、矢田部良吉訳、文部省編輯局、明治16年（国立国会図書館蔵）

矢田部良吉訳『植物通解』の一〇六頁に、「中央の一條頗る大なるは、之を中肋（ミッドリッブ）と曰ひ、小なる枝を脈と曰ふ」とあり、確かに「中肋」が登場する。「肋」は「あばら」を意味し、葉脈の形が人間の肋骨に似ていることから矢田部教授は「中肋」と訳出したと思われる。

しかしながら、人体の中心をなす脊椎から胸部を取り囲むように分出して胸骨に至る肋骨と、葉の中心の主脈から葉の先端に向かって放射状に分出する葉脈は、一見すると似ているものの、目的も形状も似て非なるものであることは明らかだ。

そもそも植物分類学の主な研究は、ほとんど同じように見える植物同士を比較し、植物を綱・目・属・種に厳密に分類することにあり、植物分類学とは植物の僅かな違いを発見する学問である。わけても正確さを何よりも重んじる富太郎にとって、植物の葉の中心をなす「主脈（Midrib）」を人間の肋骨に喩えて表現するなど、絶対に許してはいけない悪例にほかならなかった。

つまり、矢田部教授が名づけた「中肋」は科学的で忠実な観察に基づく命名とはいえず、そのため富太郎は「中肋」を誤訳であると指摘して批判した。それをしなければ植物学の将来に禍根を残すと考えたのである。

また富太郎は、〝Midrib〟を矢田部教授が「中肋」と訳す以前はこの言葉はなかったと述べ、たとえば日本初の本格的な植物学書である宇田川榕菴の『植学啓原』では「中筋」と訳出しているという。早速私は、国立国会図書館で『植学啓原』を検索し、頁を繰ると、『植学啓原　巻之三』の巻末の図のなかに「中筋」の文字があった。頁の中央に鷺草の図が描かれ、鷺草の葉の中央に描かれた主脈から引き出し線が引かれて、「中筋」の部位の名称が明記されていた。

さらに富太郎は『植学啓原』のほかに、多くの翻訳本の訳語を紹介する。私はそこに紹介されている本を確認するため、『植学略解』、『植学訳筌』、『植学浅解』、『普通植物学』を検索し、〝Midrib〟の訳語を目で追った。

富太郎が最初に紹介した伊藤謙訳の『植学略解』では、三見開き目「葉篇第一」の項に、「葉柄より出で全葉面を直行す。結構中第一の者にして中央唯一條の者を中央総管と云ふ」(『植学略解』コー・ユーマン著、伊藤謙訳、文部省、明治七年)とあり、「中央総管」と訳されていた。

次に富太郎が挙げた小野職愨は、明治五年(一八七二)に発足した文部省博物局に出仕し、英国の権威ある植物学者ジョン・リンドリー(John Lindley, 1799-1865)が著した植物学の用語などをまとめた全二八頁の植物用語辞典『植学訳筌』を文部省博物局の田中芳男とともに編纂した。その『植学訳筌』の一四頁〝M〟の項に〝Midrib〟があり、「総管」の訳語が当てられていた(『植学訳筌』ジョン・リンドリー著、小野職愨訳、田中芳男閲、文部省、明治七年)。

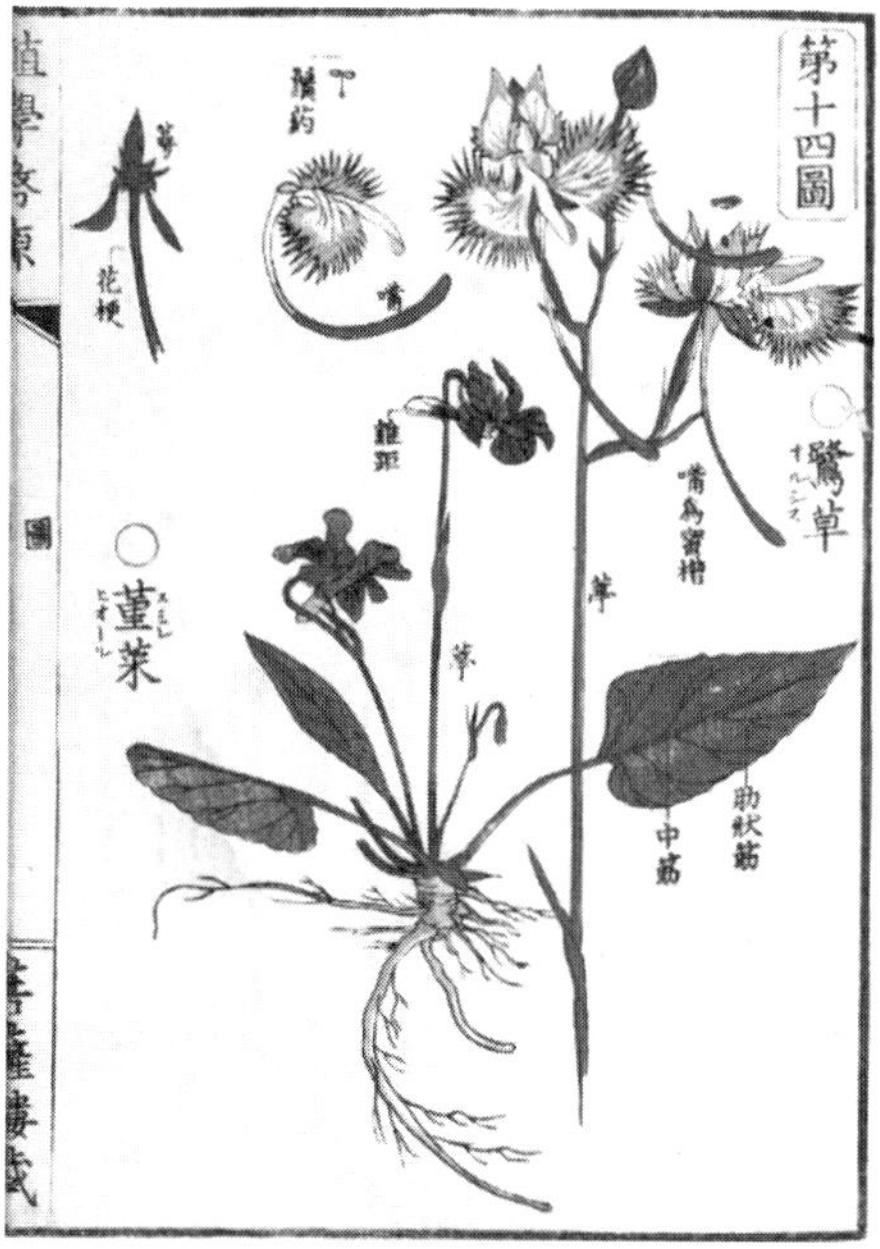

▲「中筋」などの部位の名称を示す鷺草の図(『植学啓原　巻之三』宇田川榕菴、須原屋伊八、天保4年/国立国会図書館蔵)

『植学訳筌』に継いで小野職愨は、ジョン・リンドリーが一八六〇年に著した植物学の教科書〝School Botany〟を翻訳し、『植学浅解』の書名で明治一五年に上梓した。その六見開き目に「其葉尖甚だ鈍なるを鈍頭(レチュス)と名づけ、甚突出するを鋭尖頭(アキュミュート)と名づけ総管、の末尖りて、葉頭の端へ出たるを微尖頭（ユクロート）と名づけ、稲凹するを凹頭（ギュート）と名づけ、或は次第に広潤なるを楔型と名づく」（『植学浅解』ジョン・リンドリー著、小野職愨訳、田中芳男閲、文部省、明治一五年、傍点筆者）とあり、「総管」とした。

つまり、矢田部良吉教授が『植物通解』を上梓する前年（明治一五年）に、小野職愨が出版した『植学浅解』では、小野が編纂した対訳辞書『植学訳筌』と同様、「総管」としたのである。

さらに、東京帝国大学医科大学薬学科の丹波敬三、高橋秀松、柴田承桂の三氏が共同翻訳した、ドイツの植物学者モーリッツ・ゾイベルト著の『普通植物学（グルンドリッス・デル・ボタニーク）』では、その四〇節（三六頁）に「葉体 Lamina は尋常所謂葉に其基礎は葉骸即ち一平面に於て一定の規則に因り各方面へ分布せる葉の脈管束より成る。其間隙は緑色なる葉膜を以て充填す。此脈管束は葉の背面に於て著しく現出するを常とし、之を葉の神経又は脈絡（Nervi, nervuli 或は Nervi primarii, secundarii）と名づく。葉の中央を経過し直ちに葉柄に接続する所の主脈は之を名づけて中央葉脈 Costa media と云ふ」（『普通植物学』モーリッツ・ゾイベルト著、丹波敬三・高橋秀松・柴田承桂三訳、明治一四年、傍点筆者）とあり、主脈を新たに「中央葉脈」と名づけている。

かくて主脈は、天保四年（一八三三）にリンネの植物分類法を日本で初めて紹介した宇田川榕菴『植学啓原』で「中筋」と訳された。その後、明治七年（一八七四）に伊藤謙が訳した『植学略解』では、「中央総管」と訳出され、明治一四年に帝国大学医科大学薬学教室の丹波、高橋、柴田の三氏が共訳した『普通植物学』では「中央葉脈」、翌一五年に小野職愨訳の『植学浅解』では「総管」とされた。

そして明治一六年、矢田部教授が訳出した『植物通解』が文部省編輯局から出版され、富太郎が「中脈」と呼んでいたものは「中肋」となった。以後、植物学の教科書は矢田部教授が採用した用語に従い、「中肋」が用いられるようになるのである。

たとえば、矢田部教授が「中肋」を用いたのちの明治二四年に三好学（明治二八年帝国大学理科大学植物学教授）が編纂した『普通植物学教科書』の頁を繰ると、「第五章　葉」の項（二九頁）に矢田部が創始した「中肋」が登場する。

葉脈（Vein）　葉面には種々の筋あり。総べて之葉脈と云ひ、其至て細微なるものを細脈（Veinlet）と云ふ。又葉身の中央には一條の太筋ありて、葉柄よりして葉端に達す。之を中肋（Midrib）と云ふ。若し又数條の太き筋ありて、葉柄よりして葉面に散出するは、単に之を肋（Ribs）と云ふ。（『普通植物学教科書』三好学編、敬業社、明治二四年）

富太郎は矢田部教授の訳語に過誤があったことを、宇田川榕庵の『植学啓原』を対比させながら厳しく批判した。加えて伊藤謙の『植学略解』、小野職愨訳の『植学浅解』と『植学訳筌』、松原新之助の『普通植物学総論』、さらに丹波敬三・高橋秀松・柴田承桂三の『普通植物学』などを引き合いに出しながら、明治一六年に刊行された『植物通解』で矢田部教授が訳出した「中肋」は、葉脈の形態的特徴に即していない表現であり、植物分類学上、放置することのできない訳語であると主張したのである。

宇田川榕菴が天保四年（一八三三）に「中筋」と訳出して以来、様々な名称がつけられてきたが、五〇年後の明治一六年（一八八三）、矢田部教授が「中肋」と訳出して以降、矢田部の「中肋」が主流となったことに、富太郎は忸怩たる思いがあったのだろう。富太郎は「中肋」を使わず、「中脈」を用いつづけたのだった。

今日、手元の『広辞苑』（第六版）で「中肋」を引くと「葉片の中央を縦に通っている太い葉脈。主脈。中脈。」とあり、さらに「主脈」を引くと、「葉脈のうち、もっとも太いもの。ふつう葉身の中央を貫くが、二本の主脈をもつものもある。中肋。」とある。しかし、中肋と同義の「中脈」は、広辞苑に限らずどの辞書を引いても載ってはいない。つまり、中肋は主脈と同義語として辞書に掲載されているが、中脈は中肋の項の説明文の末尾に添えられているのみで、中脈の項は立てられていない。それらのことから、富太郎が用いた「中脈」が用いられることは比較的少ないのに対して、矢田部教授が訳出した「中肋」は、富太郎が批判したにも関わらず、教科書を中心にその後広く用いられ今日に至っている。

植物学の黎明期において創成された「中肋」の訳語から、矢田部良吉帝国大学理科大学植物学教室初代主任教授の権威が想像以上に大きかったことを窺《うかが》い知ることができるのである。

自身を植物の精であると自任する富太郎にとって、植物学上のいかなる誤謬も放置することはできなかった。それがたとえ植物学教室を主宰する矢田部教授であっても例外ではない。富太郎は教授の立場に敬意を払うなど、人間関係に配慮した形跡はなく、むしろ権威や肩書きに反抗し、権威や肩書きのある者に対して対等以上の姿勢で遠慮会釈なく発言する傾向さえあった。そのため富太郎は、矢田部教授を執拗《しつよう》に攻撃し、批判した。

そもそも、富太郎は大学教授をどのように捉えていたのだろうか。本来大学関係者でない富太郎に大学への自由な出入りを許し、教室の顕微鏡などの器具や貴重な文献の使用を認めた矢田部教授は、富太郎にとって大の恩人である。しかし富太郎のほうは、植物学教室の学生や教員から恩師として敬畏される矢田部教授のことを、同じ植物を研究する同僚としてしか捉えてはいない。

なぜなら、学生ではない富太郎にとって矢田部教授は、恩人ではあっても恩師ではない。そのため富太郎は、矢田部教授に感謝はするものの、もしも矢田部教授が研究において過誤があり、それを富太郎が見つけたならば、その過誤をただちに指摘し訂正しなければならず、そうすることが日本の植物学の発展に貢献することだと信じて疑わなかった。

顧みて、高学歴を誇る植物学の第一人者である矢田部教授と、小学校中退の一書生である富太郎とでは、学歴や立場が大きく異なった。また、二人が研究する植物学に対して、矢田部教授は植物を体系的に捉えたのに対し、富太郎は一つひとつの植物の観察の積み重ねによって追究した。矢田部教授は植物分類学を頭で理解したのに対して、富太郎は植物の写生を通して目と手で習得することに努めた。資質や方法などの違いを考慮すれば、二人が同じ植物学教室で一緒に研究に取り組んでいたこと自体、たとえそれが一時的であったにせよ特筆に値する出来事といえるのかもしれない。

日本初のムジナモ発見

昭和三一年（一九五六）、齢《よわい》九四になった富太郎は自伝的随筆『草木とともに』（ダヴィッド社刊）を上梓した。その著書のなかで、彼は六六年前の二八歳の折、「ムジナモ」を発見したときの青年の興奮を、まるで昨日のことのように生き生きと振り返っている。

左は、『草木とともに』に収められた「ムジナモ発見物語り」と題する小編である。

じっとしていて静かに往時を追懐してみると、次から次に、あの事この事と、いろいろ過去の事件が思い出される、何を言え九十余年の長い歳月のことであれば、そうあるべきである筈なのである。

しかし、ふつうのありふれた事柄は、たとえ実践してきた自身のみには、多少の趣きはあるとしても、他人には別にさほどの興味も与えまいから、そこで私はその思い出すものが、広く中外の学界に対して、いささか反響のあったことについて回顧し、少しくその思い出を書いて見ようと思う。それは、時々思い出しては忘れもしないムジナモなる世界的珍奇な水草を、わが日本で最初に私が発見した物語りである。

今から、およそ六十年ほど前のこと、明治二十三年、ハルセミはもはや殆《ほとん》ど鳴き尽してどこを見ても、青葉若葉の五月十一日のこと私はヤナギの実の標本を採らんがために、一人で東京を東に距《へだた》る三里許《ばか》りの、元の南葛飾《みなみかつしか》郡の小岩《こいわ》村伊予田《いよだ》に赴いた。

江戸《えど》川の土堤内の田間に一つの用水池があった。この用水池は、今はその跡方もなくなっている。この用水池の周囲にヤナギの木が繁っていて、その小池を掩《おお》うていた。私はそこのヤナギの木に倚《よ》りかかって、その枝を折りつつ、ふと下の水面に眼を投げた刹那、異形な物が水中に浮遊しているではないか。

「はて、何であろうか」と、早速これを掬《すく》い採って見たら、一向に見慣れぬ一つの水草であったので、匆々《そうそう》東京に戻って、すぐ様、大学の植物学教室（当時のいわゆる青長屋）に持ち行き、同室の人々にこの珍物を見せたところ、みな「これは？」と驚いてしまった。

時の教授矢田部良吉博士が、この植物につき、書物（多分ダーウィンの「インセクチヴホラス・プランツ」であったろう）の中で、何か思いあたることがあるとて、その書物でその学名を捜してくれたので、そこでそれが世界で有名なアルドロヴァンダ・ベンクローサであることが分かった。

この植物は、植物学上イシモチソウ科に属する著名な食虫植物で、カスパリーやダーウィンなどによって、詳《つまびら》かに研究されたものであった。

（『草木とともに』牧野富太郎、ダヴィッド社、一九五六年）

新緑の五月一一日、私は富太郎の足跡を追って江戸川堤に向かった。京成電鉄・江戸川駅を降り、江戸川の土堤を下ると「小岩芭蕉園」の立て札がある。青葉若葉が棚引く園内にはコガマやスイレンの水生植物とともに早咲きのショウブの花が二三《にさん》散見できた。その一番奥まったところに「ムジナモ発見の地」と刻まれた高さ一メートルほどの石碑がある。牧野富太郎の最初の輝かしい業績をいまに伝える記念碑である。

▲「ムジナモ発見の地」の石碑（江戸川区北小岩４丁目先、著者撮影）

明治二三年（一八九〇）五月一一日にヤナギの実を採集するために富太郎が訪れた南葛飾郡小岩村伊与田（現在の江戸川区北小岩四丁目先）は、「ムジナモ発見の地」として知られている。現在その場所は、江戸川区小岩芭蕉園や区営グラウンドとして整備され、一般に開放されているが、富太郎が訪れた当時は、辺り一面に大小三〇余りの用水池が点在していた。

富太郎は、そのなかの一つの池の周りに茂るヤナギの幹にもたれてその実を手折ろうとしたとき、水面に見慣れない水草が浮いているのが目に留まったため、採取して大学へ持ち帰った。そこに矢田部教授がやって来て、富太郎が持ち帰った水草をつぶさに観察すると、持ち出してきた洋書に目を落としながら、「イシモチソウ科に属するアルドロヴァンダ・ベンクローサ（*Aldrovanda vesiculosa*）という学名の、世界でも稀少な食虫植物ではないか」と助言した。

水草の全長は六～二五センチメートルあり、四～一〇ミリメートル間隔で放射状にのびた輪生葉（輪葉）をつけ、その先端にある葉が二枚貝のように開閉して捕虫器官として働き、ミジンコなどの動物プランクトンを捕食する。

捕虫器官を備えている代わりに根は認められず、水面に浮かぶ世界的にも珍しい食中植物で、日本ではこれまで報告されたことがないことが次第に分かってきた。富太郎は、この水草の形が、貉《むじな》

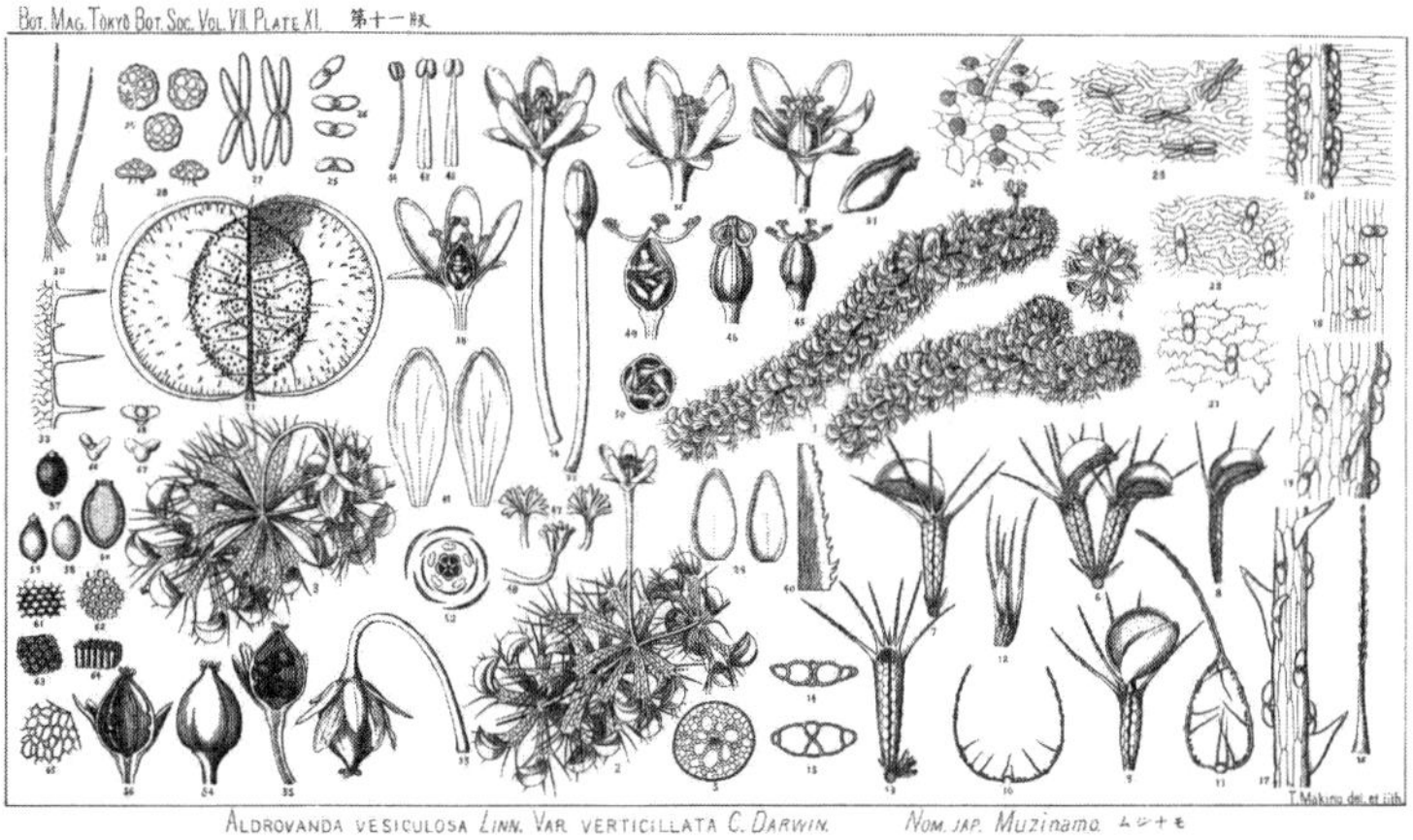

▲富太郎が写生したムジナモ〝Muzinamo〟（『植物学雑誌　第7巻第80号』植物学雑誌編輯所、明治26年10月10日）

（タヌキの俗称）の尾に似ていることから、「ムジナモ」と名づけた。

さらに翌二四年七月、同じ池で今度は花が咲いているムジナモを観察したという友人の知らせを受けた富太郎は、すぐに駆けつけて白い花のついたムジナモを採取して持ち帰り、小さな可憐な花を丹念に観察し、ムジナモの花の詳細な写生図を書き上げ、『植物学雑誌　第七巻第八〇号』（明治二六年一〇月一〇日）に発表した。

この「ムジナモ（Muzinamo）」の写生図は、花の解剖図や、放射状にのびた輪生葉や葉の先端の捕食器など、ムジナモの構造とその特徴が微に入り細を穿つ的確な線で描出され、特にその開花図は開花が認められなかったヨーロッパの研究者の間で大きく注目された。わけてもドイツの植物学の権威アドルフ・エングラー（Adolf Engler, 1844-1930）博士は、自身が監修する植物分類学書〝Das Pflanzenreich（植物界）〟に引用・転載するなど、ムジナモの調査報告は牧野富太郎の名が世界に知られる大きな契機となったのだ。

矢田部教授が、「何か思いあたることがある」と言って持ち出した「インセクチヴホラス・プランツ」という書物は、英国の博物学者で進化論の創始者チャールズ・ロバート・ダーウィン（Charles Robert Darwin, 1809-1882）が一八七五年に著した『食虫植物（Insectivorous Plants）』である。この本によって、その水草がダーウィンなどによって研究された世界的に珍しいイシモチソウ科（現在はモウセンゴケ科）に属する食虫植物であり、学名はアルドロヴァンダ・ベンクローサであることが判明する。

▲ムジナモの花（写真提供＝江戸川区ムジナモ保存会）

世界で極めて稀少なこの植物は、ヨーロッパとインドとオーストラリアの一部にのみ棲息が知られており、富太郎の日本での採取は、世界で四番目の発見だった。

ムジナモは浮遊性の水生植物で、根は発芽時に幼根が認められるが、成長するとなくなる。捕虫器は二枚貝のような形で構成され、捕虫方法は、ハエトリグサと同じ「閉じ込み方式」で、中に動物プランクトンなどの獲物が入り感覚器官に触れると、五〇分の一秒という目にもとまらぬスピードで素速く捕食する。澄んだ水の中を好むムジナモが食虫植物になった理由は、栄養分の少ない厳しい環境の中で生きていくために、根を捨てる代わりに葉の一部を変化させて捕虫器とし、それによって水中の動物から栄養を得るというユニークな仕組みを独自に獲得してきた結果だと考えられる。

ムジナモの花は自家受粉をおこない、数個の種子を作り、この種子からも発芽、生長する。また、気温が摂氏三〇度を超える真夏日の正午前後に、茎の途中から花茎を一本伸ばして稀に白い可憐な花を咲かせることがある。花はマッチ棒の先（直径五ミリメートル）ほどの大きさで、五枚の花弁とがく片、五本の雄蘂と雌蘂で構成される。しかし、咲いている時間は僅か一時間程度であり、当日の天候が快晴ではない場合は、閉鎖花の状態で終わってしまう場合が多いなどの理由から、目にすることは極めて難しく、植物の愛好家から、「幻の花」といわれる所以《ゆえん》である。

これまでムジナモはヨーロッパとインドとオーストラリアで発見されていたものの、花が咲いたところを見た者は誰もいなかった。しかし、富太郎が報告した植物図には開花の状態のムジナモが生き生きと鮮やかに描かれており、海外の植物学者は驚いた。

開花したムジナモを自然に近い状態で採取し、生き生きとした姿を保ったまま標品製作をおこなうために、富太郎には経験に基づく技術の蓄積があった。特にムジナモのような繊細な水生植物で、しかも花のある状態のものはなおさらである。

富太郎はこのときの経験から得たムジナモのもっとも良い標品製作法を、昭和二二年（一九四七）に出版した自伝的随筆『牧野植物随筆』のなかでこう明かしている。

ムジナモのもっとも良い標品製作法は、私の試みて好結果を得たものである。すなわちそれはその産地で茎の切れぬよう丁寧に採集し、任意に幾何《いくばく》でも採って採集胴籃《どうらん》に容れる。それは幾らあってもよいから一と塊りに入れて帰宅する。帰宅したら早速盥《たらい》に水をはって胴籃中のムジナモをそっと右の水に入れ、塊っているのを緩やかに散らばしてやる。そして一晩そのままに放置しておく。そうすると胴籃のなかで歪んだ癖のついた茎が伸んで直くなり、葉もまた正しくならび、翌朝には自然の好《よ》き姿を呈するのである。そこでタオルを水絞りにして水をきり湿ったまま平たくこれを拡げる。その前に毛筆で柔かくかつ丁寧に水のなかでムジナモ体上の埃垢《あいこう》を払い除けてやる。その綺麗になった奴をピンセットでそっと静かに挟み揚げて、右拡げたタオルの上に横たえる。そうするとムジナモ体上の水をタオルが吸い取ってくれて、水のために接着せるその葉がピンと正しくなる。それを注意して今度は丁寧に新聞紙間に並べて吸水紙の間に挟み、板の間へ入れて上から重しをして数回その吸水紙を取り換えれば、間もなく立派な完全な好い標品が出来上るのである。ピンセットで挟みて水中から揚げる時は、そーっと緩やかにしないと水の抵抗力のために茎が切れる恐れがある。またピンセットで引き揚げる時は、茎の本の方を挟んで引き揚げると茎が切れないが茎の先頭の方を挟みて揚げるとそれが切れやすいから注意を要する。トリゲモ、ホッスモなども水中で末端の方を引くと同じく切れやすいから、これを採集する時は手を水底に差し入れてその茎の本の方を把握し、そっと水中から引き揚げる必要がある。水草採集者はこのコツを忘れないようにすればよろしい。

（『牧野植物随筆』鎌倉書房、一九四七年）

富太郎の発見以降、世界各地でムジナモの発見が報告された。日本では利根川流域の池で発見され、さらに大正一四年一月二〇日に京都・山城の巨椋《おぐら》池（京都府南部に存在した池）で当時京都帝国大学生の三木茂（のち同大学植物学教授）によって発見された。そうした努力の甲斐あってムジナモは国の天然記念物に指定されたが、度重なる河川の氾濫や池の干拓などの影響を受けて惜しくも絶滅した。

なお、現在ムジナモ（*Aldrovanda vesiculosa*）は、モウセンゴケ科ムジナモ属に属する一属一種の稀少な多年草の食虫植物として絶滅危惧種に指定され、人工の生育環境のなかで僅かに栽培されるなど、自然生育地復元に向けた地道な取り組みが進められている。

教室への出入り禁止

富太郎がどう思っていたにしても、富太郎の研究の最大の支援者は矢田部教授だろう。明治一七年に高知から上京した富太郎に、東京大学理学部植物学教室という研究の場と東京植物学会誌という発表の場を与えたのは、矢田部教授だからである。

そして富太郎は、矢田部教授に公言したとおり『日本植物志図篇』第一巻第一集（明治二一年一一月一二日）の出版という悲願を達成し、それを見た松村と大久保両助教授は『植物学雑誌　第二二号』（明治二一年一二月一〇日）の「批評欄」で高評した。

富太郎の『日本植物志図篇』を、植物学教室に席を置く者がみな称賛するなかで、矢田部教授は感想らしい感想を述べてはいない。けだし、富太郎の『日本植物志図篇』を誰よりも高く評価した人物は、矢田部教授である。

これまで矢田部教授は、鹿鳴館に足繁く通うなど、洋行帰りの帝大教授として尊崇の念を持たれていたと同時に、外国かぶれの鼻持ちならない学者という批判にもさらされていた。

富太郎の仕事の秀逸さを目の前で見せつけられた矢田部教授は、日本の植物学の第一人者としての自尊心を大いに刺激され、富太郎の仕事は本来自分が成すべき仕事であると自覚した。大学の象牙の塔のなかにいる住人は皆、師弟という厳格な上下の人間関係があることをよく認識し、東京大学理学部植物学教室の矢田部初代主任教授の承認を得なければ、何ごとも始められないことを承知していた。

一方、富太郎は純粋に日本の植物相の解明に熱中し、大学内の上下関係には無頓着だった。富太郎にとって矢田部教授は大学への出入りを認めたよき理解者であると同時に、同じ植物分類学に携わる先輩研究者という認識だったと推察される。

『日本植物志図篇』はその後も順調に刊行がつづき、第六集まで進んだ。富太郎がさらに身を入れて植物図の制作に取り組んでいたとき、矢田部教授は富太郎を独り教授室に呼び入れた。そして教授は、富太郎の『日本植物志図篇』とほぼ同じ内容の書籍を執筆し出版する計画を進めていると述べたうえで、同様の出版物が二冊ある必要はないため今進めている『日本植物志図篇』を中止するよう富太郎に要請した。また今後、富太郎には植物学教室の図書室や標本室を使用することは認めず、教室への出入りを禁止する旨を宣告したのである。

富太郎は思ってもみない矢田部教授からの突然の宣告に衝撃を受け、言葉を失った。その日（明治二三年一一月二日）の夜、富太郎は麹町区富士見町（現在の千代田区富士見）にあった矢田部教授の居宅を訪ね、再考を懇願した。左はその際の富太郎の記述である。

矢田部氏の富士見町の宅を訪問して氏に面会し、私の意見を陳述しまた懇願して見た。すなわちその意見と言うのは第一は先輩は後輩を引き立つべき義務のある事、第二は今日植物学者は極めて寡《すくな》いから一人でもそれを排斥すれば学界が損をし植物学の進歩を弱める事、第三はやはり相変らず書物標本を見せて貰い度《た》き事、この三つを以て折衝して見たが氏は強情にも頑としてそれを聴き入れなかった。

（『植物記』牧野富太郎、桜井書店、一九四三年）

一方、矢田部教授の日記（「矢田部良吉年譜稿」太田由佳・有賀暢迪『国立科学博物館研究報告　第三九号』二〇一六年一二月二二日所収）によれば、富太郎に教室の出入り禁止を宣告した明治二三年（一八九〇）一一月二日の矢田部教授の日記は次のとおりである。

明治二十三年十一月二日

夜に入り牧野富太郎来る。氏は近頃大学にて既に斎頓したる標本及書籍を使用して、自己の著述に用ふることを始め、為めに教室にて論議あれば、之を爰《ここ》に止めたり。

尤《もっと》も氏が謝恩の為めに氏の採集したる土佐植物標本を一揃《ひとそろ》ひ、大学に納むることを約《やく》せしめたり。

（「矢田部良吉年譜稿」太田由佳・有賀暢迪『国立科学博物館研究報告　第三九号』国立科学博物館、二〇一六年一二月二二日）

矢田部教授の日記を注意深く読むと、『日本植物志図篇』の制作中止を直接示す文言は見当たらない。その代わり、大学の標本や書籍を富太郎が個人的な著述に使用することが教室内で問題となり、それを禁止した旨が記されている。

事実、富太郎は教室だけでなく下宿でも研究をつづけたため、大学の貴重な標本や書籍を大量に借り受けて下宿に持ち帰り、長期にわたって返却が滞った。他の研究者が資料を閲覧して確認しようとしても富太郎が持ち出しているために研究が遅延し、しばしば苦情が寄せられていた。とどのつまりは、富太郎が大学の資料を大量に持ち出し、返却しないことが問題だったのだ。

とはいえ、『日本植物志図篇』を制作するためには標本や書籍が不可欠であった。そのため富太郎にとって、矢田部教授のいう標本と書籍の個人使用の禁止は、『日本植物志図篇』の中止と同義であることもまた事実であった。

当初、矢田部教授は富太郎を面白がり、植物学教室の研究施設を使用することを許したものの、大学の体《てい》が整ってくるに従って、大学生でもない植物愛好家の一書生にそうそう大学の研究設備を自由に使わせることが難しくなってきたのかもしれない。

そして矢田部教授は面会の最後に、大学の標本と書籍の使用禁止を撤回してほしいのならば、富太郎がこれまで土佐を中心に収集した植物標本を一括して大学に寄贈し、謝恩の意を表すという条件を付け加えた。無論、富太郎は『日本植物志図篇』の刊行中止と植物標本の寄贈のいずれも拒否し、矢田部教授が主宰する植物学教室を去ったのである。

生来天然自然に生きてきた富太郎は、生涯にわたって大学教授という肩書きや権威に背を向け、ときに激しく反抗した。富太郎の大学に対して抱きつづけた屈強な反骨精神はこれまでもしばしば見受けられたものの、その最大の要因は、矢田部教授が富太郎に植物学教室への出入り禁止を命じたことにあるだろう。

このころ矢田部教授は、講演会などを通じて全国の植物愛好家やアマチュア植物研究家に向けて、珍しい植物を採取した際は大学の植物学教室に送るように呼びかけた。そうして日本の植物標本の充実をめざす傍ら、世界で評価される日本植物誌の刊行をめざして、『日本植物図解』の執筆に取りかかった。

矢田部教授はそれまで大学の運営などに深く関わっていたが、その分、専門の植物研究が疎《おろそ》かになっていたことを反省し、植物学の研究に傾注するよう努めた。それは、富太郎の『日本植物志図篇』に触発されてのことである。

また、国立科学博物館研究員太田由佳・有賀暢迪両氏の研究報告「矢田部良吉年譜稿」によれば、丸善書店より矢田部著『日本植物図解』の出版を内諾する明治二三年一一月一五日付の矢田部教授のメモ書きが残されていたことから、このころ矢田部教授は富太郎の『日本植物志図篇』に代わってみずから出版する計画を着々と進めていたことが分かる。

矢田部教授が富太郎に植物学教室への出入り禁止を宣告した（明治二三年一一月二日）のは、富太郎が江戸川の用水池でムジナモを発見して（明治二三年五月一一日）からおよそ六ヶ月後のことであり、このころ富太郎は、ムジナモを水槽に浮かべて観察するとともに、腊葉標本の製作に取り組んでいたところだった。

親友池野成一郎は、駒場（現在の目黒区駒場三丁目）にある帝国大学農科大学の一隅に富太郎の研究の場を秘密裏に設《しつら》え、そこで富太郎がムジナモの研究をつづけられるように計らった。当時駒場の帝国大学農科大学には、池野の友人の白井光太郎《しらいみつたろう》（一八六三－一九三二）がいた。白井光大郎は明治一九年に帝国大学理科大学植物学科を卒業し、明治二三年に帝国大学農科大学の助教授として植物学講座を担当した。さらに同二三年、池野もまた理科大学植物学科を卒業し、翌二四年農科大学助教授に就任する。本郷ではなく駒場の農科大学であれば、矢田部教授の目も届かないだろうと考えての計略だったと推察される。

富太郎は、池野や白井の援助に支えられて、駒場の農科大学の研究室の一隅で水槽に浮かべたムジナモの観察や腊葉標本の製作などを粘り強くおこなった。そして遂に、開花したムジナモを観察することに成功し、世界で初めて、開花したムジナモの植物図入りの研究報告を『植物学雑誌　第七巻第八〇号』（明治二六年一〇月一〇日）に発表したことは、先に記したとおりである（本書九三頁参照）。

富太郎によるムジナモの詳細な研究報告は、ドイツのアドルフ・エングラー博士をはじめヨーロッパの多くの植物学者に注目され、日本の植物学者牧野富太郎の名を世界に知らしめる端緒となったが、それは矢田部教授に本郷の植物学教室を追われた富太郎が、駒場の帝国大学農科大学で密《ひそ》かに進めた研究成果だったのである。

ロシア亡命計画

池野と白井の計らいで、富太郎は駒場の研究室の一隅で曲がりなりにも研究をおこなうことができた。だが、そんなことがいつまでもつづけられないことは富太郎も分かっていた。矢田部教授は帝国大学理科大学植物学教室の主任教授であるとともに、『植物学雑誌』を発行する東京植物学会の会頭でもあるからだ。

日本の植物学の最高権威が矢田部教授である限り、日本で植物学の研究をおこなえる可能性は極めて限られたものになる。そう考えた富太郎はその後の人生を左右する大きな決断を下し、ある計画を実行に移す。そのときの決意と行動を、富太郎はこう述懐する。

丁度その時である。イッソ私は、私をよく識《し》っていてくれている日本植物研究者のマキシモヴィッチ氏の許《もと》に行かんと企て、これを露国の同氏に紹介した。同氏も大変喜んでくれたのであった。

（『植物記』牧野富太郎、桜井書店、一九四三年）

富太郎は日本を脱出し、ロシアに亡命することを計画したのである。

カール・ヨハン・マキシモヴィッチは、ロシアを代表する世界的な植物学者で、日本を中心とする東アジアにおける植物相研究の第一人者である。彼はモスクワ近郊のトゥーラで一八二七年一一月二三日に生まれ、タルトゥ大学を卒業後、一八五二年にサンクトペテルブルク帝立植物園標本館（現在のロシア科学アカデミーコマロフ植物学研究所）の研究員となった。

一八五九年、マキシモヴィッチは中国東北地方（満州）の植物相の調査のためにサンクトペテルブルクを発ち、中国北部で植物採集をしていたとき、日本が開港していることを知り、ウラジオストック経由で万延元年（一八六〇）九月に日本の箱館（現在の函館）に上陸する。そして元治元年（一八六四）二月までの約四年間滞在し、箱館、横浜、長崎などで精力的に日本の植物相の調査をおこない、長崎の出島に滞在中のシーボルトとも会っている。

一八六四年にロシアに帰国すると、日本と中国東北地方で採集した植物研究の成果を「日本と満州の新植物の記載（Diagnoses plantarum Novarum japoniae et mandshuriae）」と題する報告論文にまとめ、『サンクトペテルブルク帝国科学院紀要（Bull. Acad. Imp. Sci. Saint-Pétersbourg）』に発表した。その後一八六九年に主任研究員、一八七〇年に標本館館長に就任し、さらに一八七一年に科学アカデミーの正会員となった。

富太郎とマキシモヴィッチの交流は意外に古く、少なくとも明治一八年（一八八五）、二三歳のとき、富太郎は佐川の岩場に自生する丸みを帯びた葉をしたマルバマンネングサ（丸葉万年草）を採取し、他の多くの標本とともにサンクトペテルブルクのマキシモヴィッチ博士宛に送っている。

その三年後の明治二一年（一八八八）七月、マキシモヴィッチは、富太郎が採取したマルバマンネングサを新種と認め、学名を発見者の牧野の名に因んで、〝*Sedum*《セダム》 *makinoi*《マキノイ》 Maxim《マキシモ》〟と名づけて学術雑誌に発表した。〝*Sedum*（セダム）〟はラテン後で「岩に張りつく様」の意、〝*makinoi*（マキノイ）〟は発見者の牧野に感謝の意をあらわす献名、〝Maxim（マキシモ）〟は命名者のマキシモヴィッチを表している。

そのことを知った富太郎は、マキシモヴィッチ博士に認められた喜びと、献名を受けて自分の名が学名になった感動を抑えることができず、「鬼の首でも取りたる様に大喜び」し、歓声を上げて驚喜したことが、富太郎の手紙（明治二一年七月付友人林虎彦宛て）に記されている。

また明治二一年末に富太郎は、マキシモヴィッチ宛に採取したコオロギラン（ラン科コオロギラン属）の植物標本と植物図、それに『日本植物志図篇（Illustrations of the Flora of Japan）第一巻第一集』（明治二一年一一月一二日）を送った。それに対してマキシモヴィッチから富太郎に手紙が届けられた。マキシモヴィッチの手紙は二つ折りのカード状の洋紙に角張った独特の文字で書かれ、富太郎はその手紙を終生大切に保管した。

左にその要約を記す。


貴方の分析は素晴らしい。私も花のつぼみの一つを解剖しましたが、すべて貴方が図描されたとおりでした。柱頭の下にある、特徴的な指のような付属物から〝Stigmatodactylus sikokianus Maxim.（スティグマトダクティルス・シコキアヌス）〟と命名しました。

そして本へのお礼を追伸します。

貴方の大変素晴らしい〝Illustrations of the Flora of Japan（日本植物志図篇）〟を受け取りました。二冊お送りいただいたので一冊はサンクトペテルブルク植物園の図書館に寄贈しました。貴方の新しい図篇をお送りいただき感謝します。


（マキシモヴィッチから牧野富太郎への手紙、高知県立牧野植物園牧野文庫蔵）

富太郎は日本の珍しい植物標本をマキシモヴィッチに頻繁に送り、それに対してマキシモヴィッチからも近著の恵投を受けるなど、研究上において懇意な交流があった。また、富太郎は、四国ならびに関東一円で精力的に植物採集をおこない、日本植物志に掲載するための膨大な植物標本を収集しており、その内容は矢田部教授が植物学教室に寄贈するよう要請したほどの質の高さを有していた。富太郎はそのすべての植物標本とともにロシアに亡命し、マキシモヴィッチの下で日本植物相の研究をおこなうことを決断し、計画したのである。

富太郎は慎重に思案した末に、神田区駿河台の東京復活大聖堂（通称ニコライ堂）に参堂し、ニコライ・カサートキン（Николай Касаткин, 1836-1912）主教に面会して事情を打ち明け、ロシアのマキシモヴィッチとの間を秘密裏に仲介してくれるよう嘆願した。ニコライ主教は富太郎の話を聞き終えると、静かに首肯して富太郎の願いを快諾した。そして主教は富太郎を見送ると、早速サンクトペテルブルクのマキシモヴィッチに宛て手紙をしたためた。

しばらくして、サンクトペテルブルクから返事の手紙が届いた。

女性の文字で書かれたその手紙によれば、マキシモヴィッチはニコライ主教からの手紙を読んで、牧野富太郎が彼の下で研究することを望んでいることを知り大変喜んだ。しかし、このときマキシモヴィッチはインフルエンザに罹《かか》り病床にあった。マキシモヴィッチは日本の牧野富太郎がロシアに来ることを楽しみにしていたが、不幸にも病状が急変し一八九一年二月一六日（ユリウス暦・同年二月四日）にロシア・サンクトペテルブルクで逝去したという。

手紙の送り主は、マキシモヴィッチの息女であった。こうして富太郎のロシア亡命計画は、マキシモヴィッチのインフルエンザによる急死によって頓挫したのである。

富太郎は最後の手段として日本を脱出することを企てた。が、その道が断たれたことを知ると、ならば日本で活動をつづけるしかないと即座に考え直し、一転して矢田部教授に対抗する方法を模索する。

しかし、考えてみると、大学の矢田部教授と対抗して、大いに踏ん張って行くということは、いわば横綱と褌担ぎとの取組《とりくみ》みたようなもので、私にとっては名誉といわねばならぬ。先方は帝国大学教授理学博士矢田部良吉という歴とした人物であるが、私は無官の一書生に過ぎない。海南土佐の一男子として大いにわが意気を見すべしと、そこでは私は大いに奮発して、ドシドシこの出版をつづける事にし、今迄隔月位に出していたのを毎月出すことにした。

植物には世界に通用する学名《サイエンチフィック・ネーム》というものがあるが、その時分にはまだ日本では新種の植物に新たにこの学名をつける日本の学者は殆どなかった。そこで第七冊からは私は新たにこの学名をつけはじめ、欧文で解説を加え、面目を新たにして出すことになった。その時、親友の池野成一郎博士はいろいろ親切に私の面倒を見てくれた。

その時、今は故人となられた杉浦重剛先生に御目にかかってこの矢田部氏の一件を話すと、先生も非常に同情して下すって、

「それは矢田部君が悪い。そんな事をするなら、一つ『日本新聞』にでも書いて、懲らしてやるがよい」

「日本新聞」といえば、当時なかなか勢力のあったもので、それに先生の知人がいるというこ

とであった。それからやはり先生が関係しておられたのであろう「亜細亜」という雑誌で、矢田部の著書より私の方が日本の植物志として先鞭をつけたものであるというような事が載った。これも杉浦先生の御指図であったそうである。

またある時、矢田部氏の同僚である菊池大麓博士にこの事を話したところ、

「それは矢田部が怪《け》しからぬことだ」

と、私に大変同情して下すったこともある。こうした苦難の間にも、私はとにかく矢田部氏に対抗しつつ、出版を続けて十一冊まで出した。

（『牧野富太郎自叙伝』長嶋書房、一九五六年）


杉浦重剛《じゅうごう》（一八五五－一九二四）は、近江国膳所藩（現在の滋賀県大津市）の儒者杉浦重文の次男として生まれた。明治三年（一八七〇）に藩貢進生として大学南校（東京大学の前身）に入学し、明治一三年に東京大学理学部博物場取締掛、明治一五年に東京大学予備門長に就任した。大正三年（一九一四）に東宮御学問所御用掛として皇太子（のちの昭和天皇）に倫理を進講したことで知られる教育者である。富太郎は東京大学予備門長の際のよしみで杉浦重剛に相談したのだろう。

また、菊池大麓（一八五五－一九一七）は幕末の蘭学者箕作阮甫《みつくりげんぽ》（一七九九－一八六三）の女婿となった箕作秋坪《しゅうへい》（一八二五－一八八六）の次男として生まれ、父の実家の菊池家を継いだ。明治三年に英国に官費留学し、ケンブリッジ大学で数学と物理学を学び、明治一〇年に帰国、同年東京大学が創設され、日本人初の数学教授となった。明治一九年東京帝国大学理科大学長、明治三一年東京帝国大学総長、明治三四年文部大臣などを歴任した。当時、菊池大麓は東京帝国大学理科大学長を

務め、同学教頭を務める矢田部教授とライバル視されていた。

ところで、富太郎が植物採集に全国各地を訪れたことは有名だが、矢田部教授も比較的多くの植物採集をおこなっていることはほとんど知られていない。矢田部教授が大学在職中におこなった植物採集旅行の回数は五〇〜六〇回を数え、活動範囲は一六県におよんでいる。ただ富太郎と異なり、矢田部教授は植物採集旅行のほとんどすべてに、大学の門下生である松村任三、大久保三郎、三好学、内山富次郎らを随行させ、採取して持ち帰った植物の標本製作は自身ではおこなわず、もっぱら松村をはじめとする門下生たちにおこなわせた。

こうして製作された植物標本の初期の成果は、明治一九年に編纂された『帝国大学理科大学植物標品目録』（帝国大学編、丸善）で閲覧することができ、また、整理分類された植物標本は、のちに矢田部教授の代表的著作となる『日本植物図解』（全三号）に順次掲載されることになる。

矢田部教授が富太郎に出入り禁止を告げ、『日本植物図解』の本格的な制作に着手した翌年、教授は自身が会頭を務める『植物学雑誌　第四巻第四四号』の巻頭に、「泰西植物学者諸氏に告ぐ（A few words of expla-nation to European botanists.)」と題する論稿を掲げ、今後は欧米に頼らずみずからの力で研究発表していくことを、世界の植物学者に向かって得意の英文で高らかに宣言した。

その趣旨は次のとおりである。

泰西植物学者諸氏に告ぐ

東京植物学会々頭　理学博士　矢田部良吉

私は日本の植物を研究して十年ほどになるが、その間に多くの植物標本を欧米の学者に送って教えを乞うた。しかし、十分な回答を得ることは甚だ少なく、多くは失望した。

これまで日本には参考に足る植物標本は一点も無く、また文献も皆無である有様であったが、私は帝国大学において標本と文献の収集を開始し、相当数の標本と文献を集めることができた。そこで私は欧米の学者の手を煩わすことなく自分が新種と考察した植物に対して自分で学名を与え、発表することを決心した。

また、新種だけでなく日本に産することが新たに判明した植物は、本雑誌に逐次論文が発表されることになるであろう。私がこうした高邁な行動に出たのには二つの理由がある。一つは植物研究を志す多くの会員たちがおり、もう一つは私自身の研究がめざましく進展し、日本の植物を図解する三冊の著作を準備していることである。

（『植物学雑誌　第四巻第四四号』東京植物学会編輯所、明治二三年一〇月一〇日）


この一〇年間ほどおこなってきた植物標本を欧米の学者に送ることをやめ、今後は日本人自身が新種を特定し本雑誌に発表するという矢田部教授の宣言は、じつはすでに富太郎によって実践されていたことであり、富太郎の研究発表に触発されて発表されたものだった。

つまり、矢田部教授が「泰西植物学者諸氏に告ぐ」を発表する三年前に、富太郎が「ゼリゴナム一種の発見」（『植物学雑誌　第一巻第九号』明治二〇年一〇月二五日）でヤマトグサについて報告し、その後、大久保三郎との共同研究によって新種と考察し、〝Thelygonum Japonicum, n. sp. Okubo et Makino.〟の学名を与えたのが（『植物学雑誌　第三巻第二三号』明治二二年一月一〇日）、先にも述べたように日本に自生する植物に日本で学名がつけられた最初である。

富太郎の植物研究に対する真っ直ぐな熱意と他の植物学者の研究から抜きん出た成果に刺激を受けて、矢田部教授はめったに書かない論稿「泰西植物学者諸氏に告ぐ」を『植物学雑誌』に発表した。爾後、矢田部教授は彼の生涯のうちで最も精力的に植物学の研究に打ち込む時期を過ごし、のちに『日本植物図解』（全三号）を丸善から上梓する成果となって結実することになるのである。

第三章

権威や貧乏との闘い

『日本植物志図篇』と実家の破産

富太郎は、『日本植物志図篇』を日本が世界に誇れる植物誌の金字塔とするために、植物図の線描の再現性や色味の発色性に拘《こだわ》り、ドイツ製の石版印刷機を購入するなど、でき得る限りの資金と時間と技術をすべて投入した。

明治二四年四月に『日本植物志図篇』第七集を出版した後、第八集、第九集、第一〇集とたてつづけに出版し、同年一〇月には第一一集に達した。出版が進むにつれて出版速度が速まったのは、矢田部教授が丸善から出版予定の『日本植物図解』を意識したためだった。権威への対抗意識の高さは、自己顕示欲を自制する術《すべ》をしらない富太郎の悪癖であると同時に、富太郎が世界に名を知らしめることになる原動力ともなった。

私はとにかく矢田部氏に対抗しつつ、出版を続けて十一冊まで出した。ところが、この頃になって、郷里の家の財産が少しく怪しくなって来た。私はこれまでの生活費だとか、書籍費だとか、植物採集の旅行費だとか、また出版費だとか、すべて郷里からドシドシ取寄せては費っていたので、無論そういつまでも続く筈はなかったのである。それで郷里からは一度帰って整理をしてくれといって来るので、やむなく私は二十四年の暮に郷里へ帰った。

（『植物記』牧野富太郎、桜井書店、一九四三年）

矢田部教授が嫉妬し、植物学教室の誰もが絶賛した富太郎の『日本植物志図篇』は自費出版で遂行され、その費用のすべては岸屋から湯水のごとく注がれた送金によって賄われた。しかし、そのため岸屋の身代は傾き、すでに金策も尽きていた。

明治二四年九月二五日付で、岸屋の牧野猶から東京の牧野富太郎宛に一通の手紙が送られてきた。富太郎はその手紙を破棄することなく、生涯つねに側《そば》に置いて保管した。

本日、電信を以《もっ》て送金の事御申越《おもうしこ》しに相成候《そうら》へども、兼て御面会の節且《かつ》手紙にても毎度申上候通り、内にとては少しも無之《これなく》、又、他にてせわ方致し候も、総《すべ》て御所有の物は私の勝手に取計らう事ならず、何を以て金策《きんさく》相付《あいつき》候也や。

其《そ》れ故に先日も申上候通り、一寸《ちょっと》御帰宅に相成り候へば、拠々《よりく》に話し合の上、金策致候心得に候へども、御帰りも無之、何共《なんとも》致し方無之候、是非とも一寸御帰宅相成らずては、金策相付申さず候間、左様《さよう》御承知遊《あそば》され度《たく》候。

九月廿五日

牧野　猶

牧野　富太郎　様

（牧野猶から牧野富太郎への手紙、明治二四年九月二五日付）

これまで富太郎は祖母の浪子に送金の要請をしていたが、浪子が亡くなってからは、浪子に代わって猶に金を無心した。このときすでに富太郎は、東京で寿衛との間に長女園子（一八八八－一八九三、当時二歳）を儲《もう》けていた。猶はそれらの事情をすべて飲み込んだうえで、富太郎に言われるがままに東京に懸命に送金をつづけていたが、いよいよ金策もつき、困り果てて当主の帰宅を懇請する手紙をしたためたのである。

手紙の差出人に牧野猶とあるとおり、佐川村では岸屋の若女将《わかおかみ》として通っていたようだ。猶の手紙の文面には、浪子から岸屋を託された務めを最後まで果たそうとするかのように、当主の留守を預かる猶の悲壮な覚悟がにじみ出る。そこには、富太郎の妻として夫に頼る姿勢は微塵もなく、凛とした気丈な若女将の姿が目に浮かぶ。

なお、富太郎と猶が祝言をあげて間もなく祖母が亡くなり、富太郎は上京したまま長期間にわたって岸屋を不在にしていたことなどを考え合わせると、猶は牧野家に籍を入れないままであったとも考えられる。

明治二四年一一月、富太郎はひさしぶりに帰郷し佐川の土を踏んだ。かつて豪商と言われた岸屋の財産は、植物学に関する高価な書物や石版印刷機などの購入費に蕩尽《とうじん》され、さらに富太郎が専心する『日本植物図篇』の出版に次々に充てられ、牧野家の身代は潰《つい》えようとしていた。

当主の富太郎は、これまで岸屋を任せっきりにしていた猶と番頭の井上和之助から店の内情を聞いたうえで、家産を整理することを決める。富太郎は、岸屋を支えてきた番頭の井上和之助と猶を結婚させて二人に岸屋の後を託し、山本儀之助夫婦（猶の妹夫婦）を牧野家の養子に入れて家を継がせて、牧野家先祖代々の仏壇や墓所の維持管理を任せた。富太郎はそのことを親類縁者に報告し、岸屋と牧野家の土地と建物、調度品などを整理・分配した。そうこうするうちに一年余りが過ぎた。
　明治二六年正月、東京の寿衛から佐川の富太郎宛てに手紙が届く。私はその手紙を収蔵する高知県立牧野植物園牧野文庫に閲覧を申請し、寿衛の手紙を拝見させていただいた。薄手の生成《きな》りの和紙にしたためられた寿衛の筆跡は二〇歳そこそことは思えないほど達筆で、草書体で綴《つづ》られた流麗な文字を判読するのに少し時間を要した。

　寒気甚《はなはだ》しく候へども
　あなた様には御変わりもなく御機嫌よろしく御年重ね遊《あそば》され候《そうら》わんとお目出度《めでたく》存じ上候。次に当方も一同無事御安心下さるべく候。なお去年十二月為替《かわせ》金二十円御送り下され、たしかに相着き早速御返事さし出すべきところ、おそのゝ病気とてまことに延引《えんいん》致し何とぞ〳〵御ゆるし下されたく候。
　おそのこと去年より風邪ひき、それが元にて一月三十一日よりよほど悪く相成りまた全快致さず、米粒いっさい食べず、じつにやせ細りまことに心配致しおり候。昨夜も熱に浮かされ、トーチャン〳〵と申し、じつにかわいそうでたまらず、私はちょっとも傍をはなれず、唯々《ただく》寝たきりでおります。もうよほど快くならねばならぬはずなのに、ちょっともよろしき方に向わず、まことに心配致しおり候。また、おかゝよこともからだ中に出来もの出来、夜がな夜日に泣き通し、おそのは泣き、じつに困りおり候。あなた様にも御用すみ次第一日も早く御上京遊され度《たく》待ち申し

候。〈中略〉
その節私へ猶さまよりお手紙下され、またおそのへも書き下され候よくよくお礼申上候。私よりちょっと手紙さしあぐべきところに候へども、何分子供病気中ゆえいづれあとから記し出し候間よろしく御礼申上げ下されたく候。申し上げたきことは山々なれども此《かく》の如《ごと》くの次第ゆえ、あとよりくわしく申上候。
惜《お》しき筆とめ。あらあらかしこ。
寿衛より
旦那様へ
（寿衛から牧野富太郎への手紙、高知県立牧野植物園牧野文庫蔵）

寿衛の手紙から、岸屋から東京に新たに二〇円の送金を受けたことが分かる。また、長女の園子が昨年からの風邪を拗《こじ》らせて寝たきりになり、また「おその（長女園子）」のほかに新たに「おかよ（二女香代）」という赤子が生まれており、寿衛はその産褥《さんじょく》に就いているなど、家族全員が床に伏していることが窺える。

明治二四年一一月に三歳の幼児と身重の妻を残して郷里に帰った富太郎は、家産の整理をしていたとはいえ、一年余りも寿衛に手紙さえ出さず音信不通であった。そのため寿衛は再び筆を執り、おそのとおかよが病気であることを手紙で手短に伝え、「申し上げたきことは山々なれども此の如くの次第ゆえ、あとよりくわしく申上候」と極めて控えめに言葉を結んだのである。

明治二六年（一八九三）一月、右の手紙を受け取った直後、後を追うように寿衛から富太郎に電報が届く。長女園子（四歳）が急死したという知らせだった。富太郎は遺産相続分として米一〇石の代金（現在の六〇万円に相当）を受け取り、急ぎ東京に帰った。

これまで富太郎が何不自由なく研究に専心できたのは、浪子と猶の援助の賜物であった。それは同時に、富太郎にとって最大の心の蟠《わだかま》りでもあっただろう。しかし、富太郎はその原因である岸屋から完全に解放されて自由の身となった。それと引き換えに爾後、貧乏との長い闘いがはじまることになる。

一方、佐川では、猶と和之助が岸屋の後始末と挨拶回りに追われた。それが一応一段落すると、佐川の町外れで醬油屋をはじめ岸屋の再建をめざしたが、結局それもうまくはいかなかった。事情を知らない住人の間で女将と番頭のよからぬ噂が立ち、二人は逃げるように佐川を出た。その後二人は、静岡県焼津市で小さな店を構えて倹《つま》しく暮らしたと伝えられている。

私は猶が佐川を出たのちの足取りを追ったが、残念ながら結局その後の消息は分からなかった。しかし最近、猶の墓石が奥ノ土居（現在の牧野公園）の墓地山の山腹で発見されたと、牧野公園の麓に位置する青源寺《せいげんじ》（佐川領主深尾家の菩提寺）の第一七世生玉道雄《いくたまどうゆう》住職からご教示いただいた。墓の場所は公表できないが、祖母牧野浪子の墓のほど近い場所で見付かったという。この間の猶の消息は不明のままだが、人知れず佐川に里帰りしていたことを住職から教えていただき、細《ささ》やかな安堵の気持ちが波紋となって心に広がった。

矢田部教授に非職通知

富太郎が帰郷している間に、大学では大事件が起きていた。

国に帰った後で、一の驚くべき一事件が大学に突発した。それは矢田部教授が突然大学を非職になった事である。同教授のこの非職は何も私とのイキサツの結果では無論なく、これは他に大きな原因があって、ツマリ同じ大学の有力者との勢力争いで遂に矢田部教授が負けたのである。それにはかの鹿鳴館時代、一ツ橋高等女学校に於けるかの行為も大分その遠因を成しているらしく思われる。

(『植物記』牧野富太郎、桜井書店、一九四三年)

明治二四年(一八九一)三月三一日、帝国大学から富士見町の矢田部の居宅に郵送で帝国大学教授の非職を命じる通知が届いた。非職とは教授職のまま職務を免じる意で、自宅で休職するよう大学から通達があったのである。

これまで矢田部良吉は、帝国大学教授として、輝かしい経歴を誇っていた。明治九年に米国コーネル大学で理学士(バチュラー・オブ・サイエンス)の称号を得て帰朝し、翌一〇年に東京大学理学部植物学の初代教授となり、明治一八年に従五位に叙せられた。明治一九年の大学令の改革に際し理科大学教授兼教頭に挙げられ、同時に帝国大学評議官を命ぜられた。また明治二〇年に学位令が公布され、翌二一年に日本初の理学博士に選ばれた。このとき初の理学博士となったのは矢田部教授のほかに、理科大学の菊池大麓数学教授(明治一九年理科大学長)、山川健次郎物理学教授(明治三四年東京帝国大学総長)、長井長義薬学教授(明治一三年薬学会初代会頭)、伊藤圭介員外教授の僅か四人である。

矢田部教授の友人の外山正一《まさかず》帝国大学文科大学長(明治三一年文部大臣)は、矢田部教授が帝国大学を非職となった理由を「矢田部には詰まり不人望といふ罪があった。同僚の間に於ける所の不人望、又同時に確かに矢田部君より目上の者達の間に於ける不人望」と、明治三二年におこなわれた故矢田部博士追悼会で公言した。

さらにその追悼会の席上、外山は文部大臣、帝国大学総長、理科大学長の具体的な役職をあげて「此三人の中の誰が矢田部君を非職のことを発議したか、それは我輩は云はぬのである。それは云はぬが、其中の一人が誰か其議を発したには違ひないと我輩は思ふ」と証言した。

大学評議会で、帝国大学理科大学の菊池大麓理科学長と矢田部良吉教頭とが事あるごとに対立したことを周知していた大学関係者は、外山元文科大学長の証言を聞いて、矢田部教授の非職の遠因は理科大学の学長と教頭の齟齬《そご》にあったことを確認した。

その噂が一般にも知るところとなり、帝国大学理科大学の菊池大麓学長(明治三四年文部大臣)と実弟の箕作佳吉同大学教授(明治三四年理科大学長)が結託して、米国追従の矢田部良吉教頭を帝国大学から追い出したという風説が流布した。

矢田部良吉は鹿鳴館で夜毎《よごと》催される舞踏会に率先して参加し、社交界の貴婦人を相手に社交ダンスを踊るなど、欧化主義を実践した。また、自分が校長を務める東京高等女学校(お茶の水女子大学の前身)の教え子で一八歳年下の柳田順《やなぎだじゅん》(一八六九‐一九五九、大審院判事柳田直平の長女当時一八歳)と結婚して後妻《こうさい》とした（先妻の録子は明治二〇年に二九歳で死別）。

このころ矢田部教授の周辺で、根も葉もない流言が拡散し、さまざまな場面で物議を醸した。たとえば、大隈重信の立憲改進党系の小新聞『改進新聞』紙上に、小説家で新聞記者の須藤南翠《なんすい》（一八五七―一九二〇、筆名坎坷《かんか》山人）による連載小説『濁世《じょくせ》』の掲載が明治二二年四月からはじまり世間の話題となった。

新聞に連載された『濁世』は、校長と女学生が道徳的な仮面の下で醜悪な情欲に身を任せる様を詳細に描いた挿絵入りの、いわゆるスキャンダル小説である。小説に登場する主人公の東京貴婦人学校校長の理学博士刑部《おさかべ》甞一《じょういち》とその生徒梁ヶ瀬《やながせ》順子《じゅんこ》は、東京高等女学校校長の理学博士矢田部良吉とその後妻（旧姓柳田）順を連想させるのに十分であった。そのため、矢田部夫妻は、この新聞小説を読んだ一般読者の顰蹙《ひんしゅく》を買い、女子教育に対して批難する風潮が社会に蔓延する一因ともなったのである。

こうした風潮に抗議するため、矢田部は改進新聞の発行元である三益社を名誉毀損で訴える。また、矢田部は自身が校長を務める東京高等女学校で「人の名誉に対する義務」と題する講演をおこない、人権の尊重と女子教育の意義を述べるとともに、儒教思想にもとづく道徳観を離れて夫婦の対等な相補関係の必要性を強調した。

矢田部の女性に対する見解は、富太郎を含めた多くの人びとが儒教的な夫唱婦随の関係にあった明治期において異彩を放った。西洋の知識を習得した洋行帰りの教授でさえ、多くの場合、封建的ともいえる男女観を抱いていたこのころ、矢田部は今日の男女平等をすでに実践するなど、極めて進歩的であったといってよい。

他方、明治二四年三月三一日に非職を命じられた矢田部は、職務が免じられた休職期間であっても「著述丈は続けたき旨」を加藤弘之帝国大学総長に申し入れ、総長の承諾を得る。そして大学教授の非職期間が終了する最後の日まで大学の図書室ならびに標本室に通い、粘り強く植物学の研究および執筆に執念を燃やしつづけた。それは、大学を辞した後は、みずから主導して拡充に努めた図書室や標本室を使用できなくなることを承知していたからである。

かくて矢田部教授の代表的な著作となる『日本植物図解（Iconographia Florae Japonica）第一号』は明治二四年に丸善から出版され、翌二五年に『同　第二号』、さらに翌二六年に『同　第三号』が出版された。なお、同著に掲載された植物図の作成は、矢田部に代わって小石川の帝国大学理科大学附属植物園に雇われていた画工渡邊鍬太郎《わたなべくわたろう》（一八六〇－一九〇五）が当たった。

矢田部教授が植物学の研究に注力し、『日本植物図解』（全三号）を僅か三年で完成させることができた理由には、皮肉にも富太郎の『日本植物志図篇』に刺激を受けて大いに発憤したことと、大学から非職通知を受けたことの二つがあった。

非職通知が自宅に届いてから三年後の明治二七年三月三一日、矢田部は非職満期につき免官し、大学を辞した。それと同時に、大学の標本や文献が利用できなくなった矢田部は、植物学の研究から身を引くのである。

その後矢田部は、明治三一年四月に高等師範学校附属音楽学校（現在の東京芸術大学）の音楽教授兼理事となり、同年六月に東京高等師範学校（現在の筑波大学）の英語教授兼校長に就任したが、明治三二年八月七日、突然、死去する。

矢田部良吉が死亡した原因を調べるために、国立国会図書館の新聞資料室を訪れると、果たして明治三二年八月九日付『国民新聞』に掲載された「理学博士矢田部良吉、鎌倉海岸で溺死」の見出しが目に留まった。

理学博士矢田部良吉、鎌倉海岸で溺死

鎌倉に避暑中なりし高等師範学校々長理学博士矢田部良吉氏は、七日午前十一時同所の沖合にて遊泳中過って溺死したり。

氏は外山、伊沢諸氏と共に同時に米国に留学し、帰朝後久しく理科大学にあり、又出でて高等女学校々長たりし事あり、経歴学識共に類を挺んでしが今此の不慮の災に遭ふ、教育界のため誠に痛惜すべし。

（『国民新聞』明治三二年八月九日）

矢田部が鎌倉で避暑中に、沖合で溺死したことが手短に記されていた。矢田部はどのようにして溺死したのか。その状況を確かめるために、当時のめぼしい新聞を取り寄せて紙面に目を通すと、明治三二年八月九日付の『時事新報』に、「矢田部博士の溺死」の見出しで死の状況が比較的詳しく報じられていた。

高等師範学校正五位勲六等理学博士矢田部良吉氏は、一昨日午前十一時頃鎌倉海岸に於て遊泳

中過って溺死を遂げたり。今其模様を記さんに氏は去る三日家族と共に紅塵萬丈《こうじんばんぢょう》の都下を去りて鎌倉に避暑し、坂の下なる木村某の控家一軒を借切りて日々海水に浸りて悠々自適浮世の外に身を置きしが一昨日も例によりて令息某を伴ひ由比ヶ浜を逍遥《しょうよう》する。〈中略〉

扨《さ》て同日は天気も好く海も波を揚げず二三日来の警戒解けて浴客は自由に入浴するを得るに至りたれば、氏も一浴びて来るべしと再び令息と供に海辺に出で裸体となりて遠浅の海に分入りたり。令息は折節漁夫の網を曳く有様に心を取られ、余念なく見物し居たるが、其時恰も退潮時《ひきしおどき》に際し、一時さへ退潮急激の場所なるに前日迄時化《しけ》し余波《なごり》のありしと見え、此日は一層急にして流石水練の心得ある氏も過って寄せ来る波に足を取られ倒るゝと見る間に攫《さら》われて、一反許《いったんばか》り沖の方へ押流され一旦は両手を上げ頻《しき》りに救いを呼びたるも波の音に遮られて其磯辺の人に達せず兎角する内身體《しんたい》疲れて一度《た》び水中に沈みたり。

折しも磯に居合せたる漁夫某は始めて様子の尋常ならざるを覚り急ぎ舟を漕出して再び浮きたる矢田部氏を掬上げ磯に漕戻りて水を吐かせ藁火《わらび》を炊きて身内を暖め一方には医師を迎へさせるも心当たりの者は不在にて焦眉《しょうび》の急《きゅう》に間に合はず、其中に夫人を始め阿部氏等も馳せ来り手当に愚《おろ》かはなかりしかと甦生《そせい》の模様更になく、漸くにして池田謙斎氏の同地に滞在せるを呼迎へて、人工呼吸法を施したるも是亦少しの甲斐もなく夫人の悲嘆は側の見る目も気の毒なりしが、斯《かく》て有るべきに非《あら》ざれば直ちに麴町区富士見町四丁目なる本宅に打電して兇変《きょうへん》を報じ、二三親戚の者の鎌倉に来るを待受けて、夫々取片付《それぞれとりかたづけ》をなし昨朝遺骸を東京に持運びたりといふ。

（『時事新報』明治三二年八月九日）

明治三二年八月三日、矢田部は東京の麹町区富士見町四丁目（現在の文京区富士見二丁目）の自宅を離れて、妻子とともに鎌倉海岸を臨む鎌倉坂ノ下の一軒家に避暑に訪れた。矢田部が鎌倉海岸に着いた当初は時化《しけ》がつづき、波が高く遊泳禁止となっていた。そのため矢田部は子息と由比ガ浜の浜辺を散歩するなどしていたが、晴天に恵まれ、遊泳禁止が解けた八月七日、再び矢田部は子息と一緒に鎌倉海岸に繰り出し、海水浴を楽しんだ。

前日までの時化の影響で海中に渦ができ、引き潮によって矢田部は一〇〇メートル余り沖に押し流された。泳ぎの達者な矢田部はそれでも両手を挙げて浜辺に向かって助けを求めたが、やがて力が尽き海中に飲み込まれてしまう。のちに地元の漁夫の証言によれば、この海域は常に渦が生じて沖に流され、一度渦中に入ったらそこから脱出するのは難しいという。

なお、矢田部に人工呼吸法などの救命処置を施した池田謙斎《いけだけんさい》（一八四一―一九一八、明治三一年男爵）は、明治一〇年に東京大学の初代医学部綜理に就任し、明治二一年に日本初の医学博士となるなど、明治を代表する医師である。このとき池田謙斎はたまたま鎌倉海岸に避暑に来ていたのだろう。多くの戦争に従軍した百戦錬磨の医師が駆けつけてくれたのは不幸中の幸いであった。さりながらその池田医博をもってしても、矢田部の命を助けることはできなかった。行年四七歳。波瀾万丈の生涯というべきであろう。

明治二四年（一八九一）の矢田部初代教授の非職に先立ち、明治二三年に教授に就任した松村任三が、矢田部教授に代わって植物学教室を主宰した。

第二代教授になった松村任三は、安政三年（一八五六）に常陸松岡藩の家老の長男として生まれた。明治三年（一八七〇）に大学南校に入学し、明治一〇年に小石川の東京大学理学部付属植物園に奉職して矢田部良吉教授の助手となる。

松村が小石川の植物園で初めて対面した矢田部教授の印象は、言動風采は米国人を彷彿《ほうふつ》とさせたという。また、矢田部は植物学教室初代主任教授に任じられると同時に植物園の事務担当も兼任したが、採集した植物の整理もせずに放置したままであったと松村は述懐する。

矢田部教授が日本各地に植物採集に行く際、当時助手ならびに助教授であった松村はほとんどすべてに同行した。また松村は、採集旅行から植物教室に戻って植物標本を製作し、その植物の種の同定および標本の整理分類をし、標本室に収納する作業のすべてを門弟らとおこなったことは、前章の最後で紹介したとおりである（本書一〇九頁参照）。

矢田部初代教授に師事した松村第二代教授は、矢田部良吉元教授の死を悼み、「君、人と為り温和にして淡泊、人と交るに城府《じょうふ》を設けず、真に泰西《たいせい》理学者なるの風采を具へり。而《しこう》して性又磊落《らいらく》奇《き》偉《い》、其識汎く理学の一般に及ぶ」（「故理学博士矢田部良吉君の略傳」松村任三『植物学雑誌　第一四巻第一五五号』明治三三年一月二〇日）と、追悼の言葉を述べている。

松村教授がいうように、矢田部初代教授が城府を設けず磊落《らいらく》（人に対して隔てなく打ち解けること）な性格であったからこそ、富太郎に教室に自由に出入りすることを許したのだろう。その意味で矢田部は、富太郎に植物学の研究の道を開いてくれた最も重要な恩人のひとりであった。

俸給一五円で大学助手に

明治二六年、富太郎は郷里から房るとすぐに菊池大麓理科大学長の推挙によって理科大学に助手として任官し、松村任三第二代植物学教室主任教授の下で研究に携わることになる。これによって富太郎は帝国大学の職員として正式に雇われ、大学の施設の標本や図書、顕微鏡などの実験器具を誰憚《はばか》ることなく堂々と使用することができるようになったのだ。

そのため富太郎は、これまで以上に植物学の研究に熱心に取り組み、蝶ネクタイを締め肩から胴乱を掛け、愛用の銀の懐中時計を携えて植物採集に頻繁に出かけた。なお、彼が植物採集に出かける際に身なりに気を遣ったのは、恋人の植物たちと会うためであったという。

一方、富太郎が刊行をつづけた『日本植物志図篇』は第一一集（明治二四年）で終了した。第一二集の図を制作していたとき、岸屋が破綻したからである。これを境にして富太郎の暮らしは瞬くうちに困窮した。

丁度郷里の財産が無くなってしまった時に、折よく給料を貰うことになったので、大変都合がよかったかに思われるが、実はその時の給料がたった十五円で、私のこの後の大厄もこの時に巳《すで》に兆《きざ》しているのである。

「芸が身を助ける程の不仕合せ」ということがあるが、道楽でやっていた私の植物研究はここに至って唯一の生活手段となったのである。が、何分学歴もない一介書生の身には、大学でもそう優遇してはくれず、といってそれに甘んじなければならぬ私の境遇であった。

ところで、私の家庭はというと、もうその頃には妻もあるし子供も生まれるし、その上私は従来雨風を知らぬ坊ッチャン育ちであまり前後も考えないで鷹揚に財産を使いすてていたのが癖になっていて、今でも友人から「牧野は百円の金を五十円に使った人間だから——」なんて笑われるくらいで、金には全く執着のない方だったから、とても十五円位で生活が支えて行ける筈はなく、たとい極《ごく》つましくやってもとても足りない。勢い借金をせずにはいられなかった。

大学に勤めておれば、またそのうちにはどうにかなるだろうとそれを頼みの綱として、借金をしながら生活したわけであるが、それでとうとう殖えて遂に二千円程の借金が出来てしまった。

その頃の大学の総長は浜尾新氏であった。法科の教授をしていた土方寧氏は、私とは同郷の関係もあり、私の窮状に大層同情して、例の『植物志図篇』を持出し、これを浜尾さんに見せて、「こういう書物を著したりした人だから、もう少し給料を出してやってはどうか」

こういう相談をしてくれた。浜尾さんはその書物を見て、

「これは誠に結構な仕事だ。学界のために喜ぶべきであるが、本人が困っているなら自費でやることは出来なかろうから、むしろ新たに、大学で植物志を出版するように計画したがよかろう」

こういう事で、浜尾さんのお声がかりで『大日本植物志』がいよいよ大学から出版される事になった。そうなれば単なる助手と違って、私は特別の仕事を担当するので、自然給料も多く出せるから、一面は学界のためにもなり、他面には本人の窮状を救うことにもなるという浜尾さんの親切からであった。

（『牧野富太郎自叙伝』長嶋書房、一九五六年）

岸屋の家産を使い果たしたため、大学助手の一五円（現在の一五万円に相当）の薄給のみで家族は糊口《ここう》を凌《しの》いだ。けれども、「従来雨風を知らぬ坊ッチャン育ち」で「百円の金を五十円に使った人間」を自認する富太郎はこれまで同様、散財をつづけた。その結果、僅かの間にも関わらず借金は二〇〇〇円（現在の二〇〇〇万円に相当）に膨らんでいた。そのため、富太郎愛用の銀の懐中時計は懐中するよりも、質屋の蔵に保管する時間のほうが多くなった。

当時、東京帝国大学法科大学教授を務めていた土方寧《ひじかたやすし》（一八五九－一九三九、明治四四年法科大学長）は、富太郎が借金に喘《あえ》いでいることを人伝《ひとづて》に聞いて大いに同情した。土方は富太郎より三歳年長の佐川村の出身で、しかもその家宅は岸屋から一〇〇メートルほどしか離れていない幼馴染《おさなな じ》みである。土方は富太郎の借金が自費出版の経費のために増大し、それによって次の出版が困難になっていることを聞きつけると、その窮状を東京帝国大学の浜尾新（一八四九－一九二五）総長に相談した。

このとき、土方は富太郎の『植物志図篇』を浜尾総長に見せ、このような立派な研究ができる者に対して一五円の薄給で飼い殺しするようなことはやめて、早々に俸給を上げるよう進言した。それに対して浜尾総長は、大学に助手は大勢いるため一人だけ俸給を上げることはできないが、自費出版の経費のために借金が嵩《かさ》んで生活が困窮するのであれば、困窮の原因である出版経費を大学ですべて賄うことにしてはどうかということで話がまとまった。これまで富太郎が自費出版で刊行していた『植物志図篇』に代わって、新たに大学で植物志を刊行し、その費用は大学紀要の予算から支出しようというのである。

富太郎に大学の出版物を編纂させれば立派なものができ、大学の名を世界に知らしめることができる。そうなればそれを編纂した富太郎に特別手当を出すことに反対する者はいないだろう、と考えてのことである。富太郎が編纂する出版物のタイトルは世界を意識して『大日本植物志（Icones Florae Japonicae）』と決まった。

東京帝国大学が発行する『大日本植物志』の編纂は、植物学者なら誰もがやりたい仕事だった。それを富太郎一人に一任したのである。浜尾総長の厚意に富太郎は感激するとともに、その恩に報いるために、大日本植物志の名にふさわしい世界に誇れる立派な出版物にしようと、富太郎が意気込んだのはいうまでもない。

自費出版の経費をすべて大学の予算で賄い、富太郎の借金が増大することを防いだ土方は、次にこれまで富太郎が蓄積した借金を精算することを計画し、奔走する。そして、同じ佐川村出身の田中光顕《みつあき》（一八四三－一九三九、明治四〇年伯爵）宮内大臣らと相談して、同郷土佐から出た三菱本家の岩崎氏に話を通し、岩崎久弥《ひさや》（一八六五－一九五五、明治二六年三菱第三代総帥）氏に富太郎の借金二〇〇〇円の全額を精算してもらうことにしたのである。

法科大学教授の土方氏、東京帝国大学総長の浜尾氏、三菱本家の岩崎氏の三氏による支援によって、富太郎の多額の借金はひとまず片が付き、解消された。そして、富太郎は単独編集による『大日本植物志』の編纂にあたり、日本の植物分類学の実力を広く世界に誇示するために、西洋の植物図をも凌駕《りょうが》する世界の植物図の最高傑作をめざして臨んだ。そして富太郎は、これによって俸給が上がることを期待した。

畢生の大作『大日本植物志』

私は富太郎の畢生《ひっせい》の大作『大日本植物志』と直接対面したいという衝動にかられ、高知県立牧野植物園牧野文庫に連絡を取り、後日得た「植物園資料閲覧承認書」を携えて同園を訪れた。

手を洗いマスクをして、牧野文庫の司書の案内で会議室のような貴重書閲覧室に入ると、中央に据えられた大きなヒノキのテーブルの一面にハトロン紙が敷かれ、その上に丁寧に紙に包まれた『大日本植物志』が置かれているのが見えた。司書が竹製のヘラを使って慣れた手つきで表紙を捲《めく》ると、第一図版が姿を現わした。

富太郎は、日本の植物学を牽引する東京帝国大学理科大学植物学教室が編纂し、東京帝国大学が発行する『大日本植物志』の、巻頭を飾る植物を何にしようか考えた。考えた末に、みずからが愛してやまないサクラ（バラ科サクラ属）を掲載することにしたのである。日本では古来より「サクラ」といえば、「ヤマザクラ」を指した。

こうして富太郎が責任編集する『大日本植物志』第一巻第一集（明治三三年二月二五日）の第一図には、日本を代表的する植物としてヤマザクラ（*Prunus pseudo-cerasus* Lindl. subvar. *β. glabra* Makino）が選出された。『大日本植物志』の「ヤマザクラ（山桜）」の図は、画面中央に花と葉をつけた堂々たる一本のヤマザクラを置き、その周囲に雄蘂や雌蘂、花や花の断面、花片や花片が散った後の枝が配されるなど、富太郎が好んで用いた多層的な構成に彼の研ぎ澄まされた精緻な筆致が加わって、まぎれもなく牧野植物図の代表作の一枚である。私はしばらく富太郎の「ヤマザクラ」と対面した。

同じ第一巻第一集に、富太郎は日本海側の林床に自生する日本固有種のアズマシロカネソウ（キンポウゲ科シロカネソウ属）を描いた。この植物は一八七九年にマキシモヴィッチが〝*Isopyrum nipponicum* Franch〟の学名を与え、次いで明治二五年（一八九二）に矢田部良吉教授が「エチゴヒメウズ（越後姫烏頭）」の和名をつけた。しかし富太郎は、矢田部教授がキンポウゲ科ヒメウズ属に分類したのは誤りだとチゴヒメウズの和名を拒否し、新たにキンポウゲ科シロカネソウ属に分類して「アズマシロカネソウ（東白銀草）」の和名をつけたという経緯がある。

そうした矢田部教授との論争の末に描かれたこの一枚の図には、アズマシロカネソウのすべての部位がミニチュア模型の組み立てキットのように整然と配置されており、その精密さに圧倒される。雄蘂の頭から根毛の先端までアズマシロカネソウのすべてが詳細に分解され、植物の細部に宿る神を描出しようとする植物学者としての執念が伝わってくる。

また『大日本植物志』第一巻第二集（明治三五年八月一五日）に、富太郎はシコクチャルメルソウ（ユキノシタ科チャルメルソウ属）を描いた。四国と九州の一部の深山の陰湿地に生える多年草で、和名の「シコクチャルメルソウ（四国哨吶草）」は四国で発見され、花の形が中国の吹奏楽器のチャルメラに似ていることから名づけられた。学名の〝*Mitella makino* Hara〟が示すとおり、発見者の原から牧野富太郎に捧げられたものである。

この図で特筆すべきは、中央に描かれた六本の茎になったおよそ一〇〇個のつぼみの、咲き始めから萎《しぼ》んで種子になるまでの花の時間的経過が一目で分かるように表現されている点だろう。花と茎と葉が織りなすリズミカルで繊細な描像はシコクチャルメルソウ特有の大らかな姿が巧みに表現されており、秀逸である。根朱筆の先端に神経を集中させ、息を詰めて一気に描く富太郎の真剣な表情が目に浮かぶ。

さらに、同じ第一巻第二集に、サクユリ（ユリ科ユリ属）を描いた。富太郎は『大日本植物志』の出版を一任してくれた浜尾総長に感謝の意を込めて献名し、サクユリの学名を〝*L. auratum* Lindl. var. *Hamaoanum*〟とした（現在はヤマユリの変種と考えられている）。浜尾総長に対する謝恩の思いと、妖精のような「サクユリ（作百合）」の静謐《せいひつ》な姿が重なって、静かな感動さえ感じられる。

いうまでもなく植物分類学の基本は、植物を観察することにある。観察によって得られた形態的な特徴を記録し伝える方法として、植物図は欠くことのできない重要な要素である。富太郎は世界的な植物分類学者であると同時に、世界的にも比類のない植物図の名手でもあった。彼の植物観察は、植物と会話しているかのように長時間にわたって繰り返しおこなわれ、その結果として記録された精緻な植物図は、見た者を感動させずにはおかない不思議な魅力に溢《あふ》れている。まさに神業と評される所以だろう。

一般に、美術における植物図と植物学における植物図とを区別する明確な定義はない。しかし少なくとも、植物学における植物図は、植物の種《しゅ》の特徴を解説する目的で描出されることは自明である。植物志に掲載される植物図を長年研究しつづけた富太郎は、植物の種の特徴をより詳細に記述するための描写法や構図などを独自に生み出した。今日ではそれらは総称して「牧野式植物図」と呼ばれている。

牧野式植物図の大きな特色は、一枚の植物図にその種の植物の特徴的な本質が積層的に描かれていることにある。つまり、発芽や開花の部分図によって植物の時間的経過を捉える一方、新芽や蕾《つぼみ》の断面図によって植物を空間的にも捉える要素が巧みに盛り込まれている。

たとえば、原寸大で忠実に写し取った全体図を中心に、生殖器官や栄養器官のなどの部分図を組み合わせることで、その植物の形態や構造の特徴が詳細に分かりやすく構成されている。また、シダ類の特徴である胞子嚢《のう》や鱗片《りんぺん》などの主要部位は、天眼鏡や顕微鏡で観察して拡大図として描かれ、さらに断面図や解剖図などが適宜随所に配されている。また、種子から発芽、開花、結実にいたる植物の生長過程を季節の変化とともに記載するなど、植物が固有するさまざまな姿を時間的経過を含めて描出し、種の全容を余すところなく伝えているのである（当《まさ》に画図を引くを学ぶべし＝最も適した画図の技法を学ぶこと「赭鞭一撻」）。

富太郎の植物図の魅力は、一切の曖昧さを許さぬ圧倒的な観察力と描写力にあることは周知のとおりだが、それに加えて牧野式植物図の最大の特長は、植物の固有の姿ではなく、植物の普遍的な姿、つまりそこにある一個体としての植物の写生《スケッチ》ではなく、その種のすべての植物の原型《プロトタイプ》、すなわちその種に共通する普遍的な姿を描いている点にある。そのため富太郎はその植物が標準的な個体であるかどうかを厳格に吟味するために、一種類の植物を多くの場所で何度も採取し、複数の植物標本に対して注意深く繰り返し調査観察をおこなったのである（草木の博覧を要す＝より多くの草木を観察すること「赭鞭一撻」）。

こうした地道な不断の努力にこそ、富太郎の植物画がその植物に固有の普遍的な美を宿している理由があり、富太郎が他の植物学者と大きく一線を画する所以である。富太郎の植物図は、個々の植物の僅かな違いのなかに、その種の普遍的な形を読み解こうとした孤高の植物学者の覚悟と矜持

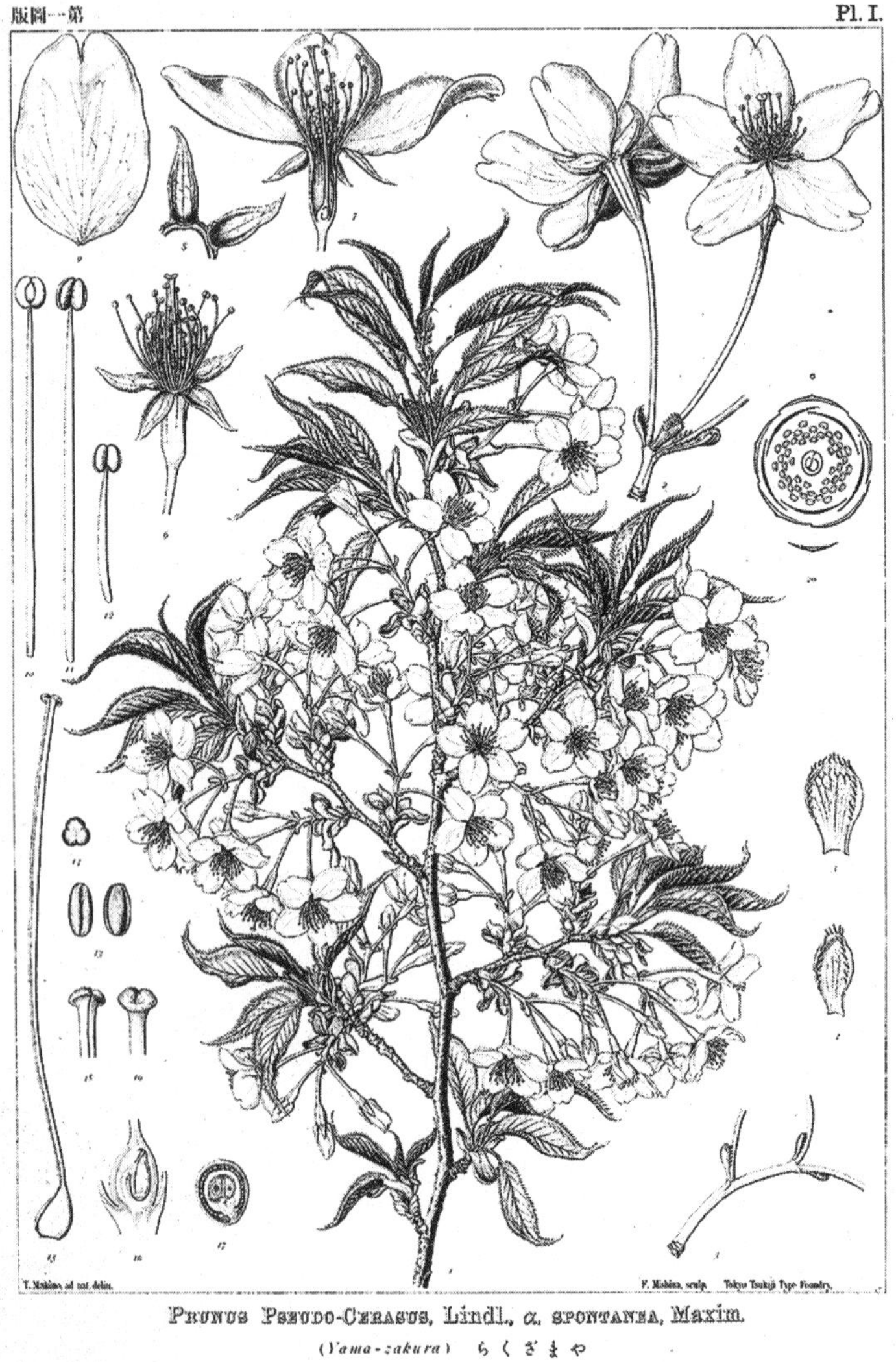

▲ヤマザクラ（『大日本植物志』第１巻第１集第１図版、明治 33 年／国立国会図書館蔵）

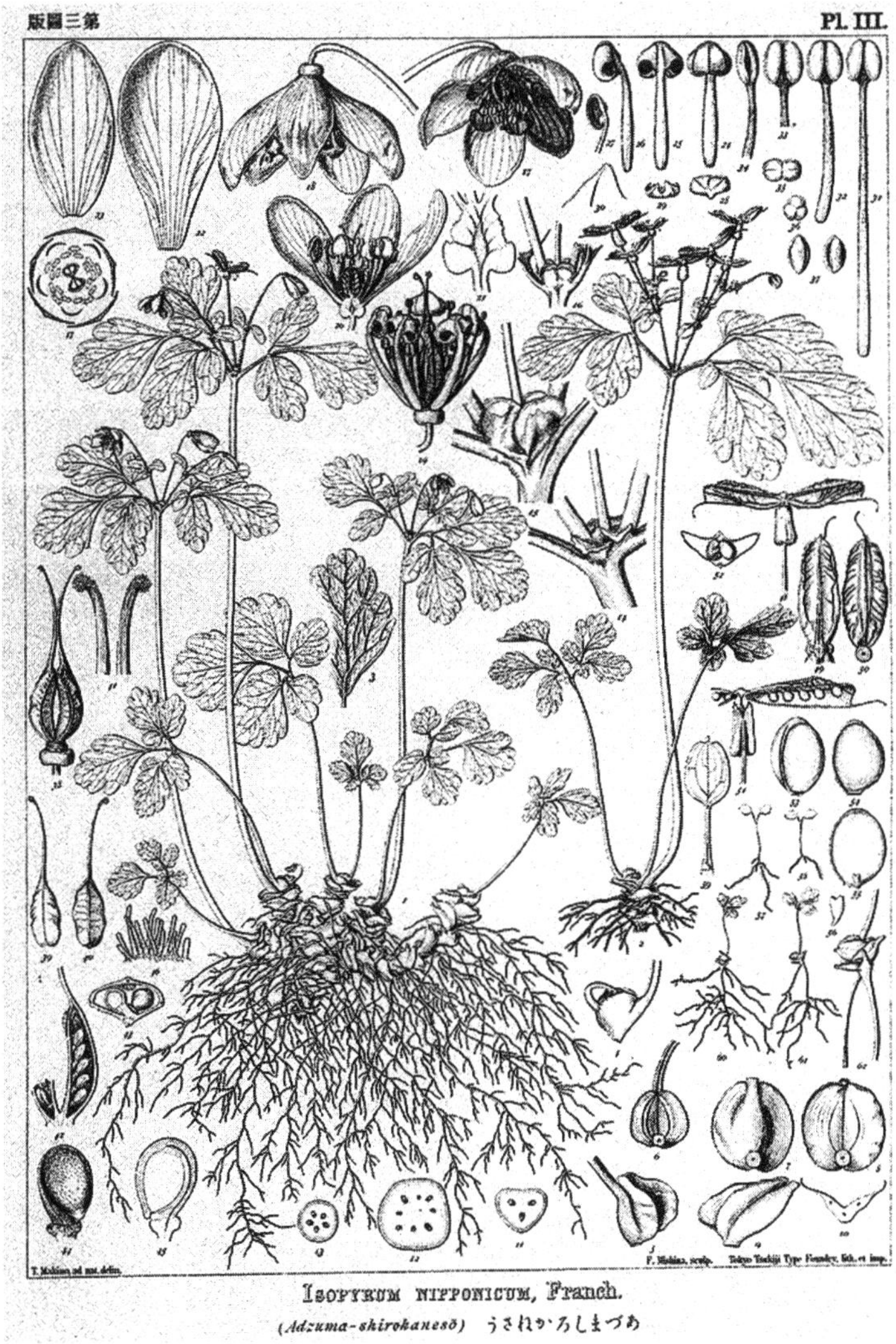

▲アズマシロカネソウ（『大日本植物志』第１巻第１集第３図版、明治33年／国立国会図書館蔵）

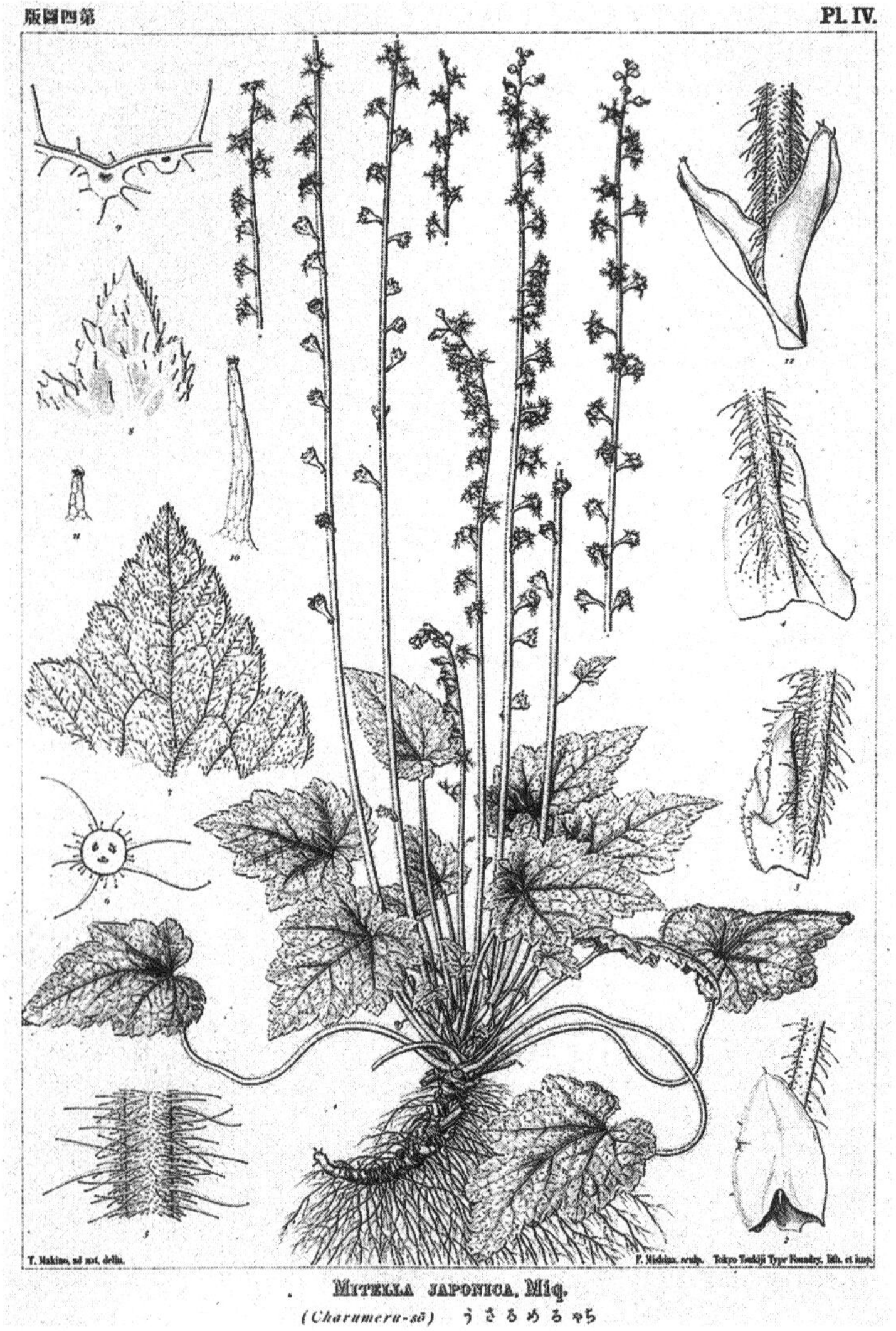

▲シコクチャルメルソウ（『大日本植物志』第１巻第２集第４図版、明治35年／国立国会図書館蔵）

▲サクユリ（『大日本植物志』第１巻第２集第７図版、明治35年／国立国会図書館蔵）

の表れにほかならない。

朋友、平瀬作五郎と池野成一郎

植物学の常識を覆す世界的な大発見が、植物学教室の画工の平瀬作五郎（一八五六―一九二五、明治二二年画工）によっておこなわれ、明治二九年一〇月二〇日発行の『植物研究雑誌』第一〇巻第一一六号で発表された。富太郎は同僚の快挙に驚き、褒め讃えた。

左記は富太郎が後年著した『随筆　植物一日一題』の、平瀬作五郎に関する一節である。

イチョウの精虫

夢想だもしなかったイチョウ、すなわち公孫樹、鴨脚《オウキャク》、白果樹、銀杏である Ginkgo biloba *L.* に精子すなわち成虫（Spermatozoid）があるとの日本人の日本での発見は青天の霹靂で、天下の学者をしてアット驚倒せしめた学界の一大珍事であった。従来平凡に松柏科中に伍していたイチョウがたちまち一躍してそこに独立のイチョウ科が出来るやら、イチョウ門が出来るやら、イヤハヤ大いに世界を騒がせたもんだ。そしてその精虫を初めて発見した人は、東京大学理科大学植物学教室に勤めていた、一画工の平瀬《ひらせ》作五郎《さくごろう》氏（その肖像が昭和三年九月発行の『植物研究雑誌』第四巻第六号に出ている。同氏の顔を知りたい方はそれを看るべしだ）であって、その発見はじつに明治二十九年（一八九六）の九月であった。

こんな重大な世界的の発見をしたのだから、普通なら無論平瀬氏は易々と博士号ももらえる資格があるといってもよいのであったが、世事魔多く底には底であって、不幸にもその栄冠を贏《か》ち得なかったばかりでなく、たちまち策動者の犠牲となって江州は琵琶湖畔彦根町に建てられてある彦根中学校の教師として遠く左遷せられる憂目をみたのは、憐れというも愚かな話であった。

（『随筆　植物一日一題』牧野富太郎、東洋書館、一九五三年）

小石川の植物園に古くから植栽されていたイチョウの木から、世界で初めて精子（精虫）が発見された。それは、種子で繁殖する種子植物には精子は存在しないという、それまでの植物学の常識を覆す大発見だった。なぜなら、シダ植物では精子が認められるが、花を咲かせる被子植物では雄蘂を離れた花粉が雌蘂に到達すると雌蘂のなかに花粉管を伸ばし、精子がなくても受精できる仕組みに進化しているからだ。そのため、平瀬のイチョウの精子の発見は、イチョウなどの裸子植物はシダ植物と被子植物の間に位置することを示唆する、植物系統分類学（Plant Taxonomy and Phylogeny）における極めて重要な発見であった。

じつは一九世紀における最も著名な植物学者のひとりであるドイツ・ボン大学のエードゥアルト・アードルフ・シュトラースブルガー（Eduard Adolf Strasburger, 1844-1912）教授は、被子植物の受精に関して詳細な研究をおこない、イチョウの花粉が雌の木で成長することを明らかにしたことで知られている。しかし、そのシュトラースブルガー教授でさえイチョウの精子を発見するには至らなかった。

平瀬作五郎のイチョウの精子発見の論文は、明治二九年（一八九六）一〇月二〇日発行の『植物研究雑誌』第一〇巻第一一六号で発表され、その概容は直ちにドイツの学術誌〝Botanisches Centralblatt（植物学中央雑誌）〟に送られて一八九六年一〇月に受理され、一八九七年第二－三号に速報された。

平瀬作五郎のイチョウの精子の発見に助力したのは、池野成一郎助教授であった。池野助教授は平瀬の研究に適切な助言を与え、論文作成に協力した。そして、平瀬が「イチョウの精虫に就いて」と題する論文を発表した『植物研究雑誌』の次の号に、池野助教授は「ソテツの精虫」と題する論文を発表する。

ソテツの精虫

池野成一郎

平瀬氏はイチョウの花粉管に精虫を発見し、且つ其運動をも詳細に研究したり。其説載せて本誌前号にあり。読者の記憶する所なるべし。

而も余も亦今を去ること数月前、余が嘗て昨年以来研究に従事するソテツの花粉管にも之を発見したり。〈後略〉

（『植物研究雑誌　第一〇巻第一一七号』明治二九年一〇月二〇日発行）

平瀬作五郎のイチョウの精子の発見につづいて、池野成一郎のソテツの精子を発見したというニュースは、ドイツの学術誌〝Botanishes Centralblatt（植物学中央雑誌）〟の一八九七年第一号で再び速報され、二人の日本の植物学者に世界の注目が集まった。

平瀬作五郎は、正確には植物学者ではなく植物学教室に勤務する画工である。平瀬は富太郎より六歳年長で、安政三年（一八五六）に福井藩士平瀬儀作の長男として福井市で生まれた。明治五年、福井藩中学校（現在の福井県立藤島高等学校）に入学し加賀野井成是に油絵を学んだ。卒業後上京し、明治二一年、帝国大学理科大学植物学教室の画工に採用される。このとき富太郎は一書生としてすでに植物学教室に出入りしていた。そして平瀬は、イチョウの実（銀杏《ぎんなん》）を顕微鏡で観察中に精子を発見するのである。

当初平瀬は、寄生虫かと思って池野成一郎助教授に見せた。このとき池野はすぐに精虫（精子）だと直感したという。その後平瀬は池野の助言を得ながら、「イチョウの精虫に就いて」と題する論文を『植物学雑誌　第一〇巻第一一六号』（明治二九年一〇月二〇日）に発表した。これが、世界初の裸子植物における精子の発見の報告である。平瀬につづいて池野もソテツの精子を発見し、「ソテツの精虫」と題する論文を『植物学雑誌　第一〇巻第一一七号』（明治二九年一一月二〇日）に発表した。

明治二九年一〇月の平瀬によるイチョウと翌一一月の池野によるソテツの相次ぐ精子の発見は、日本人による世界の植物学への輝かしい貢献となった。

その端緒となったイチョウの精子を発見した平瀬作五郎は、翌三〇年九月、突然、東京帝国大学理科大学植物学教室を辞職し、彦根中学（現在の滋賀県立彦根東高等学校）に転出した。世界的な発見を成し遂げ、さらなる研究が期待されながら、なぜ大学を辞したのか。平瀬はその理由を告げずに辞職したため、はっきりとしたことは分からない。

しかし、池野や富太郎のように大学内で平瀬の研究を正当に評価し称賛する者がいる一方、一画工の分際で教授を遥《はる》かに凌《しの》ぐ世界的な業績を挙げたことを快く思わない者も少なからずおり、そのため研究者の仲間内で平瀬の研究成果の扱いをめぐってしばしば内紛が起きた。平瀬は自分が原因で対立が激しくなるのを避けるため、厭世《えんせい》するかのように大学からみずから身を引き、同時に植物学の研究を断念したと推察できる。

平瀬さんは優しすぎる、と富太郎は思ったに違いない。そして、学歴がないことにかけては平瀬に勝るとも劣らない富太郎は、平瀬作五郎の敵討ちでもするかのように、教授陣への対抗意識をさらに強めていったのである。

一方、池野成一郎は江戸・駿河台の旗本家に生まれた。東京開成学校、東京大学予備門から帝国大学理科大学に進み、植物学科を明治二三年（一八九〇）に卒業し、翌二四年に帝国大学農科大学助教授となった。そして助教授であった明治二九年に平瀬作五郎のイチョウの精子の発見に協力し、その傍らでみずからソテツの研究をおこない、ソテツの精子を発見した。

明治四五年（一九一二）、日本の学術賞としては最も権威ある帝国学士院恩賜賞に、東京帝国大学農科大学教授となっていた池野が推挙された。受賞理由は、ソテツの精子を発見した功績が高く認められたことだった。このとき池野は、平瀬と一緒なら受けてもよいと答えている。そして明治四五年五月一二日、第二回帝国学士院恩賜賞の授賞式に平瀬作五郎と池野成一郎は揃《そろ》って出席し、二人に帝国学士院恩賜賞が与えられたのである。

『東京日日新聞』（昭和一三年四月二三日付）の〝友を語る〟のコーナーに、「ドウランの追憶、共にボタニジングした池野君」と題する富太郎の随筆が掲載され、その随筆は昭和三一年に出版された自伝的随筆『草木とともに』（ダヴィッド社）に再録された。左記は、その随筆に収められた「池野成一郎博士のこと」の一節である。

昭和十三年、東京日日新聞社で「友を語る」という題で、四方諸士からの投稿を求めたことがあった。私もこの依頼に応じて一拙文を提出し、それが同新聞紙上に載ったのは四月二十三日だった。そのとき、こんなことを書いた。〈中略〉

同（池野）君は非常によく学問の出来る秀でた頭脳の持主で、彼の世界的発見たるソテツの精虫の発見は有名な業蹟であり、平瀬作五郎のイチョウの精虫発見も実は池野君に負うところが少なくなかった。同君は優秀なる学識の上に、なお、仏、独、英等の語に精通し、今ではもっぱら「学術研究会議」発行の国際的なる『日本植物学輯報《しゅうほう》』の編輯に従事せられ、また帝国学士院の会員でもある。

池野君ははじめから私に対し人一倍親切であった。それゆえ私も同君に対してはもっとも親しみを感じていた。私がまだ大学の職員とならぬ前、民間にあって『日本植物志』の書物を著わし、これを発行している際、それは明治二十四年の頃であったが、当時の大学教授矢田部良吉博士の圧迫を受け、私はこれに対抗して奮戦し、右の著書を続刊したことがあって、当時その書につき私は同君の大いなる助力を受けた。かく私に対して同情せられた君の友誼《ゆうぎ》は、いつまでも忘れ得ないものである。

同君は卒業後、滅多《めった》に大学の植物学教室へは見えなかったがたまには来られた。同君は「僕は牧野君がいるからそれで行くのだ」といっておられたことを、私は他から聞いて、この上もなくうれしく感じ一入《ひとしお》同君を頼もしく思った。

（『草木とともに』牧野富太郎、ダヴィッド社、一九五六年）

富太郎は、明治一七年（一八八四）に初めて矢田部教授が主催する東京大学理学部植物学教室を訪れたとき以来、池野成一郎（当時大学生）とは妙に気が合った。池野が研究者を肩書きで評価せず、つねに研究内容によって評価したことが、富太郎にとってなにより嬉しく、信頼できたのだろう。また二人は、食べものの好みがほぼ同じで、酒は呑まない代わりに甘いものには目がなく、饅頭やどら焼きなどのお菓子を一〇個や二〇個食べることくらい造作もなかったという。また、食べる速度が頗《すこぶ》る速く、二人が向かい合って牛鍋を突く際は、少し油断すれば相手にすべて食べられてしまうため、食べる速さがさらに速まったと証言する。

池野成一郎は昭和一八年（一九四三）一〇月四日、老衰のため七七歳で亡くなった。富太郎は池野が亡くなる数日前、池野の大好物の赤坂虎屋《とらや》の餅菓子一折を携えて池野が入院する木村病院（豊島区西巣鴨二丁目）に見舞っている。その折、池野は早速餅菓子を一個つまんで頬張り、残りは後の楽しみに取っておこうと言って看護婦に手渡した。それが、富太郎と池野との最後の会話となった。

松村教授の嫉妬と『大日本植物志』の廃刊

かつて富太郎が自費出版した『日本植物志図篇』をまっ先に評価し、『植物学雑誌』の批評欄で絶賛した松村任三（当時助教授）は、教授になると、助手の富太郎と不仲になった。当の富太郎はこう証言する。

私が専門にしているのは分類学なので、松村氏の専門も矢張り分類学で、つまり同じような事を研究していたのである。それを私は誰れ憚《はばか》らずドシドシ雑誌に発表したので、どうも松村氏は面白くない、つまり嫉妬であろう。ある時、

「君はあの雑誌へ盛んに出すようだが、もう少し自重して出さぬようにしたらどうだ」

松村氏からこういわれたことがある。しかし私は大学の職員として松村氏の下にこそおれ、別に教授を受けた師弟の関係があるわけではないし、氏に気兼ねをする必要も感じなかったばかりでなく、情実で学問の進歩を抑える理窟はないと、私は相変らず盛んにわが研究の結果を発表しておった。それが非常に松村氏の忌諱《きき》にふれた、松村氏は元来好い人ではあるが、どうも少し狭量な点があって、これを大変に怒ってしまった。〈中略〉

何よりも私の困ったのは、給料のあげて貰えぬ事であった。浜尾さんの親切で、せっかく仕事が与えられ、従って給料もあげてもらう筈であったが、当の松村教授がこんな訳で前にも記した『大日本植物志』の第一冊が出版せられても一向に給料をあげてくれない。

前に述べたように一度借金の整理はしていただいたけれども、給料があがらぬ以上依然として生活に困るのは当然である。僅か十五円偶《たま》にあがれば二十円で子供が五人六人となる私共では到底生活は出来ない。そのうちには、また子供が生まれるとか、病気に罹《かか》るとか、死ぬとか、妻が入院するとか、失費は重なる。子供が多ければ、自然家も大きいのが必要になる。それに私は非

常に沢山の植物標品を有《も》っていて、これがために余計な室が二つ位もいる。書物が好きでこれもかなり有っている。そんな訳で、不相応に大きな家が必要だった。

「牧野は学校から貰うのは家賃位しか無いのに、ああいう大きな家にいるのは贅沢だ」そういって攻撃されたりしたが、これも贅沢どころかやむなくそうしていたのだ。こんな風でまた借金が殖えて来た。金を借りるといっても、各々の仲間にそんな親切な人は少ないから、どうしても高い利子の金を金貸しから借りる。このために私が困ったことは、実に言うに忍びないものがある。

（『牧野富太郎自叙伝』長嶋書房、一九五六年）

当時、大学における助手の職務は、「教官の指揮を承《う》け学術技芸に関する職務に服す」と明治二六年公布の帝国大学官制によって定められていた。また今日においても、助手の職務は、「教授及び助教授の職務を助ける」ものと学校教育法上定められており、いずれも教授と教授を助ける助手には明確な上下関係が存在する。松村教授も当然そう思っていたに違いない。しかし、富太郎助手はそう思ってはおらず、それどころか松村教授を同じ植物分類学を専門にする学問上の競争相手だと思っていたようである。これでは、良好な関係が築けるはずもなく、松村教授は助手の扱いに手を焼いていたと推察される。

植物の形態を精緻に捉え、植物の性命の本質とその精神までも写し取ろうとする富太郎の探究心とその技量は、他の追随を許さない。わけても、野山に分け入って多くの植物を観察した経験と文献を探索した頻度において、富太郎を凌《しの》ぐ植物学者はいない。彼の豊富なフィールドワークに裏打ちされた植物観察に対する絶対的な自信と矜持が、彼が植物を研究する大きな原動力ともなったのである。

富太郎は植物に対して、つねに恋人に対するような細心の注意をもって接した。それとは対照的に、彼は教授に対しては、横柄とも受けとられかねない対応をとることもしばしばで、周囲の学生たちを心配させた。

富太郎は、たとえ教授の論説であってもそこに誤りを認めれば躊躇《ちゅうちょ》なく指摘し、遠慮会釈なく自説を主張した。そうすることで学問の進歩が促されると信じていた。たとえば、教授が発見した植物の属名や種名を教授に確認することなく勝手に改訂することがしばしばあり、教授の富太郎に対する不信は増大した。そのため、自己の研究成果を些《いささ》かも謙遜することのない富太郎の態度を、横柄と受け止める大学関係者も少なくなかった。

こうして、松村教授と富太郎の間にも確執が生まれ、松村教授が浜尾総長の意向を無視し、富太郎の昇給を妨げつづける結果を招くことになった。そのため、明治三三年に二〇〇〇円の借金をすべて岩崎氏に完済してもらったにも関わらず、何年も経たないうちに富太郎の暮らしは再び困窮し、しばしば動産が差し押さえられる状態となった。

富太郎の数少ない恩師である田中芳男（当時貴族院勅選議員）から、富太郎に次の書簡が届く。なお、冒頭にある「恙（つつが）」は病気の意で、たまたま富太郎は風邪でも引いていたのだろう。快復を願う言葉を添えて本題に入っている。

秋冷の候

貴恙《つつが》如何、追々御快復之事と存候。陳《のぶれ》は先般御蕁《しとね》辺にて縷々《るる》申上候事は十分御承知之事と存候。

留守宅にて金子《きんす》御調達之事も承知致候。兎に角、実のなる仕事をなされて、義務的の実入りなき事は御止めなされ。此事は従来、縦令《たとえ》約束あるも、家計の成立に何分致し兼ねし事を明言して、謝絶なされたく存候。（後略）

十月十八日

名古屋にて　田中芳男

（田中芳男から牧野富太郎への手紙、明治三五年一〇月一八日付）

富太郎が植物学をめざしたきっかけの一つは、佐川小学校で田中芳男が企画編纂した教育用掛図『博物図』を見たことだった。また最初に上京した際、幸運にも憧れの田中芳男と会い、言葉をかけてもらって以来、筆まめな富太郎は折に触れて大先覚の田中に手紙を出しつづけていた。手紙の文面から、田中は牧野家が経済的な困窮のなかにあることを知り、すでに富太郎に何度も懇々と説得していたようだ。そのうえで田中は、富太郎が手がける『大日本植物志』を念頭に、研究成果が見込める実入りのある仕事に専念し、それ以外の家計の足しにならない仕事はきっぱり断るよう、一歩踏み込んだ助言を与えている。

憧れの大先覚者である田中芳男の忠言は、たとえ一時的であったにせよ富太郎の心に響いたはずである。

大学の助手時代初給十五円を得ていたが、何せ、如何《いか》に物価が安い時代とはいえ、一家の食費にも足りない有様だった。月給の上らないのに引換え、子供は次々に生れ、十三人も出来た。財産は費いはたし一文の貯えもない状態だったので、食うために仕方なく借金もしなくてはならず、毎月そちこちと借りるうちに、利子はかさんでくる。そのうちに執達吏に見舞われ、私の神聖なる研究室を蹂躙《じゅうりん》されたことも一度や二度ではなかった。積上げた夥《おびただ》しい標品、書籍の間に坐して茫然として彼等の所業を見守るばかりであった。一度などは、遂に家財道具が競売に付されてしまい、翌日知人の間で工面した金で、やっと取戻したこともあった。

家賃も滞りがちで、立退きを命ぜられ、引越しを余儀なくされたことも屡々《しばしば》であった。何しろ親子十五人の大家族だから、二間《ま》や三間の小さな家に住むわけにもゆかず、その上、標品を蔵《しま》うに少なくとも八畳二間が必要ときているので、なかなか適当な家が見つからず、その度《たび》に困惑して探し歩いた。

(『牧野富太郎自叙伝』長嶋書房、一九五六年)

寿衛と根岸の借家で所帯をもってから、終の住み家となる東大泉に家宅を建てるまでに、富太郎は都合一八回借家を転々とした。植物標本は日に日に増えつづけて四〇万点に膨らみ、蔵書は四万五〇〇〇冊におよび、それらを収蔵するために三~四部屋を要した。しかも、その膨大な植物標本と多くの貴重な蔵書をいつでも利用可能な状態で収納し、台風や地震にも安全に保管するためには、堅牢で部屋数の多い家が必要だった。そのため富太郎は、大きな蔵のある家を借り、それができないときは標本や蔵書の間で家族が寝起きをした。

金を借りてくるのは専ら富太郎だが、借金の厳しい取り立てに対応するのは寿衛だった。債権者が家に借金の取り立てに来ると、寿衛は富太郎の執筆の邪魔にならぬよう、書斎とは反対の縁側に債権者を案内して対応した。また、富太郎の留守中に債権者が来たときは、家の門に出した赤旗で富太郎に合図し、富太郎が債権者と出会わぬように気遣った。

貧困の生活のなかにあっても富太郎は研究を最優先に考え、寿衛の内助の功に支えられて植物分類学の研究に精を出した。その間、一三人の子を設け、うち六人が成人した。移り住んだ家はどれも大きく立派で、富太郎の一五円の月給は借家の賃料にすべて消えた。また、月給の何ヶ月分もの大量の書籍を後先考えずに購入する富太郎の習慣は変わらなかった。そのため、牧野家の借金はさらに増大したのである。

寿衛は、債権者の借金の取り立てに臨機応変に対応するとともに、富太郎が採集した植物の標本づくりも任された。

明治三六年夏、富太郎は植物採集をおこなうために、栃木県日光赤沼ノ原の標高一四〇〇メートルの高地に出かけた。泊まりがけの植物採集の場合は、決まって旅先の宿から東京の寿衛宛に大きな小包と手紙が届けられた。


本日、鉄道便にておしばの生がわきのものを送りたり。とう着せば直ちにおし紙の間へ一枚づつ入れておしをかけ置き呉れたく、又、時々おし紙をかへ置き呉れたし。

右は此地にておし紙が不足せし故、止むを得ず生かわきのものを送りたれば、前記の通り取りはからひ必要なり。又、おし紙が不足する事あれば、えんがわの南の方のもの最早や乾き居るべければ、中のおしばを出してその紙を遺ふても宜し。おもしの上げ下し余程注意せねばけがをすべければ、精々注意すべし。又、紙を時々日に乾かして取りかへられたし。

明治三十六年八月三十日　　　　富太郎

寿衛どのへ

（旅先の富太郎から東京の寿衛への手紙、高知県立牧野植物園牧野文庫蔵）

日帰りの植物採集の場合は、帰宅後に自分で腊葉（押し葉）標本の作業がおこなえるが、泊まりがけの場合はそれができない。そのため富太郎は、採取した大量の植物を自宅の寿衛宛に送り、腊葉標本の作業を妻や子どもたちに託したのである。

押し紙（新聞紙）の間に採取した押し葉（植物）を挟み、採取後一週間は押し紙を毎日交換し、二週間目からは二日に一回交換して押し葉を乾燥させる。雨天がつづく日などは押し紙の乾燥が間に合わない。そんなときは、七輪に炭火を熾《おこ》し、手焼き煎餅をつくる要領で押し紙を炭火で炙《あぶ》って乾かし、乾いた押し紙に交換して押し葉を乾かした。その作業は、富太郎が植物採集で全国各地を巡っている際に、妻や子どもたちに与えられた重要な仕事であったのだ。

ところで、東京帝国大学理科大学植物学教室・編纂、東京帝国大学・発行による『大日本植物志』は、普通に考えれば植物学教室を主宰する松村任三主任教授が責任編集に当たるのが妥当だろう。しかし、富太郎の同郷の土方寧法科大学教授の進言と浜尾新総長の裁可によって、助手の富太郎に責任編集の仕事が任され、松村主任教授は、助手に大任を奪われる形となった。そのような事情も加わり、松村教授は富太郎の『大日本植物志』に対してあらぬ批判を高言した。

その精細な植物の記載文を見て、松村氏は文章が牛の小便のようにだらだら長いとか何とかいってこれに非を打つという風で、私も甚だ面白くない。そこでとうとう棄鉢《すてばち》になって四冊を出したただけで廃してしまった。もしあれが続いていたら、自分でいうのも訝《おか》しいが、世界に出しても恥しくなくまた一面日本の誇りにもなるものが出来たろうと、今でも腕を撫《ぶ》して残念に思っている次第である。

（『牧野富太郎自叙伝』長嶋書房、一九五六年）

富太郎の『大日本植物志』における記載文は、それぞれの植物の特徴を的確に捉えた美しい見事な文章である。それを「文章が牛の小便のようにだらだら長い」と周囲に公言して憚《はばか》らないのは、松村教授の富太郎に対する嫉妬にほかならない。

しかし、松村教授の「牛の小便」発言に腹を立てた富太郎は、せっかく浜尾総長から与えてもらった、制作予算を気にせず存分に研究に打ち込める最高の研究環境をみずから放棄し、『大日本植物志』を僅か四冊刊行しただけで廃刊してしまう。それは、その後の富太郎の借金が増える結果を誘引することになるのである。

もしも富太郎が田中芳男の忠言に従い、捨鉢になる心を抑制できたならば、その後どんな『大日本植物志』が見られただろうか。また『大日本植物志』の刊行がつづいていたなら、その後さらに増大する富太郎の借金を多少なりとも低減できたのではないかと思うと、悔やまれてならない。

助手の罷免と講師への昇進

松村教授は、富太郎が責任編集した『大日本植物志』を間接的に廃刊に追い込んだのにつづいて、学長の交代を機に富太郎の罷免を画策し、これに成功する。

当時の学長は箕作佳吉先生で、松村氏が私へ対する内情をよく知っておられたので、松村氏が私を密かに罷免しようとしても、箕作先生のいる間はその陰謀が達せられなかった。ところが学長が替って、他の科の人がなった時に、この方は私の事をよく知らないので、とうとう松村氏の言を聴いて私を罷職にしてしまった。

（『牧野富太郎自叙伝』長嶋書房、一九五六年）

箕作佳吉《みつくりかきち》（一八五八－一九〇九、明治三四年東京帝国大学理科大学長）は、日本の動物学の礎を築いた先駆者である。津山藩医で蘭学者の箕作秋坪（一八二六－一八八六）の三男として生まれ、実兄に菊池大麓がいる。明治五年（一八七二）大学南校に学んだ後、明治六年（一八七三）に渡米し、米国ジョンズ・ホプキンズ大学で動物学を専攻し、動物分類学ならびに動物発生学を学んだ。その後英国のケンブリッジ大学に留学し、帰国後、お雇い米国人教師エドワード・モースの跡を継いで東京帝国大学理科大学で日本人初の動物学教授となり、明治三四年、東京帝国大学理科大学の第三代学長となった。

当初理科大学の植物学教室と動物学教室は隣接して置かれ、学生の行き来も頻繁におこなわれていた。そのため、動物学教室の箕作教授は植物学教室の状況について理解していた。また、箕作教授の実兄の菊池大麓は理科大学初代学長であったことから、矢田部初代教授ならびに松村第二代教授と富太郎との人間関係についても承知していた。それらのことから箕作学長は、松村教授がさまざまな理由をつけて富太郎を罷免させようと画策したにも関わらず、松村教授の企てをすべて退け、富太郎を罷免させることを認めなかった。

しかし明治四〇年（一九〇七）一二月、箕作学長は腎臓炎に脳出血を併発して倒れ、理科大学長を突然辞任する（明治四二年九月一六日病没、行年五一歳）。同月、箕作学長に代わって新たに学長に就任したのが桜井錠二教授だった。

桜井錠二は、安政五年（一八五八）に加賀藩士桜井甚太郎の六男として生を受けた。明治四年（一八七一）、一三歳で大学南校に入学し、お雇い英国人教師ロバート・アトキンソンに化学を学んだ。明治九年（一八七六）に国費留学生として英国ロンドン大学に留学し、理論化学を専攻し、明治一四年（一八八一）に帰国すると、翌一五年ロバート・アトキンソンの後任として東京大学理学部化学教授に就いた。そして明治四〇年一二月、箕作理科大学長の突然の辞任を受けて、同月、東京帝国大学理科大学長に就任する。

桜井学長は他の科である植物学教室についてはほとんど知らず、松村教授と富太郎の関係も承知してはいなかった。そのため、松村植物学主任教授の進言をそのまま承認し、助手の富太郎を罷免した。

富太郎は、植物学教室を主宰する矢田部教授や松村教授などときの植物学の権威者に疎まれたが、富太郎が苦難に陥ると、不思議に教室の周囲にいた多くの同僚たちがそれを聞き付けて支援した。今回も例外ではなかった。

このとき、富太郎が罷免されたことを知った大学関係者は皆一様に驚き、罷免反対運動が起きた。池野成一郎東京帝国大学農科大学教授を先頭に、矢部吉禎《やべよしただ》（一八七六－一九三一、昭和四年東京文理科大学教授）東京帝国大学理科大学助教授、服部廣太郎《はっとりひろたろう》（一八七五－一九六五、大正一二年徳川生物学研究所所長）東京帝国大学理科大学講師などが罷免反対運動を強力に展開し、桜井学長に直訴した。桜井学長は池野らの話を聞いて富太郎の業績を初めて知ると、助手の罷免を撤回したうえで、改めて富太郎を東京帝国大学理科大学講師に昇進させたのである。それにともない俸給は三〇円（現在の三〇万円に相当）に昇給した。

事ここに至り、松村教授と講師に昇進した富太郎の関係は抜き差しならないものに悪化したことは、いうまでもない。

これは後の話であるが、停年制のために松村氏が学校を退いた。その時にある新聞に、「私がどうでもやめねばならぬとすれば、牧野も罷めさせておいて、私はやめる」松村氏の言として、こんな事が書いてあった。真か偽か知らぬが、とにかく松村氏が私に敵意を持っておったという事は、なかなか深刻なもので、且つ連続的なものであった。しかし松村氏もとうとう私を自由に処分する事は出来ないで、却って講師にしなければならなかったというのは、全く松村氏の面目が潰れたといってよいわけになる。

（『牧野富太郎自叙伝』長嶋書房、一九五六年）

富太郎が大学講師に任用されてから一〇年後の大正一一年（一九二二）三月、東京帝国大学理科大学植物学教室松村任三第二代主任教授は定年を迎え退任した。一方講師の富太郎は、一年単位の臨時雇いで恩給もない代わりに、定年もない。そのため松村教授が植物学教室を去った後も、長年にわたり講師として植物学教室に居つづけたのである。

富太郎は、東京帝国大学の講師として「植物分類学野外実習」の授業を担当した。松村教授がいたときは遠慮していたが、松村教授が退職すると、多くの学生が富太郎の授業に参加し、人気の授業となった。

このころの富太郎は、野外実習に出かける際、かつてのような蝶ネクタイに肩から胴乱を掛け、銀の懐中時計を持つという姿から、いかにも貧しいスタイルに一変していた。貧乏暮らしが板に付いた富太郎は、膝が破れた夏服のズボンに冬服の上着を着て学生たちの前に現れ、「私は今日から高山《たかやま》と名前を変えた。下が夏で、上が冬だから」と言って学生たちを笑わせた。

富太郎は、奥多摩の御岳山や武蔵野の石神井池、湘南の平塚海岸など、関東近郊に植物採集に出かけ、またムジナモを発見した江戸川の湿原を学生たちに案内して廻《まわ》った。

たとえば、砂浜で見かけるマメ科の被子植物の「コマツナギ（駒繋ぎ）」は、茎が丈夫で馬を繋ぎとめることができるという説や、馬がコマツナギの葉が好物のためこの木から離れなくなるとする説があることなどを話した。それによって富太郎は、植物の名前は植物の分類学上の特徴を表すだけでなく、植物が自生する環境や風土など、自然と植物と人間との関係も表していることを説明し、植物分類学とは植物の形態的な特徴を比較検討するだけでなく、自然と植物と人間との関係の在り方の諸相を、植物を介して探究する学問領域であることを伝えようとしたのである。

そして授業の最後には、本郷の料理屋「江知勝《えちかつ》」で、好物のすき焼きを学生たちに振る舞うことが恒例であった。

植物同好会と植物研究雑誌

明治の後半ごろ、一般の人びとの植物への関心が高まり、富太郎を中心とする植物同好会が全国各地で誕生した。たとえば明治四二年（一九〇二）に富太郎を講師とする横浜植物会が創立し、明治四四年には富太郎を会長とする東京植物同好会が設立した。このとき富太郎は、これまで象牙の塔のなかだけにあった植物学の研究成果を一般の人びとに紹介し、併せて植物研究の向上を図ることを会の目的にあげたのである。

そこには、植物学を一般の人びとに普及させるとともに、日本の植物相をより木目細かく調査する体制を一般の人びとと一緒につくりたいという意図があった。つまり、「赭鞭一撻」で掲げた〝博《ひろ》く交《まじわり》を同志に結ぶべし（植物を学ぶ人を求めて友人にもつこと）〟や〝邇言《じげん》を察するを要す（すべての人から植物の知識を聞くこと）〟という、富太郎が青年時代に誓った植物学を追究する際の心構えの実践の表明でもあった。

もっともその背景には、小さな大学内で松村教授と激しく対立することに嫌気がさしたという富太郎の偽らざる心情もあったかもしれない。しかしそれよりも、植物学を象牙の塔から解き放ち、大衆の中に浸透させたいという思いのほうが強かったと思われる。

富太郎は生涯にわたり、一貫してフィールドワークを重要視した。その理由は、自然のなかで植物を観察することにこそ植物学本来の学びの醍醐味《だいごみ》がある、と確信していたからだ。そのことを伝えるために、富太郎は長年、大学講師として植物学の野外実習に力を注いだ。富太郎のそうした不断の活動は、彼が佐川小学校の授業生として生徒たちと一緒に植物観察をおこなった一五歳にまで遡ることができる。

昭和三〇年（一九五五）、富太郎が九三歳になった際に、東京植物同好会は牧野の名を冠して「牧野植物同好会」（http://makino-dokokai.sakura.ne.jp/index.html）と会名を改められ、フィールドワークを重視する富太郎の意志を継承する活動が今日もつづけられている。

また、富太郎は大正五年（一九一六）に、一般向けの植物の雑誌として『植物研究雑誌』を創刊した。これまで、植物学者による学術誌として『植物学雑誌』があったが、『植物研究雑誌』（植物研究雑誌社、大正五年四月五日発行）は、植物の知識をより自由に一般に普及させるという目的をもち、富太郎は主筆を務めるとともに編集者と発行者を兼任した。

この雑誌は、当初は富太郎の個人誌として創刊され、掲載される記事はすべて富太郎の論稿で占められていた。だが、富太郎は地方の植物研究者からの投稿を呼びかける記事を掲載し、それ以降、全国から多くの研究報告が順次寄せられるようになる。

その後『植物研究雑誌』は、制作経費の捻出に苦慮しながらも刊行をつづけたが、大正一二年の関東大震災の折、刷り上がった第三巻第一号がすべて焼失したのを機に休刊した。

しかし前述したように、富太郎が苦難に陥ると、決まってどこからともなく支援者が現れる。このとき、東京帝国大学理科大学教授の朝比奈泰彦（一八八一－一九七五、大正七年東京帝国大学理科大学薬学教授）を介して、新たなパトロンとして名乗りを上げたのは、津村順天堂の創業者・津村重舎《じゅうしゃ》（一八七一－一九四二）である。津村重舎の支援によって、大正一五年に『植物研究雑誌』は見事によみがえる。同誌の復刊は、全国の植物愛好家や植物研究家による植物情報ネットワークの構築につながり、植物同好会の活動と相まって、植物の知識を学ぶ楽しみをより多くの人びとに普及することに大きく貢献したのである。

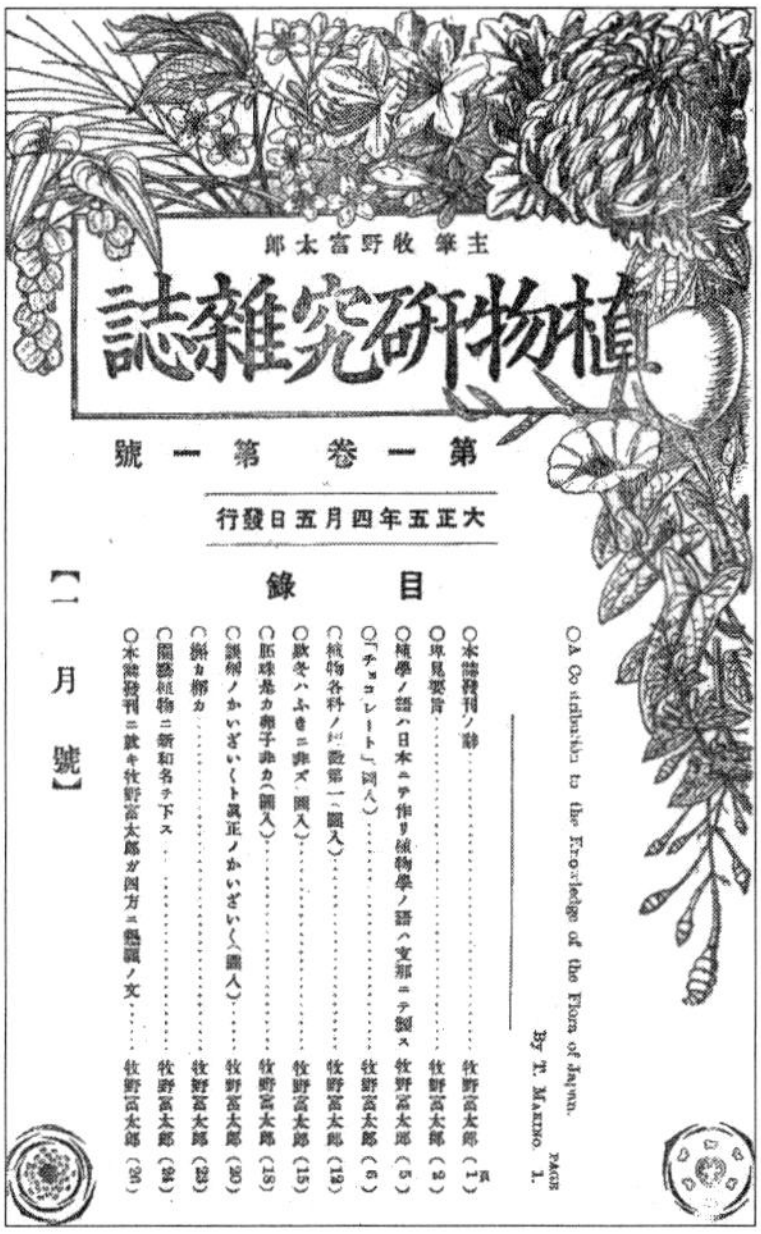

▲『植物研究雑誌　第１巻第１号』主筆牧野富太郎、大正５年４月５日発行

『植物研究雑誌』第九巻第一号（津村研究所出版部、昭和八年六月一八日発行）から、編集主幹が富太郎から朝比奈泰彦教授に引き継がれた。その後も、原寛（一九一一－一九八六）日本植物学会会長、柴田承二

（一九一五－二〇一六）日本薬学会会頭、大橋広好（一九三六－　）日本植物分類学会国際命名規約邦訳委員会委員長が、編集主幹ならびに編集代表を代々務め、『植物研究雑誌』は隔月刊の定期刊行物として刊行され、今日に至っている（http://www.jjbotany.com/）。

第四章

愛妻の死を越えて

植物標本一〇万点の行方

大正五年（一九一六）師走、借金の返済が滞り、万策尽きていよいよ困り果てた富太郎は、これまで全国各地を訪れて苦労して収集したおよそ一〇万点の植物標本を海外の研究機関に売ることを決意する。富太郎が販売先に海外の研究機関を想定したのは、一〇万点もの大規模な標本を購入し、収蔵管理できる機関は国内には見当たらず、それができるのは欧米の一部の機関に限られると考えたからだ。

そのことを伝え聞いた朝日新聞記者の渡辺忠吾（生年不詳－一九四四、東京帝国大学農科大学卒業、のち房州大網農学校校長）は、富太郎が困窮のなかにあり、このまま放置すれば日本の植物標本が海外に流出しかねないことを知ると、富太郎に取材してその窮状を新聞紙上で訴えた。左は、渡辺忠吾記者による『東京朝日新聞』大正五年一二月一六日付の記事である。

不遇の学者牧野氏、植物標本十万点を売らん
生命を賭して蒐集した珍品を手放さねばならぬ学者の心事

植物記載学の大家として誰知らぬ者なき牧野富太郎氏は毎年に迫り来る家計不如意《ふにょい》の結果、負債山積しその始末に窮して今回三十余年間にわたりて、実地採集したる植物標本の珍品十万点を売却して、この急場を脱せんとしているという噂を聞いて記者は小石川指谷町《さしがやちょう》の牧野氏邸を訪ねてみた。

平常金銭のことにかけては至って無頓着な純学者肌の牧野氏も今度許り《ばか》は聊《いささ》か困ったと云ふ風で「恥しいことだがどうしても出来なければ惜しくて溜らぬ標品だけれど、何とかそんなことをして始末をつけねばなるまいと思っている。外国へ出しても珍しい標品が随分あるから二万や三万の金は出来る訳だが、僕の集めた標品の価値を認めてこの急場を救ってくれる富豪が日本にあるかどうか、出来得るならば散逸せず成るべく一箇所にまとめて標本館でも設立して欲しいものだ」と云っていた。

これ等の標本は何れも氏が非常なる危険を犯し、時には案内者が谷底に墜落惨死せる事などあるとしてその中には従来日本に絶無なりと伝へられていた食虫植物むじな藻（明治二十一年東京近郊にて発見）を初め菊の原種野路菊《のぢぎく》（土佐）やまと草、奴草《やっこそう》等は世界に誇るべきものでその他氏の新発見にて世界学会に発表したものは約四百種の多きに上っている。これ等についても約一千頁の大論文を発表している位で、実に学会の珍とすべきものである。〈中略〉

世界に誇るに足る大植物学記載学者が金のためにかくまで惨苦をなめそれに植物記載学の方面博士以上の実力ありとの定評ある牧野氏がまだ学位さへ貰っていないで諸所から不義理な借金さへ嵩《かさ》んで苦しんでいるとは実に気の毒なことだ。今年五十四歳の同氏は「これから真実の研究をやってみたい」と言っているが、何とかこの不遇の学者を救う途《みち》はないものか。

（『東京朝日新聞』大正五年一二月一六日）

右の『東京朝日新聞』の記事を、『大阪朝日新聞』は「月給三十五円の世界的学者、牧野氏植物標本十万点を売る」の見出しに差し替えて、同一二月一八日付で転載した。

この記事の呼びかけに、二人の富豪が名乗りを上げた。一人は日立製作所の設立者で、「鉱山王」と呼ばれる久原房之助《くはらふさのすけ》（一八六九－一九六五、昭和三年逓信大臣）。もう一人は、当時二五歳の京都帝国大学法科大学に在学中の池長孟《はじめ》（一八九一－一九五五、昭和一三年池長美術館館長）である。池長孟は記事を見て即断し、大阪朝日新聞社の社会部長を訪ねて支援の意志を告げた。このとき池長が訪ねた社会部長は、大正デモクラシーを代表するジャーナリストで批評家の長谷川萬次郎（一八七五－一九六九、筆名如是閑《にょぜかん》）である。

久原と池長の二人から支援の申し入れがあったことを長谷川から聞いた富太郎は、二人のうちどちらの支援を受けるべきかを長谷川に相談した。このとき、長谷川の上司に大阪朝日新聞編集局長の鳥居赫雄《てるお》（一八六七－一九二八、筆名素川《そせん》）がおり、また長谷川の実兄に東京朝日新聞社会部長の山本松之助（一八七三－一九三七、筆名笑月《しょうげつ》）がいた。

長谷川は、朝日新聞の鳥居編集局長と実兄の山本社会部長に相談し、池長孟から支援を受けるよう富太郎に答えた。巨大財閥の久原よりも、一代で財を築いた池長のほうが支援金の用途に自由が利き、使用範囲が広いと考えたからだ。

池長孟（旧姓井上）は、明治二四年（一八九一）一一月二四日に池長家から養子に出た井上徳左衛門の長男として生まれた。しかし、井上徳左衛門の実兄池長通《とおる》とその妻しまに子どもがなかったため、孟は物心がつかないうちに伯父池長通の養子となり、池長姓に改姓する。

池長家は江戸末期に瓦屋と質屋を営んでいたが、明治五年（一八七二）ごろ池長通が神戸市兵庫区一帯の土地を買い入れ、土地家屋貸付業で財を成した。その後通は神戸市議会議長などを務めたが、大正三年（一九一四）、孟が京都帝国大学法学科に入学した直後に持病の心臓発作に襲われ急逝した。

大正五年一二月二一日、富太郎は支援を申し出た池長孟と会って話をするために、寿衛とともに神戸に向かった。このとき池長孟（当時二五歳）は、一〇万点の植物標本を三万円で買い受け、改めてすべての植物標本を富太郎に寄贈することを富太郎と寿衛に申し出た。もっとも門外漢の池長孟にとって、植物標本がいくら学術的に貴重なものであっても使い道がなく、大量の古新聞の中に収められた一〇万点の腊葉の標本はやはり牧野氏の傍に置かれてこそ意味があると思ったからだ。

親子ほど歳の離れた池長孟の申し出に感激した富太郎は、しかし池長の標本寄贈の申し出を固辞した。いくら鷹揚な富太郎でも三万円（現在の三億円に相当）もの大金をただで貰うことに気が引けたのだろう。池長は再三にわたって標本の寄贈を申し入れたが、富太郎は固辞しつづけた。

対応に苦慮した池長は、神戸にある池長会館に一〇万点の標本を収蔵し、富太郎がいつでも自由に使用できる植物研究所とすることを提案した。これによって池長と富太郎は一応の合意を見る。

かつて、三菱本家の岩崎氏が富太郎の借金を肩代わりして完済したが、その後も富太郎は大学の僅かな俸給のなかで研究をつづけることを余儀なくされ、再び借金が増大する結果となった。その失敗を繰り返さぬよう、池長は富太郎の大学の業務に支障が生じない程度の活動を依頼することを考えた。そして、神戸の植物研究所で富太郎は月一回「関西植物会」の定期講演をおこない、池長は講演料と研究費を富太郎に毎月支払うことにしたのである。

池長は、それらの条件を箇条書きにし、富太郎に提出した。

一、池長孟は牧野富太郎が所有する一〇万点の植物標本を三万円で購入する。
一、神戸の会下山公園の池長会館に一〇万点の標本を保管し、植物研究所とする。
一、牧野は植物標本を保管する植物研究所で自由に研究ができるとともに、月一回神戸で講演会をおこない、池長は牧野に講演料および研究費を毎月支払う。
一、植物標本を保管する研究施設の名称を牧野植物研究所とする。

富太郎は、最後の項目の研究施設の名称を「牧野植物研究所」とすることを固辞した。そして感謝の実意を捧げるために池長孟の姓を冠して「池長植物研究所」とするよう申し入れる。

こうして、会下山公園（神戸市兵庫区会下山町二丁目）に池長植物研究所が開設され、その階上の大広間には一〇万点の植物標本が堆《うずたか》く積み上げられたのである。

池長植物研究所

池長孟は富太郎との交渉の傍ら、養母のしまの許しを得るとともに親戚一同の承諾を取りつけ、三万円の負債整理と一〇万点の植物標本の受け入れ準備に取りかかった。

大正六年一月三日、『大阪朝日新聞』は先に「月給三十五円の世界的学者」と報じた牧野の支援者として篤志の一青年池長孟が名乗りを挙げ、今般正式にそれが決定したことを伝えた。

篤志家は法科大学生、神戸に植物標本陳列所を設立せん

牧野氏は大小幾多の債鬼《さいき》のために年の瀬を越すべき手段のない迄に追窮せられ飽くまで学者的性格の同氏も夫人初め多くの家族を擁して途方に暮れつつあった折柄意外の反応は早くも該記事によって起った。即ち救いの声は篤志《とくし》の一青年によって牧野氏の上に投げられたのである。篤志の一青年とは何人であるかというに目下京都大学法律科三年に在学中の学生たる神戸市兵庫門口《もんぐち》町《ちょう》の素封家池長孟氏（二十六）であった。

池長氏は本紙の記事を一読するとともに深く牧野氏の境遇に同情して如何にしてもこの不遇の学者を見逸がすことは出来ぬ。元来自分は植物学に趣味を有し、斯道《しどう》の権威者《オーソリテー》としてその名を慕っていた牧野先生が懸る窮境《きゅうきょう》にあって外界の煩累《はんるい》に捉はれ学術上の研究発展を妨げらるるに至っては、牧野氏その人に取りてもまた、日本の学界に取りても遺憾この上なき次第なれば微力ながら救済の任に当たらん。〈中略〉

池長氏は件《くだん》の標本をその所有たる会下山《えげやま》の正元館《しょうげんかん》に備え付け、池長植物研究所を設けて追って一般に公開し且つ牧野氏の指導の下に将来は日本における模範的植物標本陳列所となし、大いに斯界に貢献する目的であるとは要するに牧野氏一人のためのみならず学界のためにも慶すべきことで真に感ずべき美挙《びきょ》と云ってよい。

因みに氏は神戸第一中学を卒業して第三高等学校に入り、それより今の京大法律科に入学し、一昨年父通《とおる》氏を喪いしが賢夫《けんふ》は生前頗る教育事業に熱心にして猛氏が今回の挙も賢父の遺志を継いだのであると云っているが、本紙の記事によってこの種の美挙が成立ったことを新春早々の紙上に報道し得るのもまた喜ばしきことである。

(『大阪朝日新聞』大正六年一月三日)

記事は、中央に池長孟と牧野富太郎の二人の顔写真を並べて大きく掲載し、富太郎が蒐集した一〇万点の植物標本を陳列する池長植物研究所が、近く一般に公開される運びであることを紹介した。

なお、池長植物研究所の建物は元は「正元館」と称し、教育家で知られた養父池長通が亡くなったとき、彼の功績を記念して建設された。そのため記事は、世界的植物学者・牧野富太郎と養父の遺志を継いだ青年素封家・池長孟による美挙として、このことを大きく報じたのである。

池長植物研究所の開所式は、大正七年(一九一八)一〇月三一日から三日間にわたって盛大に執りおこなわれた。翌日の『大阪朝日新聞』は、「珍味奇肴で驚かした池長植物研究所の開所式」という見出しで伝え、兵庫県知事、神戸市長、神戸師範学校校長など、政財界や教育界から多くの賓客が招かれ、山海の珍味でもてなされた。こうして再び、借金が支援者によって解消され、富太郎は危機を脱することができたのである。

富太郎は、神戸の池長植物研究所に集まった大勢の植物愛好家の前で月に一回の定期講演をおこない、これが横浜植物会や東京植物同好会につづき、関西で植物会が盛んに開催される契機となった。牛肉が大好物の富太郎は、神戸に来ると西村旅館（神戸市栄町三丁目に昭和二〇年まで存在した近代日本を代表する名旅館）の一番上等の部屋に泊まり、最高級の神戸牛のすき焼きを食べることが何よりの楽しみだったという。

しかし、当初植物標本を陳列し、一般公開する予定でいたが、富太郎の整理分類作業が一向に進まず、池長植物研究所の公開は伸び伸びとなった。さらに、富太郎の足が研究所から次第に遠のき、池長植物研究所は開店休業の状態になった。

そのころ、三万円の借財から逃れられた開放感からか、兵庫の色街福原（現在の兵庫区福原町）で遊興している富太郎の姿がたびたび見受けられた。そして、借金返済と研究支援のために池長家から提供された三万円の一部を富太郎が持ち出し、遊郭の長谷川楼ですでに数百円を費消《ひしょう》したことが噂になり、それが池長孟の耳に入った。

池長孟は富太郎に「花魁《おいらん》のいる格式の高い遊郭なら一晩で大金を使うこともあるだろうが、女郎屋紛《まが》いの長谷川楼で大金を使うのはさぞ苦労しただろう」と問い質《ただ》し、富太郎は返す言葉もなく、二人の関係は急速に悪化した。

長谷川楼での放蕩に加えて、さらに富太郎の神戸での悪行が露呈する。富太郎が神戸に宿泊する際は須磨にある別荘が使用され、富太郎の身のまわりの世話をするために池長家のメイドが常駐したが、富太郎がメイドによからぬ行為におよんだことが池長しまの知るところとなった。

養母しまは、猛を呼んで富太郎が犯した件の動かしがたい証拠を突きつけ厳しく詰問し、孟はしまの言い分を認めて今後富太郎への支援を打ち切る約束をする。こうして富太郎は、窮地を救ってくれた支援者を、自身の無分別な振る舞いから怒らせる結果を招いたのである。

渋谷の待合茶屋

大正八年、東京帝国大学理科大学は東京帝国大学理学部に改称したが、富太郎の講師の俸給は変わらなかった。これまで富太郎が経済的に絶体絶命の窮地に追い詰められると、不思議に岩崎久弥や池長孟などの義侠心に富んだ富豪が助けに現れ、困窮から救い出してくれた。しかし、大学の講師料のみに収入を頼っている限り、たとえ富豪が助けに現れたとしても早晩手元不如意な生活に戻ることは明らかだった。

その問題を解決するために、寿衛が本郷龍岡町（現在の文京区本郷七丁目）に菓子屋の店を出して商売をはじめたが、残念ながら根本的な解決にはつながらなかった。このとき寿衛は、素人ながら渋谷の荒木山で新たな商売をはじめることを決心し、富太郎に申し出る。かつて鍋島藩の荒木氏が渋谷の高台に所有した荒木山（現在の渋谷区円山町）はそのころ花街として賑《にぎ》わいを見せていた。寿衛はその地で待合茶屋（花街における貸席業）を営み、富太郎の研究を支えようと考えたのである。

寿衛は、渋谷荒木山の料理屋や芸者置屋、待合茶屋などが軒を連ねる花街に小さな一軒の家を借り、実家の別姓であった「いまむら」の看板を掲げて待合茶屋をはじめた。寿衛の目論見は見事に的中し、「いまむら」は渋谷荒木山の待合茶屋として認知され、評判となった。

「いまむら」の評判は東京帝国大学の学生や教職員の間でも広がった。このことで、「大学の先生のくせに待合をやるとは怪《け》しからん」と富太郎は多くの教授から批判され、教授会でもこの一件が問題となった。しかし富太郎は、何ら疚《やま》しいところはないと、これを無視した。

なぜなら寿衛の店が大学に迷惑をかけたことはいささかもなく、また多くの子どもを抱える牧野家にとって、金を得なければ家族の暮らしが成り立たない。そのため寿衛の店は、富太郎の研究を支えるためだけでなく、家族の生命と生活を守るために不可欠だったからだ。

このときの東京帝国大学理学部長は、五島清太郎（一八六七–一九三五）であった。五島清太郎は明治二〇年（一八八七）に帝国大学理科大学に入学し、箕作佳吉教授に師事して動物学教授となり、大正九年（一九二〇）に東京大学理学部長に就任した。五島部長は富太郎の状況をよく理解し、陰になり日向《ひなた》になり富太郎を擁護した。

ある日、五島部長は講師の富太郎を呼び、牧野夫人がどのような商売をおこなおうとも大学とは無関係である以上、本学としては一切干渉しない旨を告げた。しかし、富太郎がそのことを寿衛に話すと、寿衛は「私の店のことでお世話になっている五島部長にご心配をおかけするのは申し訳ない」といって、早々に店を畳む決心をするのである。

なお、渋谷荒木山は昭和に入ると京都の花街円山町にあやかって、渋谷円山町と改められた。近くに複数の大学があり、また世田谷下馬に陸軍兵舎ができたことも後押しして学生や若い軍人たちが渋谷界隈に屯《たむろ》し、その賑わいは衰えることなく今日につづいている。

関東大震災と武蔵野の自宅

大正一二年（一九二三）九月一日に関東大地震が起きたとき、富太郎は渋谷の荒木山にいた。このとき『植物研究雑誌』第三巻第一号は編集作業が終わり、最後の見本刷りの確認も済み、あとは配本を待つだけとなっていた。しかし、関東大地震後に発生した大火に飲み込まれて神田区美土代《みとしろ》町《ちょう》二丁目にあった印刷所三秀舎が全焼し、刷り上がったばかりの『植物研究雑誌』第三巻第一号はすべて焼失した。残ったのは富太郎の手元にあった見本刷りの七部だけだった。だが、幸いにも標本や文献は災禍を免れることができた。

震災後、寿衛は富太郎に向かって、都会は人家が密集しているために一度火災が起これば規模が大きく、貴重な標本や文献がいつ灰燼《かいじん》に帰すかもわからない、と話を切り出した。そのため東京郊外の田舎の雑木林のまん中に一軒家を建て、その資金には渋谷荒木山の待合茶屋で稼いだ売り上げのすべてを充て、さらに将来は家宅の隣に植物標本館を建て、ゆくゆくは近くに大きな植物園を創りたい、と彼女は壮大な夢を語った。

これまで牧野家では何かを決める際、富太郎が言い出し寿衛がそれに従う夫唱婦随でおこなってきたが、このときばかりは珍しく寿衛が言い出した。場所は、渋谷から西の郊外に位置する武蔵野の大泉にあった七〇〇坪の土地に決まった。七〇〇坪はいくらなんでも広すぎるのではないかと言う富太郎に対して、寿衛は、将来この土地に牧野記念館を建てて植物標本や植物図を展示公開したい、そのためには七〇〇坪でも狭いぐらいだと言って押し切った。

大正一五年（一九二六）五月三日、東京府北豊島郡大泉村上土支田五五七番地（現在の練馬区東大泉六－三四－四）の武蔵野の雑木林が茂る七〇〇坪の土地に、二階建ての木造家屋が完成した。一階は南向きの縁側に面して二部屋の和室と茶の間があり、縁側は標本作業ができるよう広めに作られるという配慮がされていた。玄関横には洋室（貴賓室）と書生部屋、茶の間の奥には女中部屋が備えられた。さらに二階は富太郎の仕事場で占有され、書斎と書庫が配された。そのすべてが寿衛の夢の結実であった。

この終の住み家が建った翌年（一九二七）、富太郎は理学博士の学位を受けた。

そもそも富太郎は、学歴や肩書きを持つことを好まなかった。むしろ何の肩書きも持たない一介の研究者が、理学博士や大学教授と呼ばれる人びとと対等に論戦を戦わせ、大きな成果を挙げることに喜びと誇りを感じていた。そのため、理学博士にしてやるから早く論文を提出しろと親しい教授に言われても、富太郎は三〇年間頑《かたく》なに意地を張ってそれを断ってきた。

富太郎がいつまでたっても学位を取らないことに業を煮やした池野成一郎東京帝国大学理学部教授と三宅驥一《きいち》（一八七六－一九六四、昭和七年同教授）同助教授は、後輩が学位を持っているのに先輩が持っていないのは都合が悪いと言って、学位論文を大学に提出するよう富太郎に働きかけた。

しかし富太郎には、まだ研究しなければならない植物が山のように残っていた。しかもこのとき富太郎は、教授の定年とされる六五歳を迎え、あと何年研究できる期間が残されているか分からないなかで、貴重な時間を学位論文の執筆のために使うことに抵抗しつづけた。

そういう富太郎に対して池野教授と三宅助教授は、かつて富太郎が『植物学雑誌』に連載した「日本植物考察」を主論文とする学位請求論文を教授会に提出することを半ば強引に説得し、富太郎はこれを不承不承、承諾する。こうして東京帝国大学理学部講師の富太郎は、文部大臣の認可を得て、昭和二年（一九二七）四月一六日に理学博士の学位を受けた。それにともない、富太郎の給料は一二円昇給した。

これまであらゆる権威に抗ってきた富太郎は学位記を手にし、その感懐を心の揺れるままに次の歌に詠んだ。

鼻糞と同じ太さの十二円　これが偉勲のしるしなりけり

とつおいつ受けし祝辞と弔辞の方へ　何と答えてよいのやら

両親のなきあと酒造る父祖の　業をほしいまゝに廃《や》めてその産を使い果たせし我なれば
早く別れてあの世に在《い》ます　父母におわびのよいみやげ

寿衛の死とスエコザサ

昭和二年（一九二七）一一月二三日から四日間にわたって、札幌の北海道帝国大学でマキシモヴィッチ生誕百年祭が開催された。富太郎はこれに参加し、「マキシモヴィッチ博士追憶談」をテーマに講演をおこなった。その帰途、仙台に立ち寄り、東京帝国大学理学部植物学教室での教え子の岡田要之助（一八九五－一九四六、大正八年東京帝国大学理学部植物学科卒業）東北帝国大学理学部助教授の家宅に泊まった。

一二月一日の朝、富太郎は岡田助教授や東北帝国大学理学部植物学科の助手であった木村有香《ありか》

（一九〇〇－一九九六、大正一五年東京帝国大学理学部植物学科卒業）らを案内役に、植物採集に出かけた。目的の植物は、仙台市の中央を流れる広瀬川流域の三居沢《さんきょざわ》に自生する珍しいササである。

ササ類は、南千島列島から日本列島にかけてと東部ヒマラヤおよび北米の一部に自生するが、種類と量の豊富さからその中心は日本列島にある。日本では注目される機会の少ないササだが、じつは日本は世界的に貴重なササ類の宝庫なのである。

岡田や木村の案内で、富太郎は三居沢のササの群生地に着いた。そこに自生するササは、葉の片側が葉の裏に向かって僅かに巻いており、明らかに普通のササとは異なっていた。新種のササであると確信した富太郎は、そのササを丁寧に採取して東京に持ち帰った。

富太郎が学位を取得し、仙台で新種のササを発見した昭和二年の末、寿衛はたびたび下腹部の痛みを訴え、本郷の東京帝国大学医学部付属病院に入退院を繰り返した。入退院を繰り返した理由は、病状が一時的に回復したからではなく、入院費が払えなくなり、寿衛が自主的に退院したためである。

翌三年一月一八日、寿衛の症状は再び悪化し、東京帝国大学医学部の青山胤通《たねみち》（一八五九－一九一七）外科主任教授の病棟に緊急入院する。

『牧野富太郎植物採集行動録』（山本正江・田中伸幸編、高知県立牧野植物園発行）に、富太郎の行動が詳細に記録されている。その資料を取り寄せて寿衛が緊急入院した昭和三年一月以降の富太郎の行動を確認すると、富太郎が本郷の大学病院を見舞ったのは、寿衛が緊急入院した翌日の昭和三年一月一九日と二月一五日と翌一六日の合計三回である。三回目の二月一六日は富太郎は病室で泊まったことが『牧野富太郎植物採集行動録　昭和編』（一三頁）に記されており、このころ寿衛の容態が悪化したと思われる。

その後、寿衛の容態は一時的に落ち着いたのか、四回目に富太郎が病院を訪れたのは前回の見舞いから一週間後のことであった。しかし、それが寿衛との永訣《えいけつ》の日となった。昭和三年二月二三日未明、寿衛が亡くなったという知らせを受けて本郷の病院に駆けつけた富太郎は、妻の死を自叙伝で、思いのほか手短にこう記している。

昭和三年二月二十三日、五十五歳で妻寿衛子《すえこ》は永眠した。病原不明の死だった。病原不明では治療のしようもなかった。世間には他にも同じ病の人もあることと思い、その患部を大学へ差上げるからそれを研究してくれと大学へ贈った。

妻が重態の時、仙台からもってきた笹に新種があったので、私はこれに「すえこざさ」と命名し、「ササ・スエコヤナ」なる学名を附して発表し、その名は永久に残ることとなった。この笹は、他の笹とはかなり異なるものである。私は「すえこざさ」を妻の墓に植えてやろうと思い、庭に移植して置いたが、それが今ではよく繁茂している。

（『牧野富太郎自叙伝』長嶋書房、一九五六年）

寿衛は自分の稼ぎで大泉に永遠の住み家を建ててから、僅か三年後に他界した。病名は子宮癌と推察される。寿衛が亡くなる昭和三年は、その前年に富太郎が理学博士の学位を得て、いよいよこれから努力が報われるという矢先のことであった。

太平洋戦争最中の昭和一八年、八一歳の富太郎は亡き妻を回想し、次のように記している。

死んだ家内の話を申し上げて見たい。何故ならば私が終生植物の研究に身を委ねることの出来たのは何といっても、亡妻寿衛子のお蔭が多分にあり、彼女のこの大きな激励と内助がなかったら、私は困難な生活の上で行き詰って仕舞ったか、あるいは止むを得ず商売換えでもしていたかも知れませんが、今日思い返して見てもよくもあんな貧乏生活の中で専ら植物にのみ熱中して研究が出来たものだと、われながら不思議になることがあります。それほど妻は私に尽してくれたのです。債権者が来てもきっと妻が何とか口実をつけて追っ払ってくれたのでした。いつだったか寿衛子が何人目かのお産をしてまだ三日目なのにもう起きて遠い路を歩き債権者に断わりに行ってくれたことなどは、その後何度思い出しても私はその度に感謝の念で胸がいっぱいになり、涙さえ出て来て困ることがあります。実際そんな時でさえ私は奥の部屋でただ好きな植物の標本いじりをやっていることの出来たのは、全く妻の賜であったのです。

寿衛子は平常、私のことを「まるで道楽息子を一人抱えているようだ」とよく冗談にいっていましたが、それはほんとうに内心そう思っていたのでしょう、何しろ私は上述のような次第でいくら借金が殖えて来ても、植物の研究にばかり毎日夢中になっていて、家計の方面では何時も不如意勝ちで、長年の間妻に一枚の好い着物をつくってやるでなく、芝居のような女の好く娯楽は勿論《もちろん》何一つ与えてやったこともないくらいであったのですが、この間妻はいやな顔一つせず、一言も不平をいわず、自分は古いつぎだらけの着物を着ながら、逆に私たちの面倒を、陰になり日向になって見ていてくれ、貞淑に私に仕えていたのです。

（『植物記』牧野富太郎、桜井書店、一九四三年）

富太郎は寿衛の苦労に心からの感謝を込めて献名し、新種のササの名を「スエコザサ（寿衛子笹）」とした。

植物の学名に妻の名をつけた植物学者は、以前にもいた。日本に最初に植物学の種を蒔いたシーボルトである。シーボルト（当時二九歳）は植物採集で日本に滞在中、長崎の遊女其扇《そのおおぎ》（本名滝、当時一七歳）に一目惚れし、ドイツの両親に結婚を連絡する手紙を書き送った。その後、シーボルトと滝の間に長女稲《いね》が生まれ、シーボルトはさらに精力的に日本の植物を採集し、研究した。しかし、文政一一年（一八二八）九月のシーボルト事件（日本地図の持ち出し未遂事件）を受けて、シーボルトは国外永久追放となる。

単身ドイツに帰国したシーボルトが、日本から持ち帰った植物標本のうち、最も愛した花が日本原産のアジサイだった。彼は長崎の寺の境内で採取した空色のアジサイの学名に「ハイドランジア・オタクサ（*Hydrangea otaksa*）」と名づけ、ミュンヘン大学植物学教授ヨーゼフ・ゲアハルト・ツッカリーニ（Joseph Gerhard Zuccarini, 1797-1848）との共著『日本植物誌（Flora Japonica）』全二巻（ライデン一八三五－一八七〇年刊）に掲載した。なお、「ハイドランジア（*Hydrangea*）」は「紫陽花」の意、

「オタクサ（*otaksa*）」はシーボルトが愛妻の名を呼ぶときの「お滝さん」の発音を表している。

しかし後年、アジサイには「ハイドランジア・マクロフィラ（*Hydrangea macrophylla*）」という学名がすでにつけられていたことが判明し、シーボルトが名づけた「オタクサ」は幻となったのである。

富太郎が命名した「スエコザサ」は、イネ科アズマザサに属する変種で、宮城県以北の本州に稀に自生する。草丈は一・五メートルほどあり、アズマザサと同様に一節より一枝を分枝する。なお、正式な学名は「ササエラ・ラモサ・スエコアナ（*Sasaella ramosa var. suwekoana*）」であり、「ササエラ（Sasaella）」は「ササ属」、「ラモサ（ramosa）」は「枝のある」、「スエコアナ（suwekoana）」は「寿衛子」の意である。

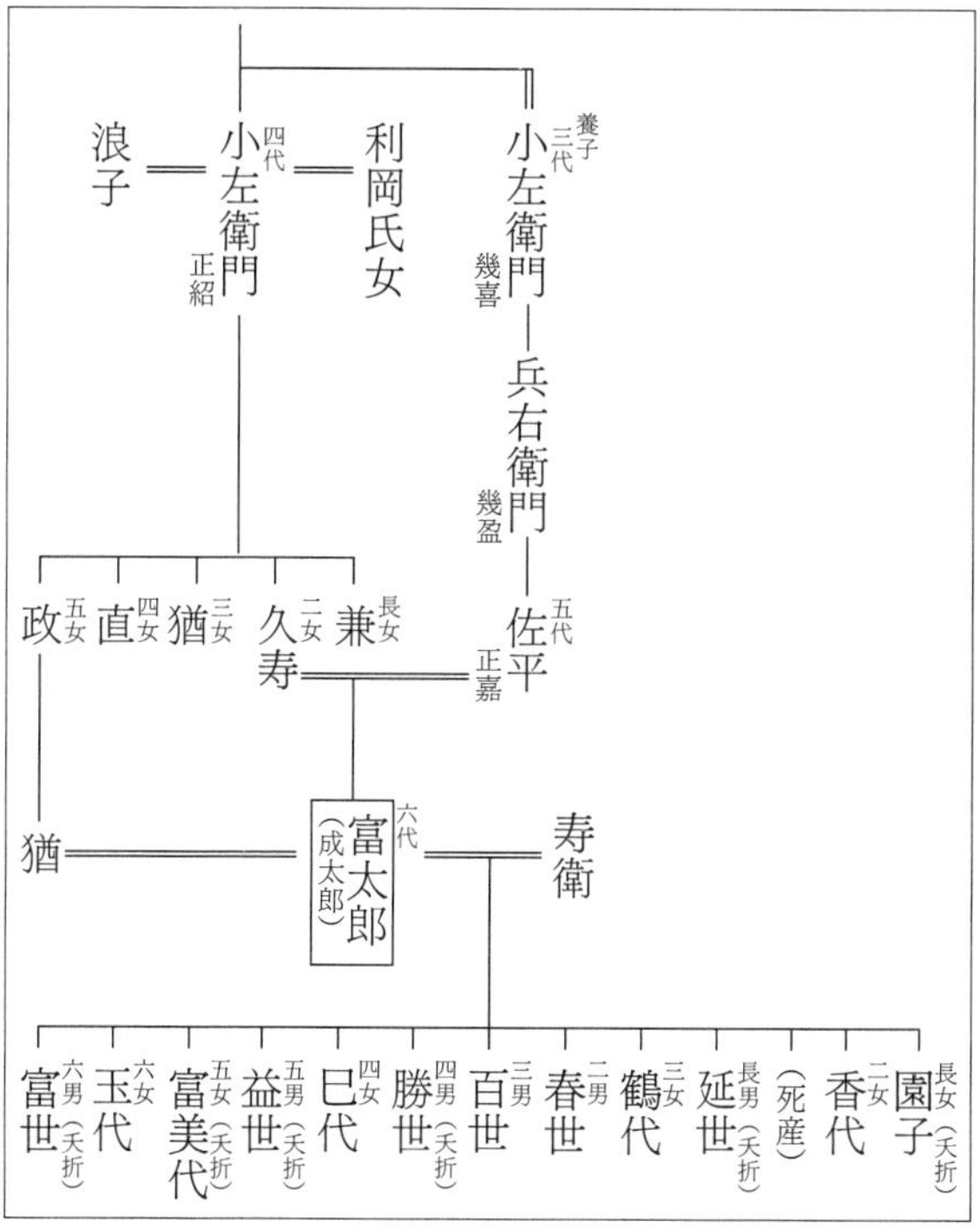

▲牧野家系図（資料提供＝佐川町立青山文庫）

なお、富太郎と寿衛は一三人の多くの子宝を授かった。そのうち長女園子をはじめ長男延世、四男勝世、五男益世、五女富美代、六男富世ら七人（うち一人死産）が不幸にも夭折した。しかし子煩悩な富太郎と寿衛は、亡くなった子どもたちの分も残された子どもたちに愛情を注ぎ、二女香代、三女鶴代、二男春世、三男百世、四女巳代、六女玉代の二男四女を成人に育て上げた。

朝日文化賞に輝く

昭和九年（一九三四）に刊行開始された『牧野植物学全集』（誠文堂新光社）は、昭和一一年に完結した。翌一二年一月一〇日、朝日新聞社は『牧野植物学全集』全七巻の刊行に対して昭和一一年度朝日文化賞を授与することを発表した。受賞の背景には、長年にわたる富太郎の一〇〇〇種を超える新種命名や植物学普及活動の貢献があり、その集大成として『牧野植物学全集』を完成させたことが大きい。

左は、朝日文化賞の受賞者発表を報じる『東京朝日新聞』（昭和一二年一月一〇日付）の記事である。

不撓の努力に栄光「文化日本」の珠玉

「文化日本」のため絶大なる貢献をなした功労者として一月二十五日東京朝日新聞社において昭和十一年度の「朝日賞」を贈呈された。〈中略〉光躍あるその栄誉を獲得したのは全く人力を尽くしての苦心と不屈の努力の結果にほかならぬ、燦然《さんぜん》として輝くその世界に誇るべき業績の跡をここに辿って見たい。

世界に名声嘖々日本植物の父、国宝学者・牧野博士

日本植物の新学名の大多数は牧野博士の命名にかかるもので、日本の植物学のこの方面では殆ど博士の独り舞台の観があった。即ち現在学名の知られている日本の高等植物（草木）は約六千種あるが、その中半分は欧米の学者の命名にかかり、博士が命名した新種一千を越え、新変種および新に改訂した学名を加えれば一千五百に達している。従って世界の植物分類学者で牧野博士の名を知らぬものは殆どない。

博士の植物に対する熱愛は非常なもので暇さえあれば絶えず山野を歩渉《ほしょう》し、七十六歳の今日、なお矍鑠《かんしゃく》たる元気と一植物学徒の熱意を以て採集に努めている。従って六千の日本の植物全部の学名を暗記しているのみならず、落葉の形態から花の色、大きさ、形、果実等に至るまで一つとして知らないものはなく、その博覧強記《はくらんきょうき》と豊富な学識には時々来朝する欧米の植物学の大家も脱帽するほどである。博士の如きは植物の知識に於ての第一人者たるは勿論のこと全世界、古今を通じて百年に一人出るか出ないかといはれるほどの博物聖であって、真正の国宝的学者といっても過言でない。

現在各帝大その他の学校、研究所にいる数十名の植物分類学者を始め、全国に分散している植物同好者数百名は直接間接に博士の指導を受けた門下生といってもよいものである。博士が日本植物分類学の創設者、日本植物研究の第一人者たるの功績は没すべからざるものであるが、同時に日本の植物分類学者の大多数に親切に手ほどきして、養成した功労も亦甚大なるものであるといわねばならない。

博士は最近、過去五十年前の研究集大成として『牧野植物学全集』を完成し、これを十一月に刊行されたが全巻何れも本邦植物界に印せられた博士の偉大な足跡を物語るもので本社はこの全集完成を機として牧野博士の偉大なる業績を顕彰するものである。

（『東京朝日新聞』昭和一二年一月一〇日）

朝日文化賞の受賞者発表の新聞報道につづいて、同一月二五日午後四時から朝日新聞本社貴賓室で贈呈式がおこなわれた。

東京帝国大学講師牧野富太郎理学博士、大阪帝国大学助教授岡部金治郎（一八九六－一九八四、マイクロ波発生装置開発者）工学博士、第一次満豪学術調査研究団団長徳永重康（一八七四－一九四〇、日本古生物学会会長）工学博士の順に、朝日文化賞の賞牌と副賞の賞金三万円が贈呈された。

富太郎が受けた賞牌には、「本邦の植物分類に専念すること五十年、この全的努力は遂に昭和十一年十一月牧野植物学全集を完成しわが植物学界に貢献すること多大なり、右貴下の功績を賞讃し本社朝日文化賞規定により表彰候也」と刻まれていた。

つづいて午後六時から本社講堂で記念講演会がおこなわれた。朝日新聞社の上野理一（一八四八－一九一九）社長、緒方竹虎（一八八八－一九五六）主筆以下、多くの社員の聴衆を前に、富太郎の推薦者として式に列席した三宅驥一東京帝国大学教授が演台に立って、次のように述べた。

「先輩、牧野博士は文久二年の生まれで今年七十六歳、植物に名をつけた業では正に世界の第一人者です。実は私は最近まで世界で二、三人しかいない学者の一人だと思っていたのですが、前後三回の欧米旅行で外国第一流の学者をテストしてみるというのも変だが、いろいろ話してみた結果では、実に世界一でした」。

会場に笑いと拍手が響くなか、三宅教授に代わって、受賞者の富太郎が登壇し、開口一番得意の都々逸《どどいつ》を披露した。

「沈む木の葉も流れの工合、浮かぶその瀬もないじゃない」。次いで富太郎はこう語った。

「私は貧乏して苦しんで研究をつづけてきましたが、今この公正な賞に与《あずか》って誠に嬉しく思います。残念なのはこの喜びを我が糟糠《そうこう》の妻と分《わ》かつことができないことです。妻は十年前に死にました。お産をして三日も経たぬのに借金の申請《もうしう》けに出かけてくれたあの妻とともにこの喜びを分かちたかった。私は幸いにして非常に健康に恵まれているから七十六歳とはいってもまだまだこれから研究がつづけられるような気がします。今回頂いた賞金は決して自分のために使わず、今まで集めた幾十万の植物標本整理の費用に充てるつもりです。これが他日私の朝日新聞に対する御礼のしるしになると思います」と。

第五章

草を褥に

東大教授陰謀説

昭和一四年（一九三九）五月二五日、この日富太郎は四七年間勤めた東京帝国大学理学部に辞表を提出し、辞任した。大学内で起きた事件のために報道が遅れ、第一報が報じられたのは辞表提出から一週間後の六月一日付『東京朝日新聞』夕刊紙上だった。

〝植物〟の牧野博士、大学から隠棲、半世紀の教壇に訣別

牧野博士は去る二十五日東大理学部長を訪い辞表を提出したのだが、老博士の辞意には大学当局との間にちょっとした経緯《いきさつ》があった。これは数日前東大理学部長の使という人が博士を訪れ辞表の提出をそれとなく求めたのだ。独学で築きあげた世界的学者、月給七十五円の牧野講師が大学を去るとの話は今までも伝えられたことはあるが、この突然の来客に接した博士は日頃に似合わずかなり憤激、早速辞表提出に至ったのであるが当の博士はこの間の事情については一切語らず。

学校では終始圧迫の連続でした。この圧迫に抗して今日までふん張って来られたのは全く奇跡的です。大学出というのではなく畑違いの全く縁故の無い私如きものが四十七年という長い間居られたというのは不思議議です。長い間場所をふさいでいたので学校でも困ったことでしょう。新

しい人がどん〳〵出て来たし後輩に道を拓くために一年前頃からこの春に辞めるとは屡々《しばしば》言っては来たんですが——とにかく二十五日に態々《わざわざ》出かけて辞表を提出して来ましたよ。色々な事情はあるのですがネ。

と語るだけの博士。十年前にも理学部教授間で博士追い出しの策動があり、一方に反対の猛運動が起って揉《も》めたことも思い出される。

(『東京朝日新聞』昭和一四年六月一日夕刊)

富太郎は昭和一四年五月二五日、東京帝国大学理学部寺沢寛一(一八八二―一九六九、大正七年東京帝国大学理科大学物理学教授)部長に先述のとおり辞表を提出した。それはその数日前、寺沢理学部部長の使いと称する者が東大泉の富太郎の家宅を訪れ、大学に辞表を提出するよう要請したことを受けての行動であった。

これまでも大学からさまざまな嫌がらせや妨害を受けながらも、長きにわたり忍耐強く大学に勤めつづけた富太郎にしては、意外にあっさりとした結末だった。学歴社会に対する積年の恨みを原動力に植物学の研究に心血を注いできた富太郎は、七七歳の老境に入って急に大学が馬鹿らしくなり、勢いに任せて辞表を提出したのかもしれない。それは富太郎の宿怨を晴らす結果ともなった。

牧野講師が辞職したことを知った朝日新聞は、牧野辞職の真相を富太郎にインタビューし、先に紹介した「〝植物〟の牧野博士、大学から隠棲、半世紀の教壇に訣別」の見出しをつけて報道した。その記事を読んで牧野博士が東大を追われたことを知った多くの読者は博士に同情し、大学に抗議の声が殺到した。

業績著しい牧野博士がなぜ大学を辞めなければならないのか。愛すべき老学者を大学から追放したのは誰か。そもそも東大には多くの教授がいるが、高名な牧野博士をいままでなぜ教授にしなかったのか。

多くの人びとの声が大学や新聞社に寄せられるなか、当の富太郎は沈黙を守った。それから一七年を経て上梓した自叙伝で、大学を辞任した年の昭和一四年（一九三九）七月二五日に『東京朝日新聞』が掲載した記事を富太郎自身が手稿して再録した。左記は『牧野富太郎自叙伝』に収められた「学内事情」からの一節である。

これは昭和十四年七月二十五日「東京朝日」に掲載されたものである。

四十七年勤めて月給七十五円、東大を追われた牧野博士
深刻な学内事情の真相をあばく

わが植物学界の国宝的存在牧野富太郎博士が四十七年間即ち半世紀の長きにわたって奉職していたその東大の植物学教室から今度追われる如く、或《あるい》は自ら追ん出る如くにして、老の身を教壇から退かなければならなかったというニュースほど、このごろの学界に様々の話題と深刻な疑問を投げかけたものはない。記者はその間のいきさつ或はその背後にある大学の内部事情、学閥などについて知り合の或学界通B君にくわしく質問して見たから読者諸君の御参考のために以下問答体でその話をなるべく正直に御紹介しよう。Aはむろん質問者たる記者である。

Ａ　さっそくながら今度の牧野博士事件についての真相を聞かせてもらいたいね。一体博士はなぜ辞表を出したんだ？

Ｂ　それは、ちょっと簡単に言えないね。博士ももう七十八歳の高齢だ。したがって後進に道をゆずるため、去年頃から適当な機会に大学を辞めるだろう、というような噂は一般にあったし、実際は博士自身にさえその腹はあったらしいんだ。

Ａ　それにしては新聞で見ると、今度という今度は、博士も大分怒って辞表を出したらしい形跡じゃないか？

Ｂ　まあ待て待て、先を急ぐなよ。むろん、今度の場合は、さしも平常はのんき一本槍で通って来た牧野先生も、カンカンに怒ったんだよ。それもぼくから言わせれば無理のない話だ。なぜって新聞にもちょっと出たから、君も大体知っているだろうが、五月の或る日のことだ。あの東大泉の雑木林の中の博士の陋屋《ろうおく》へ、はるばると東武電車に乗って東大理学部長寺沢寛一先生の代理なる者が、博士に面会にやって来たんだよ。それで博士が、ていちょうに上げて見ると、それが何と理学部植物学教室のただの事務員（著者註、この時使いしたのは植物学教室の助手Ｍ・Ｓの二氏であった）なんだ。そして何を言い出すかと思うと、あの無邪気でのんきな老先生に向って、先生は、もう、先日来、適当の機会に辞表を出したいと言っておられたが、大学でも待っているから、早い方がいい、今日辞表を出してくれないか、という主旨の申込みなんだ。

しかもその間には、七十八歳の高齢の博士に対して、ずいぶん、失礼な言辞《げんじ》があったらしい。それで、さしも日頃のんきな老先生も、カンカンになって、その無礼に対し怒り出し、また博士の家のおとなしいお嬢さんも、となりの部屋でただ聞いているには忍びなくなって飛び出し〝何という失礼なことをあなたは老人になさるんです！　お帰りなさい、お帰りなさい！〟と、とうとう大声で泣き出してしまったという秘話まであるんだ。そこで、若い事務員は、ほうほうの態《てい》たらくで、大学へ逃げ帰ったんだが、一本気の牧野先生は、もう腹の虫がおさまらないで、サッサと辞表を提出してしまったんだ。博士も先日東大で発表したように、どうせ、もう大学を辞めてもいいと思っていたし、御自身は大学に対しては、ちっとも未練はなかったんだよ。ただ同じ辞めるにしても、大学がもっと博士に礼儀をつくしてくれればよかったんだね。

のみならず、博士が辞職の決意をして大学へあいさつに行くと、当の理学部長の寺沢寛一先生は、肝心の事務員事件をあまり御存知ないらしいんだ。それでとうとうこの事件は植物学の某教授の博士追出し策に過ぎない、という疑惑がようやく濃厚になり、世間でもその教授に対して〝忘恩教授〟などと陰口をきくようになったんだよ。（『牧野富太郎自叙伝』長嶋書房、一九五六年）

大学から辞表を提出するよう幾度も誘導され、それらの嫌がらせに長年堪えて、大学に居座りつづけた富太郎だが、何も事情を承知していないと思われる使いの者から辞表を提出して欲しい旨を不躾《ぶしつけ》に催促され、これまで柳に風で受け流してきた富太郎もさすがにこのときばかりは怒り心頭に発し、勢いに任せて辞表を書いた。富太郎はいつものスーツ姿で登校し、辞表を携えて寺沢理学部長に挨拶に行くと、寺沢部長は富太郎が提出した辞表を見て驚く。数日前、寺沢の代理と称して牧野宅を訪れた二人の使いの者は、寺沢の代理ではなかったのである。その瞬間、富太郎にはこの謀略を企てた張本人が誰であるか分かったに違いない。

富太郎を東京帝国大学から追い出したのは誰か？　私は寺沢寛一理学部長の代理として東大泉の牧野宅を訪れた二人の助手を調べたが、昭和一四年当時、東京帝国大学理学部植物学教室にMあるいはSのイニシャルの助手は存在しない。もっとも実際のイニシャルを記せば直ちに特定できるため、故意に避けた可能性もあり、また、助手ではなく大学の事務員であった可能性も否定できない。

さらに調べをつづけたが、大学の内部で起きた出来事のために、富太郎を大学から追い出した張本人をはっきりと特定することはできなかった。しかし、その過程で、気になる新聞記事が目に留まった。記事は、富太郎が辞表を提出した七日後の昭和一四年六月一日の『東京朝日新聞』夕刊に、東京帝国大学理学部長寺沢寛一と東京帝国大学理学部植物学科主任教授中井猛之進《なかいたけのしん》による牧野辞任に対する談話として掲載されていた。

〝御多幸を……〟両博士の談

牧野博士辞表提出に関し東大理学部長寺沢寛一博士、植物学科主任教授中井猛之進博士の両氏は研究室で交々《こもごも》語る。

辞表は出されてはいるが――決してその間に大学なり理学部なりが非難を受ける筋合いは無いと信ずるよ。あの方は確かに世界的学者だし一種の〝天才〟とも称すべき人だが世間でも知っている様にいろんな方面で奔放不羈《ほんぽうふき》な肌合いの所有者なのだ。それに純情の博士をとりまく人人に種々問題もあるが今度の辞表の真相は――牧野博士は三年程前から「辞める、辞める」と言っておられたのだ。「いつ辞められるのか」というので某氏が本当の気持を聞きに行ったのだが、博士の方から「辞表を求めに来たのか」と切出され、こういう事になったのだ。この際博士のこれからの御多幸を祈るのみ。

（『東京朝日新聞』昭和一四年六月一日夕刊）

右の記事で、どの箇所が寺沢部長の談話で、どの箇所が中井主任教授の談話かを識別することはできない。しかし、今回の富太郎の辞表提出は、富太郎の行動様式を熟知した者による周到な計算によって誘導された結果であったことが推察される。

なお、東京帝国大学から牧野講師を追い出した主導者として当時取り沙汰されたひとりに、新聞記事上で理学部長と「談話」をしていた東京帝国大学理学部中井猛之進（一八八二－一九五二）植物学科主任教授がいる。中井猛之進は、明治四〇年（一九〇七）に東京帝国大学理科大学植物学科を卒業後、大正二年（一九一三）に朝鮮総督府より朝鮮植物調査を嘱託され、朝鮮半島の植物相を広く調査研究し、昭和二年（一九二七）に学士院賞を受賞した。またアメリカ、フランス、スウェーデンに留学中に在外の日本産植物の基準標本を詳細に精査し、昭和二三年に東京大学名誉教授、翌二四年に国立科学博物館館長などを歴任した人物である。

さて、中井猛之進の経歴を丁寧に調べると、中井誠太郎（一八四五－没年不詳）の長男として明治一五年（一八八二）一一月九日に岐阜県厚見郡岐阜町に生まれている（本籍は山口県美祢郡綾木村）。明治三七年に山口県立山口高等学校を卒業後、東京帝国大学理科大学に入学した。大学では松村任三第二代植物学教授（大正一一年退任、昭和三年没）の薫陶を受けながら植物分類学を学び、明治四一年助手、大正六年講師、大正一一年助教授、昭和二年教授と順次昇進し、「牧野を辞めさせてから辞める」と豪語して憚《はばか》らなかった松村教授の愛弟子《まなでし》として指導を受け、植物学教授に就任した。

一方、中井教授の実父中井誠太郎の経歴を詳しく調べると、中井誠太郎はじつは明治初期（一八八〇年代）まで堀誠太郎《ほりせいたろう》と名乗っていたことが分かった。堀誠太郎は、明治三年（一八七〇）一二月に文部省の官費留学生として米国アムファースト農科大学で学び、米国留学中の矢田部良吉（のち理科大学初代植物学教授）と親しく交友した。明治七年に帰国し、北海道開拓使御用掛、札幌農学校教授などを歴任した後、明治一七年九月に矢田部教授に請われて東京大学理学部御用掛として小石川の東京大学理学部付属植物園に出仕した。明治一九年四月に帝国大学理科大学二等書記を任ぜられ、翌二〇年六月六日に理科大学舎監を兼務しながら矢田部教授を補佐しつづけた。

しかし明治二四年三月三一日、矢田部教授は帝国大学から非職を命じられ、それと同時に小石川の植物園管理の職を免じられた。このとき、書記であった堀誠太郎（のち中井に改姓）も非職となり、矢田部教授とともに大学を辞職したのだった（大学への抗議の意でみずから辞したとも推察される）。

そのため、中井猛之進が矢田部良吉と実父中井誠太郎の私憤を継いだとしても不思議ではない。なお、中井誠太郎は明治二四年六月四日付けで帝国大学を辞職したのち、郷里に戻り山口農学校（現在の山口県立山口農業高等学校）の教師となった。

当時、富太郎は大学を辞した原因を一切語らなかった。しかし後年富太郎は、死の前年に著した自叙伝で、彼を大学から追放した〝忘恩教授〟の名を告げる代わりに先に記した当時の『東京朝日新聞』（昭和一四年七月二五日付）の記事をそのまま手稿し再録した。そのことは、富太郎が某植物学教授による追い出し策を含めた記事の内容を追認し、大学に辞表を提出したことは本意ではないということを雄弁に物語っている。

ながく住みしかびの古屋をあとにして　気の清む野辺に吾れは呼吸せむ

後年、富太郎は自伝的随筆『植物記』（桜井書店、昭和一八年）の「私と大学」の章の最後に、右の句を詠んだ。その句から、カビ臭い教室から逃れて、久しぶりに自然のなかで深く呼吸をする富太郎の、清々とした伸びやかな気分が伝わってくる。

翌一五年一〇月二日、富太郎の畢生の代表作『牧野日本植物図鑑』の初版が北隆館から発刊する。その一年前のちょうどこのころ、富太郎はその大著『牧野日本植物図鑑』の校正作業の追い込みの最中にあった。

植物図鑑ブームの仕掛け人

少し時間をまきもどすが、明治の末から昭和にかけて多くの植物図鑑が刊行された。その植物図鑑の名編集者として当時知られた人物に、村越三千男（一八七二－一九四八）がいる。村越三千男が最初に手がけた植物図鑑は、牧野富太郎を校訂者に冠した『普通植物図譜』（牧野富太郎校訂、東京博物学研究会編、積文社、明治三九年）である。村越はその後も『野外植物之研究　正・続』（牧野富太郎校訂、東京博物学研究会編、参文舎、明治四〇年）、『植物図鑑』（牧野富太郎校訂、東京博物学研究会編、参文舎、明治四一年）と、校訂者牧野富太郎と編集者村越三千男による植物図鑑を立てつづけに出版し、植物図鑑ブームの仕掛け人となった。

村越三千男は、明治三七年の三二歳まで中学校で美術と図工を教える教諭であり、植物学とはまったく無縁だった。その村越がなぜ植物図鑑の編集者になったのか。その理由は、村越が中学校の教諭をしていたとき、知り合いの小学校の教諭から明かされた野外実習の実態にあった。

ある小学校の先生が生徒たちと一緒に野外実習に出かけた先で植物観察をしていると、一人の生徒が美しい花を摘み取って先生にその花の名前を尋ねた。しかし先生はその花の名前が分からず答えることができなかった。また別の生徒も花を摘んできて名前を尋ねるが、その花の名前も分からず、さらに別の生徒が花を摘んできて名前を尋ねたがそれも分からず、答えに窮してしまった。その結果、先生は、「名のないただの雑草だ」と言って生徒たちを失望させた――。このようなことが、小学校の野外実習では常に起きていたという。

そういう話を実際に見聞きしていた村越は、「難しい理屈は抜きにして、是非一つ極く普通的な植物図譜を発行して大いに小学校先生方の参考書として役立つものをつくりたい」と思い立ち、植物の名前が分かる教員用の簡易な手引き書として、携帯可能な植物図鑑の制作をめざしたのである。

村越三千男は、明治五年（一八七二）生まれで、富太郎より一〇歳年下である。埼玉師範学校（現在の埼玉大学教育学部）を卒業し、旧制埼玉県立熊谷中学校（現在の埼玉県立熊谷高等学校）の教諭として美術・図工などを教えていたが、自然観察会などで学校教諭の参考書として役立つ植物図鑑を刊行するため、明治三七年に中学校教諭を退職して上京する。

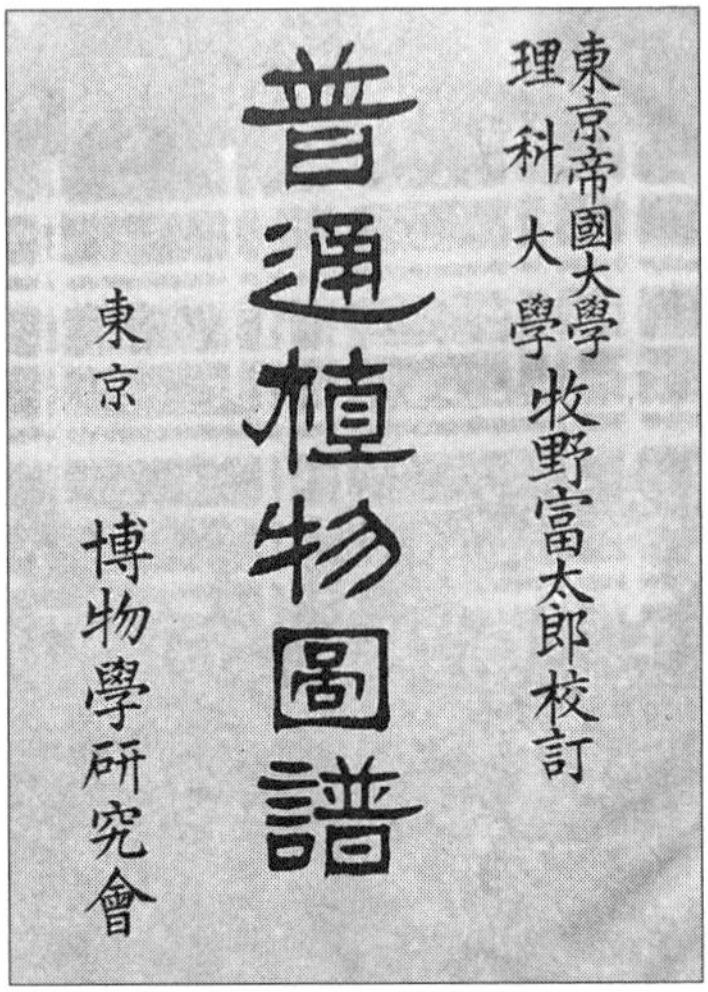

▲「東京帝国大学理科大学牧野富太郎校訂」を表紙に掲げた『普通植物図譜』全5巻合本（牧野富太郎校訂・東京博物学研究会編、積文社／国立国会図書館蔵）

東京で複数の出版社に植物図鑑の出版企画を持ちかけたが、どの出版社からも異口同音に「売れない」と言われ、断られた。困った村越は仕方なく自家出版を決意し、取りあえず京橋区木挽町（現在の中央区銀座）に「東京博物学研究会」という小さな編集事務所を設立し、その代表になった。そして植物図鑑に掲載するための植物を東京近郊で採取し、採取した植物を木挽町の事務所で写生して植物図を制作し、植物図に添える解説文を執筆した。原稿がほぼ揃ったころ、村越は東京帝国大学理科大学の助手であった牧野富太郎に校訂の協力を打診し、富太郎はこれを快諾した。

書名は『普通植物図譜』に決まり、明治三九年五月に発行された。表紙には、『普通植物図譜』の書名の右手に「東京帝国大学理科大学牧野富太郎校訂」の文字が大きく掲げられた。出版されると、全国の学校の図書室から数多くの注文が寄せられ、大きな反響を呼んだ。村越は好評を博した『普通植物図譜』につづいて、牧野富太郎校訂『野外植物之研究　正・続』（明治四〇年）ならびに牧野富太郎校訂『植物図鑑』（明治四一年）と、牧野富太郎校訂の植物図鑑を四冊立てつづけに出版し、植物図鑑ブームを巻き起こすのだった。

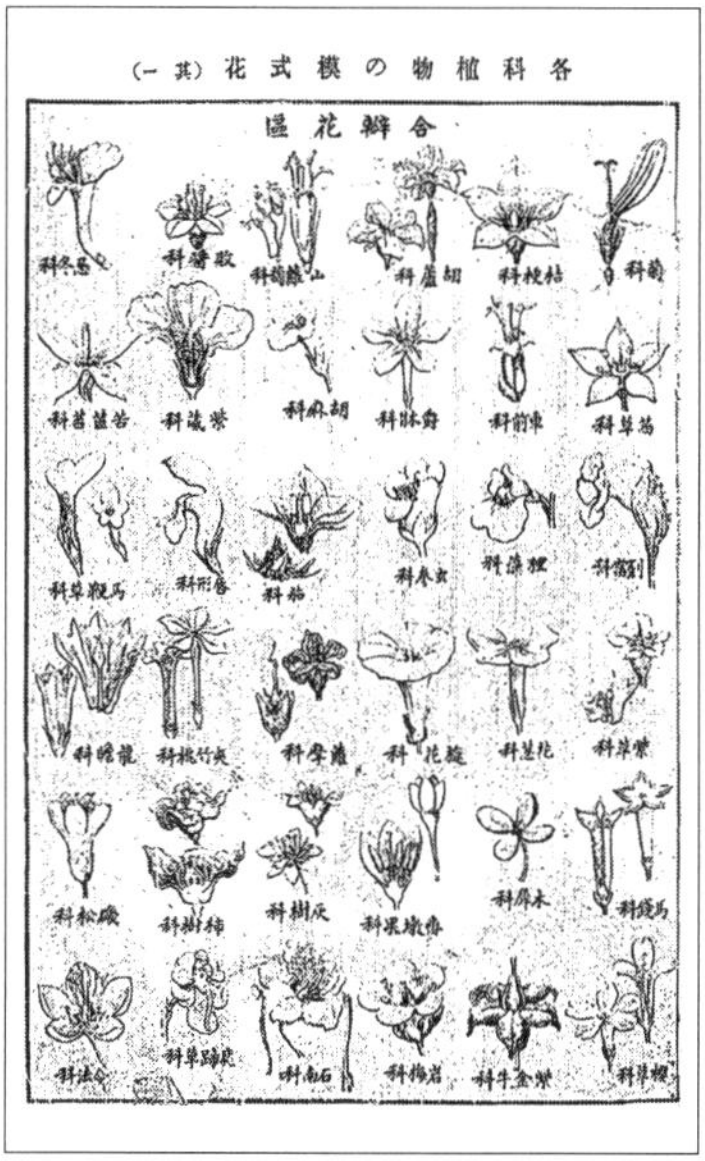

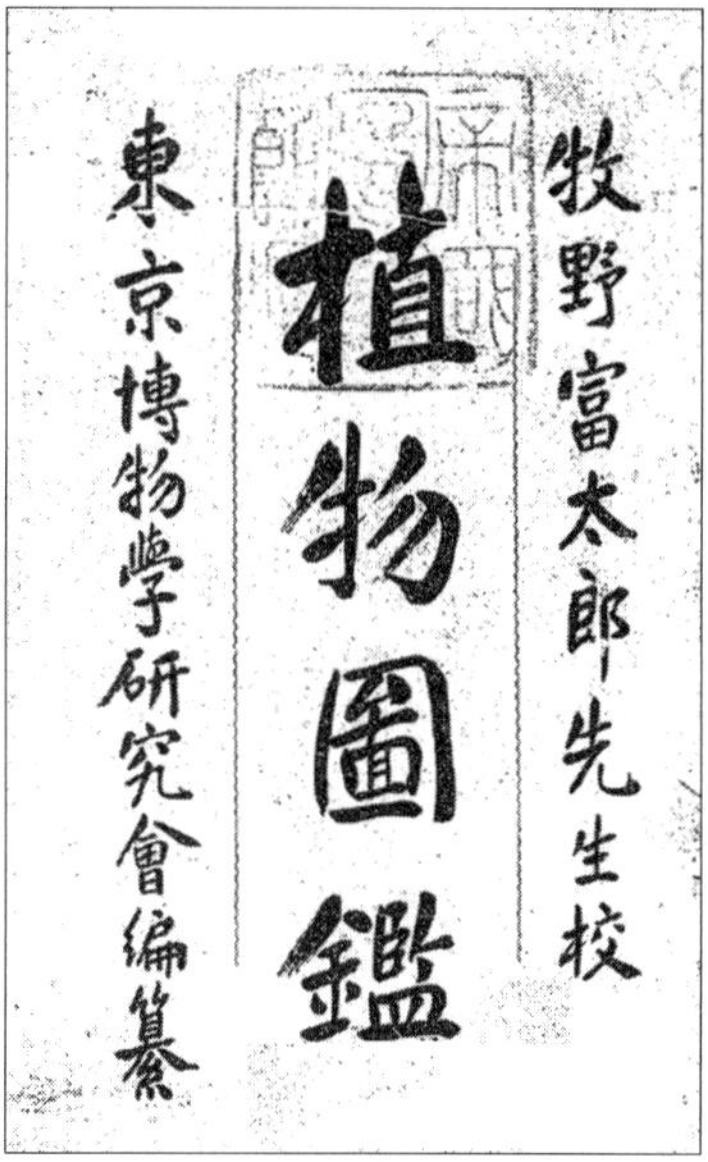

▲『植物図鑑』（牧野富太郎校訂・東京博物学研究会編、参文舎、明治 41 年／国立国会図書館蔵）

牧野富太郎校訂、村越三千男編集による植物図鑑はほぼ毎年刊行され、いずれも大ヒットした。にも関わらず、明治四一年（一九〇八）の『植物図鑑』を最後に、牧野・村越コンビの図鑑の出版は突然途絶えてしまうのである。

　その後、村越三千男は植物図鑑の企画を出版社に持ち込み、『集成新植物図鑑』（村越三千男編、大地書院、昭和三年）、『応用新植物図鑑』（村越三千男編、大地書院、昭和五年）、『図解有毒植物と其注意』（村越三千男編、玉井清文堂、昭和五年）などを出版した。

　一方、富太郎は著者として多くの植物図鑑を執筆し、『日本植物図鑑』（北隆館、大正一四年）、『日本植物誌』（大日本図書、昭和三年）、『日本植物図説集』（誠文堂新光社、昭和九年）などを出版した。

つまりその後、富太郎と村越三千男が組んだ植物図鑑は一度も出版されることがなく、二人は絶縁状態になったのである。なぜ牧野と村越はせっかく「植物図鑑」という新たな出版分野を開拓し、植物の名前とその魅力をより多くの人びとに提供する機会を得ながら、みずからその好機を放棄して絶縁したのだろうか？　植物図鑑ブームの仕掛け人となった編集者の村越三千男が、校訂者に起用した牧野富太郎との関係を自分から絶つとは考え難い。

村越三千男はインチキ

富太郎は生涯夥しい数の植物図を描いたが、植物図を見れば、いつどこで採取した植物標本を描いたものかは、瞬時に分かったと思われる。そのため、もしも他の図鑑に転載流用されたりすれば、それも即座に分かったに違いない。

私は国立国会図書館で富太郎と村越三千男との関係を調べている過程で、村越が富太郎に対して述べた注目すべき記述を発見した。それは、村越三千男が牧野富太郎を校訂者にして『普通植物図譜』を出版してから二二年後、二人が絶縁状態に入ってから二〇年が経過した昭和三年（一九二八）に、村越三千男が新たに編纂した『集成新植物図鑑』（大地書院）の序文のなかで、村越は富太郎に対して慎重に言葉を選びながらこう述べている。

本書所載図版は出来得る限り写生を主としておりますが、その大部分は最初の写生図たる『普通植物図譜』によりましたことは勿論ですが、多くの図版中往々にして牧野博士著『日本植物図鑑』その図の如く見ゆるものもありますが、これは先生の著が拙著植物図鑑の挿図をそのまま使用になったことと、この植物図鑑の挿図が元来『普通植物図譜』によった等のことより相似点を生じたることは牧野先生も御了解下さることゝ思ひます。
本書所載植物図版中特に先生御執筆の挿図を参考し揮毫いたしましたもの多々ありますが、これは大抵「図版牧野博士著に據《よ》る」と記入し、謹んで牧野先生に敬意を表します。
昭和三年十月　　　　編者　村越三千男
（「序」村越三千男『集成新植物図鑑』大地書院、昭和三年）

牧野富太郎が一切関与していない『集成新植物図鑑』の序文のなかで、編者の村越三千男は、絶縁状態にあった富太郎が近年新たに著した『日本植物図鑑』（北隆館、大正一四年）を中心に、多くの牧野の植物図を無断転載したと受け取れる趣旨の言葉を述べているのである。たとえそれが著者に敬意を表して某《なにがし》かの文言を記したとしても、著作権違反であることに変わりはない。つまり、『集成新植物図鑑』の編者の村越三千男が牧野富太郎に対して著作権違反を認める趣旨が公然と記されており、いささか驚かされる。
富太郎と村越における植物図鑑に対する姿勢には、元々大きな違いがある。富太郎は、日本のすべての植物相を解明することを目的に植物志を制作し、その集大成として『日本植物図鑑』があった。つまり、植物学の学術的研究を目的にしながら、その成果をより多くの人びとに理解してもらうために植物図鑑を出版した。

それに対して村越は、学校教諭が生徒に質問された際に簡便に答えられることを目的に植物図鑑を制作し、それは教諭の植物知識の向上に向けた手引き書としての役割を第一義に置いていた。また、富太郎は北海道から九州まで、全国各地をくまなく現地調査し、植物の時間的ならびに空間的な形態的特徴を捉え、その標準的な特色を抽出して植物図を描写した。植物学において植物図は、研究者や画工の長年におよぶ研究成果の賜物《たまもの》である。そのため、植物図の表現とともに、誰が写生した植物図かが重要視される。

対して村越は、植物図鑑の名編集者ではあるもの植物学者ではないためか、植物図は研究成果というよりも植物図鑑を制作するための編集素材という認識が強かったと思われる。

植物分類学者である富太郎にとっては、研究室や書斎にいるよりも、全国各地の野山を散策し、まだ見ぬ植物を採集することのほうがはるかに重要であり、それこそが植物分類学を研究する者の本分であった。そのことを誰よりも理解していた富太郎は、いついかなるときも機会を設けて全国各地に出かけ、家宅は膨大な植物標本で見る見る埋め尽くされ、標本の間で寝食する有様だった。

富太郎は青年時代に「赭鞭一撻」で誓った〝博《ひろ》く交《まじわり》を同志に結ぶべし（植物を学ぶ人を求めて友人にもつこと）〟の誡《いまし》めを守り、学者やアマチュア、年齢の上下の区別なく植物を学ぼうとする人と広く知識を交換することに努め、そのため村越の協力要請にも快く応じた。

しかし同時に富太郎は、「赭鞭一撻」の〝跋渉《ばっしょう》の労《ろう》を厭《いと》ふ勿《なか》れ（採集の労を惜しまないこと）〟という植物学者としての重要な原則、つまり植物固有の生態を知るためには現地に行く手間を惜しんではならないという研究者の鉄則を村越三千男が犯したことを知り、激怒しただろうことは容易に想像できる。

その後、村越は富太郎に代わって東京高等師範学校教授山内繁雄（一八七六－一九七三）を新たな校訂者に立てて、『図解植物名鑑』（二松堂）を大正一三年（一九二四）に刊行した。つづいて翌一四年に、今度は村越三千男自身が著者となって『大植物図鑑』（大植物図鑑刊行会）を刊行する。その巻頭頁には、松村任三東京帝国大学名誉教授（植物学）、丹波敬三東京帝国大学名誉教授（薬学）、本多静六東京帝国大学農学部教授（林学）の各学界を代表する三人の権威者が序文を寄せ、こぞって称賛し推奨の言葉を述べたのである。

一方の富太郎は、愛妻寿衛を亡くした後は、彼と植物との生活がより一層親密なものとなり、残された生涯のすべてを愛する植物のために捧げた。

そして『日本植物志図篇　第一巻第一集』（明治二一年）から五二年後、『大日本植物志　第一巻第一集』（明治三三年）から四〇年後の昭和一五年（一九四〇）、富太郎はついに一つの到達点に達した。七八歳になった富太郎は、満を持して大著『牧野日本植物図鑑』（北隆館）を出版したのである。執筆には、富太郎に師事する研究者が参集し、図には富太郎のほか、水島南平（一八七九－一九五〇）、山田壽男（一八八二－一九四二）、木本幸之助（生没年不詳）の富太郎が信頼を寄せる三人の画工が協力した。

『牧野日本植物図鑑』は、日本の植物分類学の父といわれる牧野の名を冠する、日本初の本格的な植物図鑑であり、古典に精通した富太郎の植物名などの解説文は、優れた読み物でもあった。編集・制作・校閲に一〇年の歳月を要し、精緻をつくす三二〇〇余の植物図と解説文による大著『牧野日本植物図鑑』は、名実ともに富太郎の代表作となった。

さらに富太郎は、昭和一五年に初版本を出版して以降も、新種を加筆するなどの改訂を加え、みずから手がけた植物図鑑をつねに最新で正確なものにすることに努めた。そのため『牧野日本植物図鑑』は、広く世人に読み継がれた不朽の名作であり、富太郎の真の意味での自叙伝といってよい。

昭和二四年一一月、『牧野日本植物図鑑　第七版改訂版』が出版された。その巻頭言の最後に富太郎は、村越三千男が手がけた出版物を念頭に、類似の植物図鑑との差異と本図鑑の独自性を強調するために、あえて強い言葉を用いてこう述べている。


終りに臨んで序に言うが、此『牧野日本植物図鑑』は曩《さき》に新たに其編纂が企てられた独立独歩の書物であって、従来有り触れた図鑑などと呼ぶ書物とは全然何等の縁故も亦系統も引いていない。世には随分厚顔破廉恥《こうがんはれんち》のクワセモノがあって、善良なる世人、イヤ特に無垢潔白な学生を欺き、よい加減な熱を吹き、澄しているのは実に笑止千萬抱腹絶倒の至りだ。金は到底真鍮《しんちゅう》ではなく、銀は畢竟《ひっきょう》鉛ではないのだ。我が此図鑑はネ、「何等植物学を知らない無学無識で絶えず他人の図を盗み取る悪質常習癖のある品性劣等の画工の拵えたインチキ本」とは天地、雲泥の差で全然其選を異にしているのは勿論だ。顧みて、強て歯牙《しが》に掛けるに足らない此んな小人を相手にするのは大人気なく、却って我が品位に係わるから放って置いたら宜しいとも言へん事はない。

（「巻頭の一言」牧野富太郎『牧野日本植物図鑑　第七版改訂版』北隆館、昭和二四年）

植物分類学における実証的研究の重要性を誰よりも熟知する富太郎にとって、村越が他人の研究成果を自分の成果として植物図鑑に掲載したことは、断じて認めることのできない厚顔破廉恥な行為であり、それは植物分類学の信頼性を根底から覆す行為にほかならなかった。

今日であれば、著作権侵害で裁判となるところだが、富太郎は、村越が量産する植物図鑑を「絶えず他人の図を盗み取る悪質常習癖のある品性劣等の画工の拵えたインチキ本」と言って嘲笑し、村越三千男と二度と会うことはなかったのである。

南方熊楠と牧野富太郎の往復書簡

昭和一六年（一九四二）一一月、東大泉の邸内に、三五坪余りの建坪の、灰色のペンキを塗った木造に赤い屋根を冠した「牧野植物標品館」が寄贈された。寄贈したのは赤坂区青山南町の生花の家元安達潮花《ちょうか》（一八八七－一九六九）で、富太郎を尊敬してやまないひとりであった。寿衛が生前、大泉の家宅の隣に建てたいと願っていた植物標本館が、とうとう建ったのである。

牧野植物標品館の寄贈を知った池長孟は、翌一二月神戸の池長植物研究所に収蔵していた一〇万点の植物標本を、無償で富太郎に返還したいと申し出る。そして植物標品は二三年ぶりに返還され、完成したばかりの牧野植物標品館に収められた。

ちなみに、池長孟は植物標品を返還した後、池長植物研究所を閉鎖し、育英商業学校の校長を務める傍ら、昭和一五年に南蛮美術の収集品を展示する池長美術館（現在の神戸市文書館）を開館する。その池長孟は「尊敬する人は？」と聞かれると、決まって博物学者の南方熊楠《みなかたくまぐす》と牧野富太郎の名を挙げ、「偉大な二大野人や」と熊楠と富太郎を高く評したという。

南方熊楠（一八六七－一九四一）は、当時牧野富太郎とライバル視されていた人物である。南方熊楠は慶応三年（一八六七）四月一五日、和歌山城下の橋丁（現在の和歌山市寄合町）で、酒造業と雑貨業を営む南方弥兵衛（三九歳）と妻スミ（三〇歳）の二男として生まれた。少年時代に、李時珍の『本草綱目』や貝原益軒の『大和本草』などを読みあさり、夢中になって筆写した。明治一七年（一八八四）に東京大学予備門に入学したが、授業には出ずに小石川の東京大学理学部付属植物園などで自学した。

熊楠は明治一九年に予備門を退学し、翌二〇年に米国と英国に私費留学したのち、明治三三年に帰国する。帰国後は和歌山県田辺《たなべ》町に居住し、柳田國男（一八七五－一九六二）らと交流しながら日本の民俗学（比較文化学）を展開した。その一方で菌類の研究をおこない、自宅の柿の木から新しい属となった粘菌《ねんきん》を発見し、昭和四年（一九二九）六月一日の昭和天皇南紀行幸に際して御進講し、粘菌標本一一〇種類を進献した。

熊楠は富太郎より五歳年下の、ほぼ同時代に生きた博物学者である。二人に共通するのは、地元の造り酒屋の息子で、関心ある分野を独学によって徹底的に探究する姿勢と、博覧強記な点にある。二人は青年時代に本草学書の写本を通して博物学に接し、このころ勃興しつつあった植物学の研究を開始する。そしてその後、富太郎は植物分類学の研究に、熊楠は変形菌（アメーボゾアに属する原生生物の一群）などの粘菌の研究に没頭した。

当初熊楠は、富太郎と同じ顕花植物の採集・分類をおこなっていた。しかし、東京大学で論文発表の場が与えられた富太郎が次々と新種を発表しているのを見て、富太郎との競合を避けるために研究対象を隠花植物へと移行させ、コケ、シダ、藻類、菌類などの採集・分類に精力的に取り組んだ。その過程で「粘菌（slime molds）」という、植物か動物かさえ判然としない分類学上において極めて特種で興味深い研究対象を見いだし、のちに昭和天皇に粘菌標品を進献することにつながるのである。

熊楠と富太郎は幾度も会う機会があったが、行き違いに終始し、遂に生涯で一度も会うことはなかった。熊楠と富太郎の周囲では当時から、二人はライバル関係にあり、互いに強く意識し合ったため、会うことすら拒んだと受け取っていた。

昭和一六年（一九四一）一二月二九日、南方熊楠は田辺の自宅で萎縮腎の療養中に、黄疸の症状を呈し、亡くなった。行年七四歳。左は、翌年初頭発売の『文藝春秋』に寄せた富太郎の熊楠に対する追悼文の抜粋である。

紀州に植物採集が催おされ招かれて私が行き其際九日間も田辺に逗留していた時の事である。田辺での或る知人は私を南方君の宅へ案内すると言っていたが私は其れに同意しなかった。然かし若し訪問するとせば南方君の意表に出で「南方居るか」とまん丸裸で玄関に立つに限る冗談など言いつつ其まま其誘引を聞き流した。

実は私の其時の気持ちでは是れは南方君の方から出て来て私を迎うべきものだと思った。其れはなぜならば南方君は曾て田辺の知人が東京へ来る時其人を介し植物の図など持たせて来て私に其名称などを質問した事があったからであった。此様に兎に角私は南方君を教えた人だから言わば同君の師であると謂える。今其師たる人が親しく我が町へ来ていれば何はともあれ先ず取り敢えず之れを出迎うる礼を執るのが当然であって何にも吾れから先に進んでわざわざ先方へ足を運ぶ必要は決して認めないとの見識（ハハハハ）でとうとう同君の門を敲《たた》かなかった。

其れから帰京した後ち間も無く南方君から手紙が来て、アノ時は折悪しく家内《ママ》が病気で大に失礼したと書いてあったが、其書面は今私の手許《てもと》に遺っている。此んな事で私は遂に南方君に逢った事が無かった。が然かし私の知人が大正九年に高野山で撮影した数枚の写真で其面影は承知している。さて斯う突然幽明を隔てて見ると生前に一度は面会しておいても可《よ》かったと思わぬでもない気持ちもする。　昭和十七年一月十四日記

（「南方熊楠翁の事ども」牧野富太郎『文藝春秋』昭和一七年二月号）

『文藝春秋』に寄せた熊楠の追悼文の中で、富太郎は「紀州に植物採集が催おされ招かれて私が行き其際九日間も田辺に逗留していた時の事である」と記している。田辺に逗留した九日間とはいつのことなのかを確認するために、『牧野富太郎植物採集行動録』（山本正江・田中伸幸編、高知県立牧野植物園発行）の頁を繰ると、果たして大正一三年（一九二四）八月二七日に三重県の四日市港から大阪商航会社の「高松丸」に乗船し、紀州勝浦（和歌山県東牟婁郡那智勝浦町）に上陸した記録が残されていた。

地元の植物採集協力者の田辺高等女学校教諭宇井縫蔵、同校教諭北島脩一、田辺中学校教諭中島濤三らの案内で、富太郎一行は勝浦から新宮町にかけて植物採集をおこなった後、同一三年九月二三日より田辺町に入り、翌一〇月一日まで確かに九日間にわたり田辺で逗留しキキョウラン（*Dianella ensifolia*）、ジョウロホトトギス（*Tricyrtis macrantha*）、ツルコウジ（*Ardisia pusill*）などを採取したことが、『牧野富太郎植物採集行動録　明治・大正篇』（一八三－一八四頁）に記されている。富太郎六二歳、熊楠五七歳の初秋のことである。

大正一三年九月二三日から九日間、富太郎は植物採集のために熊楠の家宅のある和歌山県西牟婁郡田辺町に長逗留した。その際、地元の同行者が熊楠の家（田辺町中屋敷町五二）に案内すると申し出たが、富太郎はそれを断った。その理由を「なぜならば南方君は曾て田辺の知人が東京へ来る時其人を介し植物の図など持たせて来て私に其名称などを質問した事」があり、「私は南方君を教えた人だから言わば同君の師であると謂える。今其師たる人が親しく我が町へ来ていれば何はともあれ先ず取り敢えず之れを出迎うる礼を執るのが当然であって何にも吾れから先に進んでわざわざ先方へ足を運ぶ必要は決して認めない」と、意地ともとれる主張をしている。

かつて富太郎は、矢田部教授からムジナモの学名を教示され、松村教授から大学助手に採用してもらいながら、両教授に対して恩師ではないと対抗意識を燃やしたことがあった。その富太郎が人を介して植物の名称を教えたことがあったことを指して恩師だと主張し、その理由で「南方君の方から出て来て私を迎うべきものだ」言い張るのは、いかにも大人気ないという気がしないでもない。いずれにしても、熊楠と富太郎の対面は、そんな理由から実現しなかったのである。

一方、熊楠も「アノ時は折悪しく家内が病気で」と、本当か口実か理解し難い言い逃れに終始する。富太郎が『文藝春秋』に寄稿した熊楠の追悼文を読んで、多くの読者は、熊楠と富太郎は生涯会うことを避けつづけた犬猿の仲だと受け取ったとしても不思議ではない。

しかし近年、熊楠と富太郎は犬猿の仲ではなかったことが、熊楠が富太郎に宛てた書簡によって明らかとなり、富太郎が田辺に逗留した際、熊楠は富太郎に会うことを楽しみにしていた可能性が高いことが判明した。

南方熊楠顕彰会学術部委員土永知子氏の研究報告「牧野富太郎と南方熊楠」(『熊楠works 第三五号』南方熊楠顕彰会、二〇一〇年四月一日所収)によれば、このころ熊楠は、実家の弟常楠《つねぐす》から生活費の送金が止められて困窮していたことに加え、最愛の子熊弥《くまや》(一九〇七－一九六〇、熊楠の長男)が精神の病(統合失調症と推定される)を発症するなど、経済的にも精神的にも窮地にあり、途方に暮れているときに、富太郎が田辺に来るという知らせを受けたのであった。つまり、距離や時間だけを考えれば、熊楠が富太郎に会いに行くことは不可能ではないものの、熊楠にはとてもそんな余裕はなかっただろうと土永氏は推察する。

そうした状況に加えて最近、熊楠のノートに挟まれた富太郎宛の書きかけの書簡が発見され、そこには「牧野様　伜《せがれ》が調子が悪い、小生は出ることが出来ない、だけども金寄《かねさき》は必ず行きますのでそれに相手をしてやって欲しい……」と熊楠の筆跡で走り書きがあった。文面を追うごとに、言っている内容に食い違いが生じ、焦って書いた手紙であることが手に取るように分かると土永氏は指摘する。さらに手紙には、高山寺や稲荷神社、ドウメキなどをご案内したかったという趣旨の言葉が断片的に綴られていた。熊楠の悲惨な状況とともに富太郎への憧れの大きさを赤裸々に伝えるこの書簡は、残念ながら富太郎の許《もと》に届けられることはなく、ノートに収められたままとなっていたのである。

熊楠は富太郎と会うことを避けたのではなく、長男が精神の病を発症し、その症状が悪化したことで会うことを断念せざるを得なかった可能性が高く、少なくとも熊楠は富太郎と会って、植物採集をしている自分のフィールドを案内したがっていただろうことが、走り書きの書簡から明らかとなった。

また近年、熊楠と富太郎は互いに尊敬し合い、頻繁に手紙のやり取りをしていたと思われる往復書簡が、高知県立牧野植物園牧野文庫ならびに南方熊楠顕彰館に残されていたことが判明した。

私は、高知県立牧野植物園牧野文庫が収蔵する南方熊楠の書簡を拝読させていただいた。それは縦書きの便箋に、ところどころ自筆の絵を交えて綴られていた。左に、牧野富太郎に宛てた南方熊楠の明治四四（一九九一）年六月一三日付の書簡を手抄する。

拝啓　未だ拝面《はいめん》の栄を担はず候へども、夙《つと》に欽仰《きんぎょう》の念を抱き居候処、友人宇井《うい》氏の世話にて毎度採集植物に関し高教《こうきょう》を忝《かたじけ》なくし幸甚に候。〈中略〉

大学の目録又植物名鑑等に「サルスベリ」を外国より移りしものの如く「イタリック」字体に印刷しあり。然るに当国那智の三の滝辺、野中村の拾《ひら》ひ子《こ》谷（紀州シダの発見地）、又旧冬小生久く居りし当国第一の極難所安堵が峯及び其向ひの坂泰《さかたい》官林（斧鉞曽て入しことなしと申す）にはサルスベリの大木多く、夏開花し結実候。方言サルタノ木と申す。安堵辺で、山の女神、山神祭りの日、樹林の木を勘定するになるべく多く聞ゆる様にマッカウ、香《かう》りの木、香榊《かうさかき》（シキミの事）（此辺でシキミと単に申すはミヤマシキミに限る）、赤木にサルタにサルスベリと、同物の異名を多く重ね唱ると申伝え候。東牟婁郡には赤木と称する地の小字多し。みな此木に基くものと被存候。さればサルスベリは本邦固有の木と被存候（『紀伊国続風土記』天保十成る、にもサルタノキを挙あり）。

又松村教授の植物名鑑にエノキ一切見えず、如何の事にや。ツチトリモチは当国東牟婁郡の大難処大甲《たいかう》と申す所のジチャノキの根に付るを採り申候。

Wolffia《ウォルフィア》少々和歌浦の東禅寺と申す寺の弁天祠前の手水鉢より十数年、十二月～四月の間にとり申候。リスリンでプレパラートに致し置候処、リスリン漏れ出、乾き居り候、近日なほして可差上候。去年又当地附近の田間で多く似たるものをとり候も、未だ鏡検を悉《つく》さず。もしこれが果してWolffiaならんには、フヲールマリン漬のまま可差上候。莎草《ささめ》と同く送り上しエビネも御鑑定を奉願候《ねがいたてまつりそうろう》。モミランと申すもの、学名伺ひ申上候。これは那智山にも有え候て、小生は有花のものを見ず、ベニカヤランと思ひ居り候処、去年十二月、安堵峯にて採集四五株もち帰り、梅の木にくくり付置候処、二月十五日開花候。ベニカヤランの記載と少々違ひ居り候。〈中略〉

「ウチハカズラ」は玉置と申す小学教師、先年串本（東牟婁郡）でとり候。今年又当地より四里斗り東南、朝来帰《あさらぎ》と申す地にて採り候を宇井氏方にて見申し候。先は右申し上候。

早々敬具

明治四十四年六月十三日

牧野富太郎様

紀州田辺中ヤシキ町五二　南方熊楠拝

（南方熊楠から牧野富太郎への手紙、高知県立牧野植物園牧野文庫蔵）

南方熊楠から牧野富太郎宛の右の書簡は、宇井縫蔵《ぬいぞう》（一八七八－一九四六、昭和四年『紀州植物誌』上梓）を介しておこなわれた。宇井縫蔵は和歌山県立田辺高等女学校の教諭で、熊楠や富太郎の植物採集などに同行し協力した二人の共通の知人で、富太郎が田辺に逗留したときも案内役を務めた人物である。熊楠は、この宇井を介して紀州で採集したサルスベリ、エノキ、ツチトリモチ、エビネ、ラン、ウチハカズラ、スミレなどの植物標本を富太郎に送り、植物の同定を依頼した。

熊楠は、富太郎への書簡の冒頭に「未だ拝面の栄を担はず候へども、夙に欽仰の念を抱き居候」としたため、富太郎はつとに「欽仰の念を抱き」て仰ぎ見る憧れの対象であった、と告白している。それはあながち社交辞令ではないだろう。

なぜなら新種の植物を次々と発見し、新たな学名を世界に向けて発表することができる植物学者は富太郎をおいて外にはなく、植物分類学に関していえば自分は富太郎の足下にもおよばないことを、熊楠が承知していたからだと思われる。

たとえば、熊楠は変形菌などの新種の発見を自身の研究ノートや書簡などに記しているが学術誌に論文発表したことはなく、また発見した新種のタイプ標本を保管していないなど、新種発表の国際基準に則していないケースも多く、多くの新種を発見しながら、学名として認められない場合も少なくない。

熊楠も富太郎も、ともに独学で研究の道を切り開いてきたものの、富太郎は東京大学というアカデミズムに属して積極的に論文を発表した。それに比して、南方熊楠は在野の研究家を貫き通したという点で研究環境が大きく異なる。そのため、富太郎は多くの新種を発見し、すでに世界的に認められた植物学者となっていた。だからこそ、熊楠は共通の知人を介してまで植物の同定を富太郎に依頼し、高教を仰いだのである。

熊楠の礼節を尽くした書状による依頼に対し、富太郎は植物分類学の専門家としてその都度丁寧な説明文をしたため、誠実に応じていた。

左は、南方熊楠の質問に答えて、富太郎から熊楠に宛てた明治四四年七月三〇日付の書簡である。

スミレ此封中へ入れ御返し申上候。

炎暑之砌《みぎり》、貴下御多祥《たしょう》に御渡可被成、欣賀此事に御座候。然れば過般は御懇書被投、忝《かたじけな》く拝見仕候。否越御返事差上げ可申候処、彼比取紛れ候ため非常に延引、本意に背き候。又其節は標品御廻送に被成、正に落手仕候。〈中略〉

エビネ弐品は固《もと》より同一種に御座候。ただ其縁花の方は其一変種にて、ヤブエビネと称し、学名は Calanthe discolor Lindl var. viridialla Maxim. に御座候。

又小形のランは極めて珍品にて御座候。此品は曽《かつ》て土佐にて吉永虎馬氏採集し、数年前小生の手許へ送り呉れ、乃ち新学名を Saccolabium Toramanum Makino と命じ、『植物学雑誌』第十九巻中に記載致し置ものに御座候。今回更に貴下より其標品を得て、殊《こと》の外喜びに不堪候。殊に宇井君より貴下の御画きの写生図も送られ、又充分開きたる花が標品に附着ありて、近き内に小生の記載文を増補する機会を得、愉快に存候。小生の記載せし時、其花は尚蕾《つぼみ》なりしを以て、記載はせしものの充分開きたる花とは多少其大小形状相異なりと存候。貴下の標品はより之を訂正するを得べしと相喜び居り申候。和名はモミランと吉永氏命じ候に付、之を用ゐ居り申候。

一種のスミレ、面白き品と存候。フモトスミレと殆んど同種なれども、其葉面に毛多き点やや相異なり申候。別種と致し、之をViola kirensis Makinoキシュウスミレと致し度御座候。標品を返却せねばならぬ故、之を公に記載発表する事出来不申、甚だ遺憾の至に存候。就ては其の採取者へ御伝言下され、善良なる標品を更に採集の上送附の事配慮被候へば、誠に学会の為め至幸《しこう》と存候。

サルスベリの事、我邦の山林中にあるサルスベリは、これは山茶科《リョウブ》のヒメシャラの方言にて、又一にサルナメリ、アカラギなど申候。普通植ゑある被の百日紅のサルスベリと同名なれば、往々混雑する事を免かれざれども、固より同名異物のものに御座候。御掲載の自生のサルスベリも此ヒメシャラの事と存候。

名彙《めいい》にエノキなきは著者偶ま之を落し候と存候。

Wolffiaあれば極めて面白き事と存候。標品拝見相楽み居り申候。台湾には同種のもの一種あれども、従来内地よりは見出無し。若し右Wolffiaなれば内地には新品と存候。而して其種名も精研せば判然可致と存候。先般徳川頼倫《とくがわよりみち》侯を大磯の別荘に御尋ね申上げ候節、同侯爵も那智山の事心配せられ居り話頭に上り申候。其節貴下の御名も同侯語られ居られ候。

先般来は種々俗用に取紛れ内外奮闘の為め御返事大々的延引仕候段、御海容《かいよう》破下度《くだされたく》候。先は種々標品御恵贈《けいぞう》の御礼 旁《かたがた》 御返事迄差上に御座候。時下折角御自愛専一《せんいつ》に 奉《たてまつり》 存《ぞんじ》 候《そうろう》。

草々頓首

明治四十四年七月三十日　東京にて　牧野富太郎

南方賢台　机下

（牧野富太郎から南方熊楠への手紙、南方熊楠顕彰館蔵）

書状の冒頭、スミレの標本を返したとあるので、宇井を介してスミレの標本は熊楠に返却するよう依頼されたのだろう。

しかしながら、富太郎は、複数のスミレのなかの一つはフモトスミレに似ているが新種の可能性もあるため、再度送ってほしい、もし新種の場合は「キシュウスミレ」と命名しようと思うがどうかと尋ねている。取りあえず標本を返却するが、新種かどうか確認するために、もう一度標本を送るよう伝えている。

後日、宇井を介して送附されたスミレの標本を富太郎が鑑定した結果、フモトスミレであることが分かり、富太郎は熊楠が採取した複数のスミレは、ヒメスミレ（*Viola inconspicua* subsp. *nagasakiensis*）、コミヤマスミレ（*Viola maximowicziana* Makino）、フモトスミレ（*Viola sieboldii* Maxim.）の三種類であると同定した。

書状にあるモミランは、ラン科マツラン属に属する絶滅危惧種の小形のランで、明治三七年

（一九〇四）に富太郎の植物採集の協力者である吉永虎馬《よしながとらま》（一八七一－一九四六、昭和九年高知高等学校教諭）が土佐で発見採取したものを、富太郎が翌三八年に『植物学雑誌』に論文発表した。数年ぶりに今度は紀州の熊楠が発見採取したものを再び見ることができ、感激したと述べている。

また Wolffia は、ウキクサ亜科ミジンコウキクサ属に属する水生植物の一種で、世界最小の種子植物といわれ、正式な学名は〝*Wolffia globosa*（ウォルフィア・グロボサ）〟である。Wolffia（ミジンコウキクサ）が日本で最初に採取された報告は、昭和一三年（一九三八）であるため、もし熊楠が明治四四年に発見採取し、富太郎に標本を送って Wolffia と同定されれば日本初の発見になったはずだが、熊楠が富太郎への手紙に書いたとおりにホルマリン漬けの標本を送ったのかを含めて、その後の Wolffia に関する消息は不明である。

かくて、これまで南方熊楠と牧野富太郎は互いに反目し合っていたと捉えられてきたが、近年発見された往復書簡によって二人は互いに尊敬し、互いの研究に直結する情報交換を頻繁におこなっていたことが判明した。熊楠は礼節《れいせつ》を尽くして富太郎に教えを乞い、富太郎は熊楠の質問に真摯《しんし》に答えたのである。

空襲と疎開

昭和一九年（一九四四）一一月、富太郎の住む東大泉に米軍爆撃機B29が七〇余機飛来し、うち一機が投下した爆弾が武蔵野の大地に大きな穴を穿《うが》った。以来、たびたび空襲警報が鳴るようになった。

植物標本や蔵書を置き去りにして家宅から逃げ出すこともできず、富太郎は植物学と心中すると周囲に語っていた。富太郎と一緒に植物採集に出かけた同郷の友人吉永虎馬に、富太郎は昭和二〇年二月一〇日付でこんな手紙を書き送っている。

時々空襲がありますが、此頃は慣れて大胆になり、余りビク〳〵してゐません。若《も》しドンと直撃弾でも来れば、それは運命で仕方ないと決心してゐます。私の友人達は、私の身を気遣ひまして、これまで疎開をすゝめてくれますけれど、何を言へ書物が沢山（時価にすれば廿万円のものがありませう）ありますので、之れを運ぶ事が出来ませんので、万一の事がありましたら、先づ此書物と心中するわけです。

二月十日

牧野富太郎

吉永虎馬　様

（牧野富太郎から吉永虎馬への手紙、昭和二〇年二月一〇日付）

昭和二〇年三月三一日夜、一三九機の大編隊でＢ29爆撃機が襲来した。夥しい数の爆弾を投下し、民家に機銃掃射をおこなった。爆弾は牧野邸内の牧野植物標品館近くにも被弾し、建物が炎上した。幸い火はすぐに消し止められ、富太郎と子どもたちは防空壕に批難して難を逃れたが、所蔵していた標本の一部が燃えた。

富太郎は植物標本と心中する覚悟はしていたものの、命あっての物種と考え直し、心ならずも疎開する決心をする。疎開先は大学関係者が手を尽くし、同学の篠遠喜人（一八九五－一九八九、大正九年東京帝国大学理学部植物学科卒業）の親戚の農家の山梨県北巨摩郡穂坂村（現在の韮崎市穂坂町）に決まった。隣には同じ植物学者の藤井健次郎（一八六六－一九五二、明治四四年東京帝国大学理科大学教授）が疎開し、四キロメートルほど離れた場所には東京帝国大学理学部分室があった。富太郎は牧野植物標品館に所蔵していた標本と蔵書の一部を疎開先の土蔵に持ち込み、リンゴ箱を二つ並べて机にして、東京の自宅に残した多くの標本と蔵書の無事を気に掛けながら研究を再開した。

しかし、疎開先でも食糧難は変わらなかった。疎開した翌月、富太郎は吉永虎馬にこんな歌を書いて送った。

きのふまで人に教へし野の草を　吾れも食はねば命つゞかず

（牧野富太郎から吉永虎馬への手紙、昭和二〇年六月二三日付）

昭和二〇年（一九四五）八月一五日、日本の敗戦を疎開先で知った富太郎は、踵《きびす》を返して東大泉の自宅に戻り、執筆に精力的に取り組んだ。自分に残された時間がそれほど多くはないと認識したからである。その後富太郎は書斎に置かれた小さな文机《ふづくえ》にしがみ付くようにして執筆をつづけ、昭和二二年にムジナモ発見や池野誠一との思い出などを述懐した自伝的随筆『牧野植物随筆』（鎌倉書房）を上梓する。

その後富太郎は、『四季の花と果実』（通信教育振興会、昭和二四年）、『随筆　植物一日一題』（東洋書館、昭和二八年)、『草木とともに』(ダヴィッド社、昭和三一年)、『牧野富太郎自叙伝』(長嶋書房、昭和三一年)、『植物学九十年』(宝文館、昭和三一年)など、自伝的随筆や自叙伝を次々と上梓するのだが、『牧野植物随筆』を上梓した翌二三年(一九四八)夏、東大泉の富太郎の自宅に電話があった。電話を受けたのは、寿衛夫人が亡くなって以降、富太郎の身辺の世話をしていた三女(通称二女)の牧野鶴代で、御進講を要請する宮内庁からの電話だった。そして同二三年一〇月七日、富太郎は鼠色《ねずみいろ》の長いコートに身を包んで皇居に参内し、昭和天皇に植物学の御進講をおこなった。

富太郎は昭和天皇に御進講をおこなうのはこの日が初めてだったが、昭和天皇と対面して話を交わしたことは幾度もあった。昭和天皇が採集した植物標本を、最初に鑑定したのは富太郎である。大正から昭和にかけて昭和天皇が皇居や沼津や葉山や那須などで継続的に採集された約一万七〇〇〇点の維管束植物の標本や、昭和天皇が蒐集された約三〇〇〇点の変形菌類などの標本が皇居内の生物学御研究所で整理分類され、その鑑定を富太郎がおこなったのである。

なお、昭和天皇が採取し富太郎が鑑定した植物標本は、その後国立科学博物館に移管され、筑波実験植物園の敷地内に新たに設けられた昭和記念筑波研究資料館に収蔵され、昭和の植物相の貴重な研究資料として活用されている。

昭和二六年七月、文部省は文化功労者年金法(昭和二六年法律第一二五号)を定め、「文化の向上発展に関し特に功績顕著な文化功労者」に年金を授与し、顕彰することになった。昭和二六年の第一回文化功労者には三四名が選出され、谷崎潤一郎、正宗白鳥、横山大観、湯川秀樹などとともに牧野富太郎が選ばれ顕彰された。以後、文化功労者の富太郎には、生涯にわたって年金(五〇万円)

が支給された。
また昭和二八年、東京都は初の名誉都民として元東京市長の尾崎行雄《おざきゆきお》（一八五八－一九五四）と牧野富太郎の二人を推薦することを決議し、同年一〇月一日に表彰式がおこなわれた。

事故や病気からの生還

これまで富太郎は、何度も大きな事故や病気に遭遇したが、その都度、驚異的な治癒力を発揮して回復した。たとえば、明治四二年（一九〇九）、四七歳のとき、植物採集に出かけた愛知県伊良湖崎の旅館で吐血し、意識を失った。また昭和六年（一九三一）六九歳のとき、小石川の東京帝国大学理科大学付属植物園からの帰途に乗ったタクシーが自動車事故を起こし、前頭部を打撲裂傷するという重傷を負って東京帝国大学付属病院に救急入院した。なかでも危機一髪だったのが昭和一五年（一九四〇）七八歳のときで、大分県犬ヶ岳で植物採集をしている最中に崖から落下し、その瞬間、富太郎自身、死を覚悟したという。

昭和一五年九月、富太郎は大分と福岡の県境に位置する標高一一三〇・八メートルの犬ヶ岳の山頂付近の岩場に群生するツクシシャクナゲ（*Rhododendron japonoheptamerum* var. *japonoheptamerum*）を採取するため、犬ヶ岳に登った。山頂付近でお目当てのツクシシャクナゲに手を伸ばして摑《つか》んだ瞬間、富太郎は足を滑らせて崖から転落し、脊椎を強打する重傷を負った。普通なら死んでもおかしくないほどの事故であったが、富太郎は手にしたツクシシャクナゲとともに担架で下山し、別府温泉に逗留、療養した。そして驚異的な回復力を示し、三ヶ月後の一二月三一日に療養していた温泉宿を後に、東京への帰途についたのである（このときの転落事故で背骨を骨折していたことが、のちに判明する）。

昭和二四年六月二三日には、突然意識を失って倒れ、本郷の大学病院に緊急入院した。急性大腸炎を起こして人事不省に陥り、一週間もの間、危篤状態がつづいた。これまで富太郎は再三にわたって死の淵を覗いたが、八七歳のこのときばかりは、まわりの者全員が富太郎の死を受け入れた。医師は懸命に手を尽くしたが、全く反応がなかった。その後、医師が脈拍と鼓動がないことを確認し、「ご臨終です」と告げた。それと同時に、富太郎を取り囲んでいた子どもたちが一斉に悲しみの声を上げた。

やがて娘の一人が、綿を水に浸して富太郎の口に含ませた。それに習って子どもたちが次々と末《まつ》期《ご》の水を与えると、富太郎は口に溜《た》まった水で苦しくなったのか、その水をゴクンと飲み込んだのである。これまでも何度か死の危機に直面しながら並外れた生命力を発揮してその都度息を吹き返してきた富太郎だが、このときも奇跡的に死のとば口から生還したのである。

本郷の大学病院を退院した富太郎は、帰宅したものの自室から出ることが難しくなった。それでも気分がよいときは、書籍を山積みにしている書斎の繇條書屋《ようじょうしょおく》に行き、残された時間を慈しむように書籍の頁を捲っていたが、しばしば途中で倒れて、崩れた書籍のなかから救出されることもあった。そのため、娘たちは富太郎に看護師を付け、部屋から勝手に出て行かないように監視した。

昭和二八年一月一七日には、風邪を拗らせて老人性気管支炎になり、さらに肺炎を併発して重篤な状態になった。が、抗生物質のペニシリンを投与すると、瞬く間に回復した。幸いにも視力や指先に衰えを感じることのない富太郎は、その後も寸暇を惜しんで執筆に取り組んだ。

しかし、体調が悪化するとなにがしかの症状が代わる代わる噴出した。昭和二九年末に再び風邪を拗らせて床に伏した。伏した姿勢でも年賀状は書けたが、昭和三〇年一月一日、正月の雑煮を家族と一緒に茶の間で食べたのを最後に、足腰が立たなくなり茶の間に行くことも叶わなくなった。昭和三一年七月六日、脈の不整結滞と酸素吸入がつづいたため、東京大学医学部附属病院物療内科から日野和徳、石崎達、早川宏、三田八玄、間徳之の五人の医師と二人の看護師が昼夜交代の二四時間体制で富太郎の手当てに当たった。

同月二七日頃、新聞やラジオで富太郎が重篤な状態であることが報道され、一進一退の様子がつづいていることが伝えられた。その報に接した昭和天皇は、皇居内にある生物学御研究所の服部広太郎（一八七五－一九六五、大正一四年生物学御研究所主任）を呼び、「牧野にアイスクリームを食べさせて、早くよくなる様に」と伝言を託した。服部広太郎は皇居内に自生する植物に精通し、昭和天皇の生物学の師として知られた植物学者である。

昭和三一年七月三一日夕刻、宮内庁から東大泉の富太郎の自宅に電話があり、陛下がお見舞いの品を服部博士に託された旨の連絡を、鶴代が受け取った。ほどなくして、陛下の使者として服部広太郎が魔法瓶に入ったアイスクリームを持参して訪れた。

左記は富太郎の遺稿『遺稿　我が思ひ出』（北隆館、一九五八年）の巻末に収められた、牧野鶴代の記した「病床日記」の一文である。

その時の父の容体は二十七日頃より亦々心臓が弱り、皆々心配中の時とて服部先生が、父にそのアイスクリームを「天皇陛下からですよ、陛下も〝早くよくなる様に〟とのお言葉ですよ」とおっしゃったので、父は苦しい呼吸の中から、うれしそうに「有難うございます」と、かすかな声ではあったが嬉し涙にむせんだ。そして服部先生が、そのアイスクリームを茶さじに、山盛り、二杯をのまして下さった。その日は何も咽喉を通らなかったのだが、父は陛下からの御言葉で、うれしさに二さじ有難くいたゞいたのであった。私は全くベッドの隅で目頭が熱くなった。

(「病床日記」牧野鶴代『遺稿　我が思ひ出』牧野富太郎、北隆館、一九五八年)

その後富太郎は一旦は回復したが、一〇月中旬に肺炎を起こしてからは急速に体力が低下し、一一月下旬には食欲がほとんどなくなった。一二月中旬にも危篤を伝えられたが、再び小康を得た。しかし衰えきった体力を快復させるまでには至らなかった。

昭和三一年の一二月以来、まったく食事も摂らず、心臓喘息《ぜんそく》がつづいた。さらに循環器系虚脱症状も現れ人事不省となった。昭和三二年一月一七日午前五時半、富太郎は嘔吐したのをきっかけに、呼吸困難と循環不全に陥り、再び心臓喘息を併発した。

東大泉の牧野宅で看護に当たっていた鶴代は、容体が急変したことを主治医の東京大学医学部附属病院物療内科の日野和徳助教授に告げ、日野和徳をはじめ、石崎達、早川宏、三田八玄、間徳之の五人の医師が東大泉に駆けつけた。強心剤やブドウ糖の注射に加え、輸血などの応急処置を施したが、富太郎は眠りつづけ、〝全くの危篤状態〟に陥った。主治医の日野は「もう一、二時間しかもたない」と駆けつけた家族に告げた。

一八日午前〇時、富太郎の病室から出て報道陣の前に現れた石崎達医師が「ちょっと持ち直したようです」と公表したが、午前二時に現れた早川宏医師は「十分ぐらい前から全力呼吸ができなくなり、下アゴ呼吸になった」と語った。続いて午前三時に現れた間徳之医師は「シェーン・ストークス呼吸（浅くなったり深くなったりする呼吸の意）になった。最終的な症状です」と告げ病室へ戻った。

午前三時四三分、病室の中からすすり泣く声が漏れた。病室から急ぎ足で再び石崎達医師が現れると、待機していた四〇～五〇人の報道陣がその回りに集まった。石崎医師は「一八日午前三時四三分、牧野富太郎氏死去」と発表し、武蔵野の未明の闇に報道陣のフラッシュが光った。

その日（昭和三二年一月一八日付）の『毎日新聞』朝刊に次の記事が掲載された。

危篤で十八時間半も生き永らえた不思議な生命力

牧野博士はとうとう十八日午前三時四十三分、死亡した。

博士は十七日朝九時ごろ起きたおう吐がもとで急に呼吸困難と血液循環系の虚脱状態（血液が体の重要な部分に回らず、内臓などによけいにたまること）を起し、全くの危篤状態となった。東大物療内科の日野和徳助教授をはじめ、石崎達、早川宏、三田八玄、間徳之各博士ら主治医がかけつけ、動脈内にブドウ糖、強心剤の注射、輸血などを行なった。その結果「もう一、二時間しかもたない」とみられた牧野博士は、医学史上前例をみないという奇跡を生み十八時間半も生きつづけた。

主治医団は「牧野先生については、なんとしても生命の限界がわからない」と口をそろえていっていたが、やはりだめだった。主治医らの発表を綜合すると、容体悪化は、去る十五日の「成人の日」に水を飲みすぎたことが直接の原因で、肺付近に水がたまって体に変化を起こし、十七日朝急におう吐をもよおした。それとともに呼吸困難と循環系の虚脱状態を起こしたものだった。

主治医の石崎達博士は十八日午前四時、次のように発表した。牧野博士は十八日午前三時から呼吸マヒのきざしがみえた。主治医団はあらゆる手をつくし、最初のうちはある程度の反応があったが、同三時半呼吸がとまり、三時四十三分ついに心臓がとまった。呼吸マヒが先にきたもので、心臓は最後まで動いていたが、最後に心臓マヒを起したのである。

三度目の奇跡は起らず、暗やみの中に電灯だけがコウコウとしていた。牧野博士宅の話し声が十八日午前ごろぷつっととだえ、家族たちがぱたぱたと病室にかけ入る姿がみえた。それからわずか十三分後の三時四十三分ついに博士は眠るように息をひきとった。三度目の奇跡はついに起らなかったのだ。

石崎主治医が記者団に死去の報を知らせにあたふたと玄関にかけ出る。博士の病室からは家族や教え子たちのすすり泣きの声が聞こえてきた。午後四時、その一生を博士のつきそいと看護にささげた二女鶴代さんがハンカチで目をおおいながら痛々しいエプロン姿で玄関に現われた。鶴代さんは泣きくずれながら報道陣に「ありがとうございます…」といったきり黙ってしまった。それからやっと「父はきょうまでよく生きてくれました。ほんとうに眠るようになくなりました。満足そうなお顔でした」というとそのまま奥に姿を消した。なお博士の遺言はなかった。

（『毎日新聞』昭和三二年一月一八日）

「もう一、二時間しかもたない」と医師の宣告を受けてから一八時間半後の翌一八日午前三時四三分、富太郎は寿衛が残した練馬区東大泉五五七の自宅で家族や教え子たちに見守られながら静かに眠るように息を引き取った。行年九四歳。

富太郎の遺体は東大泉から本郷に移送され、同一八日午前一一時半より東京大学病理解剖室で三宅仁《まさし》（一九〇八－一九六九）病理学教授執刀の下で解剖された。遺体解剖には東京大学物療内科の日野和徳、石崎達、早川宏、三田八玄、間徳之の五人の主治医団に加え、富太郎の直弟子の朝比奈泰彦東京大学名誉教授と富太郎の三男牧野百世が立ち会った。

三宅仁教授は富太郎の病理解剖をおこない、その診断結果を発表した。それによると、富太郎の体は腹部の大動脈硬化症が進行し、心臓の冠状動脈の硬化もみられた。さらに、両肺突部に結核の痕が確認でき、肋膜に液体が認められたため肋膜炎も発病していたと推察された。

これらのことから、九四歳の高齢のために身体が老衰していたことに加え、狭心症の発作が起きたことが直接の死因となったと判断された。

また、腎臓、腎盂《じんう》に豆粒大の多数の尿石がみられたが、これは富太郎が菜食よりも肉食を好んだために長い間に次第に貯まったものと思われる。また、背骨が一箇所骨折した痕が認められ、これは富太郎が七八歳のときに犬ヶ岳でツクシシャクナゲを採集中、崖から転落したときの痕跡と思われた。なお脳の重さは一一八〇グラムで、普通男子の平均約一三五〇グラムよりやや軽かった。

同一八日午後七時から、東大泉の富太郎の自宅で通夜がおこなわれた。祭壇は、富太郎の写真を包むように、各方面から送られた菊やカーネーションなどの大きな花束で埋まった。さらに、富太郎の熱烈なファンを多数擁する牧野植物同好会の会員たちが取るものも取りあえず通夜に駆けつけ、近所に自生する草花を採取してススキ（*Miscanthus sinensis*）、クマザサ（*Sasa veitchii*）、オニドコロ（*Dioscorea tokoro* Makino）など、武蔵野に野生する草花を霊前に飾った。

生前親交のあった昭和天皇からは、牧野富太郎の霊前に御供物料として金一封が供えられた。また、牧野富太郎に従三位勲二等旭日重光章が贈られ、文化勲章が授与された。

名誉都民第一号の牧野富太郎には、東京都から青山葬儀所を無料で提供されることになり、葬儀委員長を朝比奈泰彦東京大学名誉教授、副委員長を渋谷都渉外広報局長と三宅驥一東京大学名誉教授が務め、青山葬儀所で二二日午後一時から仏式によりおこなわれることが、一八日に同家で決定し広報された。

左記は、葬儀当日の『朝日新聞』夕刊である。

祭壇に野菊の山、牧野富太郎博士の葬儀

牧野富太郎博士の葬儀は二十二日午後一時から東京の青山葬儀所で行われた。天皇陛下から贈られたラン（蘭）をはじめ知人、弟子からの生花に埋まった祭壇の中央で、右の耳に手をあてた博士の写真はいかにも花の精のささやきに聞き入っているようなやさしい面影だった。瀬尾文相、山田学士院院長ら九人が弔詞を読んだあと、喪主の牧野百世氏、朝比奈泰彦葬儀委員長、親族らが焼香の代りに野菊の花を一輪ずつそなえた。

二時からは一般の告別式に移ったが、博士をしのんで集まった人が約千五百人、祭壇はこの人たちがそなえた野菊の花で山が築かれた。

(『朝日新聞』昭和三二年一月二二日夕刊)


青山葬儀所の祭壇には、天皇陛下から届けられたランの供物をはじめ、色とりどりの生花が遺影を取り囲むように供えられた。遺影の横には「浄華院殿富嶽顕秀大居士」と墨書した戒名が掲げられた。また、東京都は名誉都民の死去にともない名誉都民条例に基づき金一〇万円を霊前に供えた。告別式は午後一時からはじまり、喪主の牧野百世が祭壇の前に歩み出て献花台に野菊を一輪手向けた。親族ならびに来賓の献花に引きつづき、午後二時から一般の告別式がおこなわれた。全国から富太郎を偲んで駆けつけたおよそ一五〇〇名による長蛇の列ができ、祭壇の前には多くの参列者が献花した野菊の花の山ができあがった。

富太郎の墓は尊重院天王寺の墓地(台東区谷中七丁目一六)に、先に亡くなった寿衛夫人の墓石の隣に並んである。

牧野標本館と牧野記念庭園

昭和一六年(一九四二)に安達潮花《ちょうか》から寄贈され東大泉の牧野邸の前庭に建った「牧野植物標品館」は、富太郎の生前中から老朽化のために頻繁に雨漏りが発生するようになり、四〇万点の貴重な標本の腐敗や腐蝕が懸念される状態となった。「雨漏りで腐りかけている牧野標本を救おう」という声が全国的に起こり、それを知った安井誠一郎（一八九一－一九六二）東京都知事は、名誉都民の富太郎に標本館を建てることを約束した。しかし富太郎は、その約束から僅か四ヶ月後に標本館の建設計画を見ることもなく逝去した。

富太郎の死を受けて驚いた東京都は、牧野標本館建設計画に着手する。富太郎が生前収集した四〇万点に上る植物標本は世界的な収集品として永久に保存し、研究者や一般の利用に役立てるために東京都と関係者（学者ならびに牧野家）の間で牧野標本館準備委員会が設けられ、委員長を朝比奈泰彦東京大学名誉教授が務めることになった。

当初、学者側は東大泉の牧野邸内に標本館を建設し、標本館と牧野邸跡を一体として保存するよう求めたが、東京都は敷地が狭いなどの理由から同意せず、代わりに近隣の石神井公園などを候補地に上げたが、適当な用地確保ができる見通しがつかず、実現しなかった。その後、紆余曲折を経て、牧野標本館を東京都立大学内に建設し、それとは別に東大泉の牧野邸跡を史跡として保存することで合意した。

現在、東京都立大学牧野標本館（東京都八王子市南大沢一－一）に、牧野家の遺族から寄贈された標本約四〇万点が収められている。当初は新聞紙の間に挟まれ、その上に採集記録のデータが記入されただけの未整理の状態のものも多かったが、植物名を同定し直し、新たにラベルを作り換え、新しい台紙に貼付するなどの整理作業などがおこなわれ、今日ではほぼ整理も終了した。

牧野標本館が収蔵する標本のなかには、富太郎が日本で最初に発見したヤマトグサやムジナモなど、新分類群として発表した貴重なタイプ標本約八〇〇点が含まれる。これらのなかには、現在すでに野外では見ることができない絶滅した植物や、絶滅に瀕している植物の標本が多数収められ、日本の植物相を研究するうえでかけがえのない貴重な資料となっている。

一方、昭和三三年一二月一日に富太郎の終の住み家となった東大泉の住居跡に練馬区立牧野記念庭園が開園し、平成二一年(二〇〇九)には国の登録記念物(遺跡および名勝地)に登録された。

武蔵野の野趣豊かな大泉で植物の研究に没頭した富太郎が、〝我が植物園〟と称してこよなく愛した庭に、彼が生前みずから求めた三〇〇種類以上の草木類が植栽され、スエコザサ、メタセコイア、ヘラノキ、センダイヤザクラ、サイカチなど、富太郎にゆかりのある珍しい植物を見ることのできる貴重な場所として開放されている。

私は石神井公園を散歩する序《つい》でに、足を伸ばして牧野記念庭園によく立ち寄る。石神井公園から大泉駅につづく学芸大通りを一五分ほど歩くと、「牧野庭園前」の交差点の標識が見える。それを西に曲がると、すぐに牧野記念庭園の正門の前に出る。牧野記念庭園は一般に広く無料公開されているため、入り口に係員などはいない。

門を入ってすぐの散策路の入り口に、小さな歌碑が置かれている。歌碑はササに埋もれるように置かれ、注意していないと気づかずに通り過ぎてしまう。しかし、この小さな歌碑は牧野庭園で私が最も愛するお気に入りの場所である。

富太郎の愛妻寿衛が大正一五年(一九二六)に大泉に自宅を建ててから富太郎と家族はここで暮らし、昭和三二年(一九五七)に九四歳で亡くなるまでの三〇余年の間、富太郎はこの場所で研究生活を全うし、終の住み家とした。昭和三年に寿衛が亡くなると、富太郎は前年に仙台で発見した新種のササに対して、妻の名が永遠に残るように「スエコザサ（寿衛子笹）」と命名した。このとき富太郎は妻への感謝を込めて歌を詠み、庭にスエコザサを植えて寿衛を偲ぶよすがとした。歌碑には、そのとき富太郎が詠んだ句が二句刻まれている。

私は歌碑をぼんやりと眺めた。青々と茂ったスエコザサの葉が武蔵野の風にさやさやとそよいでいる光景を飽かず眺めながら、寿衛夫人を偲んだ。

家守りし妻の恵みや　我が学び
世の中のあらん限りや　するゑ子笹

歌碑の左手に、本庭園の主人である牧野富太郎の晩年の和服姿の胸像（分部順治作、一九八五年）が立ち、その像を取り囲むようにしてスエコザサがつややかな緑の葉を茂らせていた。

富太郎は寿衛が亡くなった後、この地を拠点に北は北海道の利尻から南は南西諸島の奄美まで、日本列島の野山の隅々に植物採集に出かけ、採取した植物の一部を庭に移植して、「我が庭はラボラトリーの名に恥じず」と言って、庭を四季折々の草花で飾った。

晩年、富太郎は全国各地に植物採集に出かけることができなくなった。その彼が最後の植物探索の地としたのは、寿衛が見つけた武蔵野の東大泉の自宅の庭であった。富太郎はお気に入りの植物の苗や種を全国から取り寄せて庭に植えた。そうして一つひとつ手植えをして育てた〝我が植物園〟は、未踏の秘境を探検しなくとも、四季の折々の光と空気をまとっていつでも瑞々《みずみず》しい姿を老境の身の富太郎に現してくれたのである。

富太郎の像を見上げると、後ろに高さ二一メートルの巨木がそそり立つ。落葉高木のメタセコイアである。当初メタセコイアは日本を含む北半球で化石として発見され、すでに絶滅した植物と考えられていたが、一九四五年に中国四川省の奥地で自生していることが確認され、植物学上の大ニュースとなった。富太郎は、中国に自生するスギ科メタセコイア属の一属一種の珍しいメタセコイアの苗木を入手し、ここに植えたのである。

庭園のほぼ中央、見本園の手前に高さ一五メートルのヘラノキ（シナノキ科シナノキ属）の大木が枝葉を出して茂っている。学名は *Tilia*《ティリア》 *kiusiana*《キウシアナ》 Makino《マキノ》 et《エト・》 Shirasawa《シラサワ》 で、富太郎が発見し名づけた植物の一つである。本来は、紀伊半島以西の中国四国九州地域に自生する日本固有種で、東京でこのような大木を見ることは珍しいが、この木も富太郎が九州の知人からわざわざ苗を取り寄せて植えたものだ。いまでは地元の練馬区の名木に選ばれ、「ねりまの名木」のプレートが掲げられている。和名の「ヘラノキ」は、ヘラ形の苞葉《ほうよう》が付くことから名づけられ、錦秋には美しい黄葉と落葉が楽しめる。

▲「家守りし妻の恵みや我が学び」「世の中のあらん限りやすゑ子笹」と刻まれた歌碑（著者撮影）

▲牧野富太郎の胸像（著者撮影）

庭園を奥に向かって進むと、富太郎の仕事場の繇條《ようじょう》書屋《しょおく》のあった鞘《さや》堂（旧住居を鉄筋コンクリートで覆った建物）があり、その前の公衆トイレの横に、サイカチの木が生えている。サイカチ（*Gleditsia japonica*）は、マメ科サイカチ属の落葉高木である。富太郎は、昭和三一年に出版した『牧野植物一家言』の「サイカチ（皂莢）」の項で、次のように書いている。

　サイカチは西海子と書き、カイカシと言うらしいが、今日では、サイカチと言っている。この樹の枝に出る単羽状葉は、皆短枝から出るのだが、しかし長枝の基部にもまた見える。再羽状を成すものは、唯長枝上のみに見えるのみである。

　この大きな莢《さや》は、馬の体を洗うに用いられるが、それは、その莢に、石鹸性の性質を含んでいるからである。

（『牧野植物一家言』北隆館、一九五六年）

右の一文で富太郎は、「サイカチ（皂莢）」の莢は、馬の体を洗う際などに石鹸として用いられる、と紹介している。

サイカチは花期の初夏に淡黄緑色の小花をつけ、果期の秋には二〇〜三〇センチメートルの長さの莢ができる。莢にはサポニンが多く含まれ、油汚れを落とす石鹸の代わりとして古くから洗剤や入浴時などに多用された。サイカチの莢を水につけて手で揉《も》むと滑《ぬめ》りと泡が出る。これを石鹸の代わりに利用したのである。石鹸が登場し普及したのちも、石鹸のアルカリで傷む絹の着物の洗濯などに、サイカチの莢は用いられ重宝された。

現在、公衆トイレのある場所は、かつての牧野邸の台所や風呂場のあった裏庭に位置する。そのため富太郎は、石鹸の代わりに用いられたサイカチの木を台所や風呂場の裏庭に植えたのだろう。また、莢の中に一センチメートルほどの大きな丸い豆果《とうか》の実がなる。サイカチ属（*Gleditsia*）の豆果は「皂莢《そうきょう》」という生薬でもあり、漢方では利尿薬などに用いられる。一般公開されている庭園の公衆トイレの前に奇しくも利尿薬として用いられるサイカチの木が生えているのを見ると、主人のいない庭園に、いまも見えない形で富太郎の意志が働いているのではないかと思えてくる。

花と恋して九〇年

三歳で父を亡くし、五歳で母を失った富太郎は、自叙伝の最初の項で「父の顔も、母の顔も記憶にない。私はこのように両親に早く別れたので親の味というものを知らない。育ててくれたのは祖母で、牧野家の一人息子として、とても大切に育てたものらしい」（「幼年期」『牧野富太郎自叙伝』中嶋書房）と書き記している。

富太郎は、造り酒屋の豪商岸屋に生まれ、望む物はすべて祖母から与えられた。何不自由のない恵まれた環境のなかで天性の才能を思うがままに伸ばし、長じて日本人の誰もが知る国民的植物学者となった。しかし、もしも富太郎が、両親の膝下《しっか》で跡取り息子として必要な社会の規範を躾《しつ》けられ、処世術を身に付けた商家の主人として育てられたなら、富太郎は家業を継ぎ、植物学者の道には進まなかったかもしれない。

富太郎が昭和三二年に亡くなったあと、牧野家の遺族の意向によって繇條書屋に所蔵された四万五〇〇〇冊のすべての蔵書は郷里の高知県に寄贈され、現在、高知県立牧野植物園（高知市五台山四二〇〇－六）に開設された牧野文庫の収蔵庫に収められている。

富太郎が研究の進展に資するために蒐集した四万五〇〇〇冊の蔵書（古書市場で四億円に相当）のなかには、小野蘭山の『重訂本草綱目啓蒙』、貝原益軒の『大倭本草』、飯沼慾斎の『草木図説　木部』の未完の自筆本、宇田川榕菴の『植学啓原』全三巻、伊藤圭介訳の『泰西本草名疏』（ツンベルク原著）、さらに洋書ではケンペルの『廻国奇観（Amoenitates Exoticae）』、ツンベルクの『日本植物誌（Flora Japonica）』、シーボルトとツッカリーニの『日本植物誌（Flora Japonica）』などの稀覯本《きこうぼん》も多数含まれる。また、版が異なる同一本や印刷が異なる同一版の本も複数収蔵し、富太郎が金に糸目をつけずに稀覯本を徹底して蒐集したことが窺える。

その資金の多くは、実家の岸屋からの送金で賄われ、そのため岸屋は店を畳むことになった。その一方で富太郎は、二〇歳のころに植物学者になるための心得として誓った〝書籍の博覧を要す（植物記載の書をでき得る限り多く読むこと）〟や〝吝財者《りんざいしゃ》は植学者たるを得ず（財を惜しんではならないこと）〟など、「赭鞭一撻」の誡めを終生実践し、日本が世界に誇る植物学者になったのである。

牧野文庫にはそれらの蔵書のほかに、富太郎が描いた多くの植物図や研究ノート、日記、手紙など、遺品類を含めて約一万五〇〇〇点が収蔵され、富太郎を研究する者にとって一度は訪れたい重要な施設となっている。

富太郎は多くの人びとに多大な影響を与えると同時に、多くの人びとに支えられて成長した。たとえば、矢田部初代教授が富太郎に東京大学への出入りを許さなければ、富太郎が植物学を研究することも研究を発表することもできなかっただろう。また、松村教授が富太郎を東京帝国大学の助手に採用しなければ、植物図鑑の校訂者に起用されることも、その後植物図鑑をみずから著すこともできなかったかもしれない。

富太郎と大学との間に確執があったことは有名だが、富太郎が窮地に追い込まれる度に味方する朋友が現れ、また経済的に困窮すればその都度どこからともなく支援者が現れて、絶体絶命の富太郎を救出した。

富太郎は、家族の期待を裏切って岸屋の身代を食い潰し、同僚の嫉《ねた》みを買い、支援者の信頼をしばしば失った。その一方で、よりの多くの人びとから愛され、日本で最も知られる植物学者となった。当の富太郎は、死の前年に書き上げた自叙伝でこう言う。

しかしまことに残念に感ずることは、私のような学風と、また私のような天才（自分にそう言うのはオカシイけれど）とは、私の死とともに消滅してふたたび同じ型の人を得る事は恐らく出来ないという事です。

（『牧野富太郎自叙伝』長嶋書房、一九五六年）

富太郎は植物の研究を通してみずからを天才であると確信し、その確信はまわりの者にも大きな影響をおよぼした。富太郎が天才であることを、祖母の牧野浪子も、初代教授の矢田部良吉も、二代目教授の松村任三も、妻の牧野寿衛も、朋友の池野成一郎も、支援者の池長孟も、ライバルの南方熊楠も、彼のまわりにいるすべての人びとが、じつは認めていた。

富太郎は、少年時代から自分が偉大な植物学者になることを信じて疑わなかった。そして彼の信念どおりに、見事に日本を代表する植物学者になった。その主な要因は、富太郎が生まれた時代が本草学から植物学へ大転換する移行期と重なったこと、また伊藤圭介や宇田川榕菴などの優れた蘭学者の翻訳本や解説書を入手できる環境にあったこと、さらに東京大学の矢田部教授が富太郎に大学への出入りを許したことなど、さまざまな要因を挙げることができる。しかし、最も大きな要因は、富太郎が他のすべてを投げ打ってただひたすら植物を愛しつづけた能力にある。富太郎が植物を愛する信念にも似た強い想いが、富太郎を日本で最も知られ、最も愛される植物学者にしたのである。

植物分類学は、植物の形態や構造をできる限り客観的に詳細に記載する学問分野である。そして植物分類学者には、より多くの植物を観察し、その植物が他の植物と似ている点と異なる点を詳細に比較検討し、的確に種を特定することが求められる。

すべての点で共通する植物を同種と認め、異なる点が一つ以上認められることで、別の種（新種）が規定される。そして、新種の発見は植物学者にとって大きな業績となる。しかし、じつはある植物を新種であると規定するよりも、同種であると同定するほうが難しい場合も多い。

富太郎が、一見するとほとんど同じように見える植物を執拗なまでに時間をかけて何度も繰り返し観察した背景には、植物分類学に特有の思想と哲学があった。けだし、富太郎は個々の植物の僅かな違いのなかに、その種の普遍的な本質を読み解こうとした孤高の植物学者なのである。『牧野植物図鑑』はいまも植物観察をおこなう際の必携の書であり、その植物図鑑の名著を著した牧野富太郎は、植物愛好家たちをはじめとする多くの人びとにとって伝説的な偉人でありつづける。それは、九〇余年の人生のすべてを愛する植物のために尽くした富太郎の、子どものような天真爛漫《らんまん》な赤心が、植物の精に届いた結果にほかならない。

「終りに臨みて謡うていわく、学問は底の知れざる技芸なり」（『牧野富太郎自叙伝』昭和三一年）。その句には、九四歳の身となっても尽きることのない富太郎の学問に対する知識欲を垣間見ることができ、老境に入ってもなお旺盛な探究心に圧倒される。

昭和三一年（一九五六）九月、齢《よわい》九四になった富太郎は、死の四ヶ月前に自伝的随筆『植物学九十年』（宝文館）を上梓した。その本の扉に掲載した自筆の都々逸《どどいつ》は、彼の生涯を何よりも雄弁に語っている。

草を褥《しとね》に　木の根を枕　花と恋して　九十年

牧野結網

「日本の植物学の父」と呼ばれる牧野富太郎が旅立ってからすでに六〇余年が経つが、いまも富太郎は彼の地で花と恋しているのだろう。

あとがき

本書の執筆を思い立ったのは、二〇二一年立秋のころのことです。二〇〇五年に「日本植物学の父・牧野富太郎」上山明博作・帯ひろ志画（『小学四年生　一〇月号』所載）の取材で、高知県立牧野植物園を初めて訪れたとき、そこに展示公開されていた植物図を間近に観て衝撃を受け、その美しさに感動しました。そのときの記憶がつねに頭の片隅にあり、いつかこの人の人生を追ってみたいと思っていました。

その後私は、牧野富太郎が生まれ育った高知県高岡郡佐川町を訪ね、富太郎が九〇歳を迎えた年（一九五二）に生家跡に立てられた「牧野富太郎先生誕生之地」の記念の石碑と対面しました。そして、生家からほど近い佐川町立青山文庫に伺い、学芸員の藤田有紀氏に牧野家の由来や富太郎の生い立ちなどについて取材しました。次いで、牧野富太郎の分骨墓のある牧野公園の山麓に位置する臨済宗の禅寺・龍淵山青源寺に参堂し、第一七世生玉道雄住職から牧野富太郎の人間形成に祖母の教育や佐川の自然環境が色濃く反映していることなどについてのお話をお聞かせいただき、本格的な取材執筆活動に入りました。

私は国立国会図書館東京本館に足繁く通う傍ら、牧野富太郎の足跡を追って富太郎のゆかりの場所を訪ね歩きました。たとえば、東京都江戸川区のムジナモ発見の地を訪ね、江戸川区ムジナモ保存会会長の中嶋美南子氏から貴重なムジナモの花の写真を拝見させていただきました。

また、高知県立牧野植物園牧野文庫を訪ねた際は、多端の時期にも関わらず司書の小松みち氏ならびに村上有美氏の手を煩わせ、牧野富太郎の植物図や手紙、蔵書などを閲覧させていただきました。さらに、富太郎の生家跡に建つ牧野富太郎ふるさと館を訪ねた際は、佐川観光協会理事吉野毅氏のご助力により、牧野富太郎の著作物や佐川史談会の機関誌『霧生関』など、貴重な書籍や研究資料を拝見させていただきました。

また、練馬区立牧野記念庭園に伺った折は、牧野富太郎の曾孫（牧野鶴代氏の孫）で練馬区立牧野記念庭園学芸員の牧野一涬氏をはじめ、同学芸員の田中純子氏ならびに伊藤千恵氏にお会いし、牧野家に関するお話をお聞きかせいただきました。こうして、伺った先々でお会いした多くの方々からご協力を得ながら取材をつづけました。

一方、執筆においては、牧野富太郎研究に関する多くの先達に導かれて著述をつづけることができました。

わけても、牧野富太郎を師とする上村登氏（植物学者・故人）が著した牧野富太郎伝の先駆である『花と恋して』（高知新聞社、一九九九年）、高知出身の作家大原富枝氏（勲三等瑞宝章受章・故人）の遺作となった『草を褥に』（小学館、二〇〇一年）、佐川町立青山文庫学芸員松岡司氏（元館長・故人）が牧野書簡を解説した『牧野富太郎通信』（トンボ出版、二〇一七年）など、牧野富太郎に関する多くの注目すべき先行研究があり、それらの優れた研究成果の礎のうえにはじめて本稿は書き下ろすことができました。

出版に当たっては、前著『北里柴三郎――感染症と闘いつづけた男』（二〇二一年）に引きつづき、私が信頼を寄せる青土社書籍編集部長の菱沼達也氏に編集を託し、今回もまた素敵な本に仕上げていただきました。

一年半の歳月を経て、この度お陰をもちまして漸う本書を世に出すことができました。この間の取材・執筆・制作の過程でお会いし、ご協力いただいたすべての皆さまに改めまして感謝申しあげます。

二〇二三年一月　東京・練馬石神井の自宅にて

上山明博

牧野富太郎年譜

年号	西暦	年齢	事項
文久　二	一八六二		・四月二四日（新暦五月二二日）、土佐国高岡郡佐川村西町組一〇一番屋敷の「岸屋」の当主牧野佐平とその妻久寿に待望の長子が生まれ、「成太郎」と名づけられる。長じて「日本の植物学の父」と呼ばれ、誕生日の四月二四日はのちに「植物学の日」に制定される。
慶応　元	一八六五	三	・七月六日、成太郎が三歳のとき父佐平が流行病に罹患し三八歳で急逝。
慶応　三	一八六七	四	・二月二二日、成太郎が四歳のとき母久寿が三四歳で病没。
明治　元	一八六八	六	・牧野家第四代当主の祖父小左衛門が七四歳で病没。 ・祖母浪子により成太郎から富太郎に改名。
明治　五	一八七二	一〇	・この頃より裏山の金峰神社で植物観察をはじめる。
明治　六	一八七三	一一	・郷校の名教館に入り儒学者伊藤蘭林に洋学を学ぶ。 ・小沢寿衛（のちの妻、牧野寿衛）生まれる。
明治　七	一八七四	一二	・佐川村に小学校が開校し下等八級に入学。授業で文部省博物局編纂の『博物図』を見て感動する。
明治　九	一八七六	一四	・佐川小学校を下等一級まで進級した際に自主退学。

明治一〇	一八七七	一五	・佐川小学校の授業生となり月三円の給金を得て教鞭をとる。
明治一一	一八七八	一六	・宇田川榕菴の『植学啓原』を書き下し文に訳し写本した『植学啓原訳文』を作成。その表紙見返しに「明治十一年初春、遅日園訳且写」と記す。
明治一二	一八七九	一七	・六月、佐川小学校の授業生を退職し高知の五松学舎で学ぶ。
明治一三	一八八〇	一八	・永沼小一郎と会い植物学の話で意気投合する。
明治一四	一八八一	一九	・四月、東京上野で開催される第二回内国勧業博覧会の見物を兼ね、洋書や顕微鏡購入のために上京。文部省博物局に田中芳男、小野職愨を訪ね知遇を受ける。 ・この年猶（旧姓山本、一七歳）との祝言が岸屋で執りおこなわれる。 ・このころ植物学者になるための心得として「赭鞭一撻」を記す。
明治一七	一八八四	二二	・七月、植物学者になるために二度目の上京。東京大学理学部植物学教室の矢田部良吉初代教授と面会し教室への出入りを許される。
明治一九	一八八六	二四	・四月一日、帝国大学令の発令により東京大学は帝国大学に改組し、東京大学理学部は帝国大学理科大学となる。
明治二〇	一八八七	二五	・二月一五日、田中延次郎の発案で『植物学雑誌』（東京植物学会）を創刊。創刊号に「日本産ひるむしろ属」を寄稿。 ・五月六日、祖母牧野浪子が七七歳で他界。牧野家第六代当主として喪主を務める。 ・一二月、小沢寿衛（一四歳）と下谷区根岸の御院殿跡の離れ家で一緒に暮らしはじめる。
明治二一	一八八八	二六	・一〇月、長女園子が生まれる。 ・一一月一二日、『日本植物志図篇　第一巻第一集』を敬業社から出版。

			・一二月一〇日、『日本植物志図篇』を松村任三、大久保三郎両助教授が『植物学雑誌第二巻第二二号』批評欄で絶賛。 ・伊藤篤太郎が英国ロンドンの植物学雑誌にトガクシソウ（Ranzania japonica T.Itô ex Maxim.）を発表。これを受けて矢田部教授が伊藤篤太郎を破門。
明治　二二	一八八九	二七	・一月一〇日、『植物学雑誌　第三巻第二三号』で新種のヤマトグサに初めて学名を与え〝Thelygonum Japonicum, n. sp. Okubo et Makino.〟と記す。
明治　二三	一八九〇	二八	・五月一一日、東京府小岩村の江戸川河川敷の用水池でムジナモを発見し採集。 ・一一月二日、矢田部良吉教授から植物学教室への出入りを禁止される。
明治　二四	一八九一	二九	・二月一六日（ユリウス暦二月四日）、ロシアへの亡命を計画するもマキシモヴィッチ（六三歳）がインフルエンザに罹患して急逝したため頓挫。 ・九月二五日付の牧野猶の封書で、これ以上の金策は最早一存ではできない旨の文が届き帰省。
明治　二六	一八九三	三一	・一月一九日、長女園子（四歳）急死の電報を受けて帰京。翌二〇日、園子の葬式をおこなう。 ・一〇月一〇日、帝国大学農科大学の研究室の一隅でムジナモの花などの解剖図を写生し『植物学雑誌　第七巻第八〇号』で発表。 ・菊池大麓理科大学長の推挙により松村任三第二代植物学教室主任教授の下、俸給一五円で理科大学助手に任官。
明治　二七	一八九四	三二	・三月三一日、矢田部良吉教授が非職満期につき免官し正式に帝国大学理科大学を辞す。

明治 二九	一八九六	三四	・一〇月二〇日、平瀬作五郎がイチョウの精虫を発見し『植物研究雑誌 第一〇巻第一一六号』で発表。池野成一郎がソテツの精虫を発見し『植物研究雑誌 第一〇巻第一一七号』で発表。
明治 三二	一八九九	三七	・八月九日、理学博士矢田部良吉（四七歳）が鎌倉海岸で溺死。
明治 三三	一九〇〇	三八	・二月二五日、『大日本植物志 第一巻第一集』（東京帝国大学理科大学植物学教室編纂、東京帝国大学発行）を刊行。
明治 三七	一九〇四	四二	・九月七日、小沢寿衛が牧野富太郎の戸籍に入り牧野姓に改姓する。
明治 三九	一九〇六	四四	・村越三千男編集、牧野富太郎校訂による『普通植物図譜』を出版し好評を博す。
明治 四〇	一九〇七	四五	・二月一日、村越三千男編集、牧野富太郎校訂による『野外植物之研究』を出版。
明治 四一	一九〇八	四六	・一〇月二二日、村越三千男編集、牧野富太郎校訂による『植物図鑑』を出版。植物図鑑ブームが起こる。
明治 四二	一九〇九	四七	・八月、愛知県伊良湖崎の植物採集の際、旅館で吐血し意識を失う。 ・一〇月、横浜植物会が設立し講師となる。
明治 四四	一九一一	四九	・七月三〇日、南方熊楠の明治四四年六月一三日付の書簡に答えて熊楠宛てに書簡を送る。 ・一〇月、東京植物同好会が設立し会長となる。
明治 四五	一九一二	五〇	・一月三一日、東京帝国大学理科大学講師に任用され三〇円に昇給。
大正 五	九一六	五四	・四月五日、『植物研究雑誌』を創刊。主筆、編集者、発行者を兼任。
大正 七	一九一八	五六	・一〇月三一日、池長植物研究所の開所式を挙行。

大正　一一	一九二二	六〇	・三月三一日、東京帝国大学理科大学植物学教室松村任三第二代主任教授が定年を迎え退任。
大正　一三	一九二四	六二	・九月二三日より和歌山県西牟婁郡田辺町に入り九日間逗留してキキョウラン、ジョウロホトトギス、ツルコウジなどを採取。地元同行者宇井縫蔵が南方熊楠の家に案内すると申し出るも断る。
大正　一五	一九二六	六四	・五月三日、東京府北豊島郡大泉村上土支田五五七番地の武蔵野の雑木林が茂る七〇〇坪の土地に二階建ての木造家屋に転居し終の住み家とする。
昭和　二	一九二七	六五	・四月一六日、理学博士の学位を受け一二円昇給。 ・一二月一日、仙台市の三居沢に自生する新種のササを発見し採取。のちに妻を記念して「スエコザサ」と命名。
昭和　三	一九二八	六六	・一月一八日、牧野寿衛が東京帝国大学医学部付属病院に緊急入院。 ・二月二三日、牧野寿衛が五五歳で病没。
昭和　六	一九三一	六九	・四月一一日、小石川の東京帝国大学付属植物園の帰途、自動車事故で重傷を負い東京帝国大学付属病院に救急入院。
昭和　一一	一九三六	七四	・一〇月二二日、『牧野植物学全集』（誠文堂新光社）の刊行が完結。
昭和　一二	一九三七	七五	・一月二五日、昭和一一年度朝日文化賞を受ける。
昭和　一四	一九三九	七七	・五月二五日、東京帝国大学理学部寺沢寛一部長に辞表を提出し辞任。
昭和　一五	一九四〇	七八	・九月、大分県犬ヶ岳山頂付近の岩場に群生するツクシシャクナゲを採取する際崖から落下。転落事故で背骨を骨折していたことがのちに判明。

昭和一六	一九四一	七九	・一一月、東大泉の邸内に安達潮花より「牧野植物標品館」を寄贈される。 ・一二月、神戸の池長植物研究所に所収していた一〇万点の植物標本を池長孟が無償で返還。
昭和一七	一九四二	八〇	・一月一四日、南方熊楠（七四歳）の訃報に接し「南方熊楠翁の事ども」と題する追悼文を『文藝春秋』昭和一七年二月号に寄稿。
昭和一八	一九四三	八一	・八月二〇日、自伝的随筆『植物記』（桜井書店）を出版。
昭和二〇	一九四五	八三	・五月、山梨県北巨摩郡穂坂村に疎開。 ・一〇月二四日、疎開先より帰京。
昭和二二	一九四七	八五	・六月二〇日、自伝的随筆『牧野植物随筆』（鎌倉書房）を出版。
昭和二三	一九四八	八六	・一〇月七日、皇居に参内し昭和天皇に植物学の御進講をおこなう。
昭和二四	一九四九	八七	・六月二三日、意識を失い本郷の大学病院に緊急入院。急性大腸炎を起こして一週間危篤状態となる。 ・『四季の花と果実』（通信教育振興会）を出版。
昭和二六	一九五一	八九	・七月二一日、第一回文化功労者に選出され文化年金五〇万円を受ける。
昭和二七	一九五二	九〇	・四月六日、郷里の佐川町岸屋跡地に「牧野富太郎先生誕生之地」の記念碑が建てられる。
昭和二八	一九五三	九一	・一月一七日、風邪を拗らせて老人性気管支炎になり肺炎を併発。抗生物質のペニシリンの投与を受け回復。 ・一〇月一日、第一回名誉都民に選ばれ表彰される。 ・『随筆　植物一日一題』（東洋書館）を出版。

昭和　三〇	一九五五	九三	・一月一日、元旦の雑煮を家族と一緒に茶の間で食べたのを最後に足腰が立たなくなり茶の間に行くことが叶わなくなる。 ・七月一日、東京植物同好会が牧野植物同好会に改名。
昭和　三一	一九五六	九四	・『草木とともに』(ダヴィッド社)を出版。 ・『牧野富太郎自叙伝』(長嶋書房)を出版。 ・『植物学九十年』(宝文館)を出版。 ・七月六日、脈の不整結滞と酸素吸入がつづき東京大学医学部附属病院物療内科から日野和徳助教授をはじめとする石崎達、早川宏、三田八玄、間徳之の五人の医師と二人の看護師が昼夜交代の二四時間体制で富太郎の手当てに当たる。 ・七月二七日ごろ、新聞やラジオで富太郎が重篤な状態であることが報道される。 ・七月三一日夕刻、昭和天皇の使者として生物学御研究所服部広太郎主任が来訪、持参したアイスクリームを食べる。
昭和　三二	一九五七		・一月一七日午前五時半、嘔吐したのをきっかけに呼吸困難と循環不全に陥り心臓ぜんそくを併発。東京大学医学部附属病院物療内科の日野和徳、石崎達、早川宏、三田八玄、間徳之の医師団が東大泉に駆けつける。 ・一月一八日、午前三時四三分死去、行年九四歳。没後従三位に叙され、勲二等旭日重光章と文化勲章が贈られる。遺骨は東京の天王寺墓地(台東区谷中七丁目一六)に、分骨された遺骨は郷里佐川町の奥ノ土居(現牧野公園)に埋葬される。

「赭鞭一撻」資料（原文のカタカナをひらがなに換え、漢字に適宜ルビを付しました）

赭鞭一撻

結網子　稿

一、忍耐を要す

堅忍不撓《けんにんふとう》の心は諸事を為すもの、決して缺《か》ぐ可《べか》らざる者にして、繁密錯雑《はんみつさくざつ》なる我植学に在ても資を此に取らざるは一として之なきなり、故を以て阻心《そしん》を去て耐心を存するものは其功を就《な》す易々《いい》たるなり。

二、精密を要す

周密詳細も亦決して失ふ可ざるものにして之に忍耐を添加して其功正に顕著なり、精細之を別て両となす心と事と是なり、解剖試験比較記載より以て凡百のことに至て皆一として此心の精を要せざるなく又事の精を要せざるなし、故を以て此心をして恒《つね》に放逸散離せしめざれば一睹《いっと》する者此に瞭然《りょうぜん》一閲する者此に粲然《さんぜん》。

三、草木の博覧を要す

博覧せざれば一方に偏辟《へんぺき》す、一方に偏在すれば遂に重要の点を決する能はず要点を発見するなきは是れ此学の病にして其病たる博覧せざるに坐するものなり。

四、書籍の博覧を要す

書籍は植物記載〔所載の意なり〕の書にして仮令《たと》ひ鶏肋《けいろく》の観を為すものと雖ども悉《ことごと》く之を渉《しょう》

ざるなり。

猟閲《りょうえつ》読《どく》するを要す、故に植学を以て鳴らんと欲するものは財を吝《おし》む者の能く為す所にあらざるなり。

五、植学に関係する学科は皆学ぶを要す

曰く物理学曰く化学曰く動物学曰く地理学曰く天文学曰く解剖学曰く農学曰く画学是皆関係を植物学に有す、数学文章学は更に論を俟《また》ざるなり。

六、洋書を講ずるを要す

其堂に造らんと欲し其胾《ししむら》を啖《くら》はんと欲する者は当《まさ》に洋籍を不講に置く可からざるなり、是れ洋籍の結構所説は精詳微密にして遠く和漢の書に絶聳すればなり、雖然《しかりといえども》是れ今時に在て之を称するのみ永久百世の論とするに足ざるなり。

七、当《まさ》に画図を引くを学ぶべし

文のみにては未だ以て其状を模し尽すこと能はず此に於てか図画なる者ありて一目能く其微妙精好の処を悉《つく》す、故に画図の此学に必要や尤《もっとも》大なり、然而《しかりしこうして》植物学者自ら図を製する能はざる者は毎《つね》に他人を倩《やとう》て之を図せしめざるを得ず是れ大に易しとする所に非ざるなり、既に自ら製図すること能はず且加るに不文を以てすれば如何して其蘊《うん》を発することを得るや決して能くせざるなり自ら之を製するものに在ては一木を得る此に摹《も》し一草を得る此に写し更に他人の労を仮らず且加るに舞文《ぶぶん》を以てせば恰《あたか》も晶盤に水を加ふるが如く彰々瞭々其微を闡《ひら》き其蘊《うん》を発するは是れ易しとする所なり之を自ら製する能はざるものに比すれば難易の懸絶《けんぜつ》するや一目其大なることを知るなり。

八、宜《よろし》く師を要すべし

書籍のみにては未だ以て我疑を解くに足らず解疑するに足らざれば師に就て之を問ふの外に道なきなり、其師とする処は必ず一人を指さず我より先に之を聴くものは生る、の我より先後に論なく皆悉く之を師として可なり、若し年の我より幼なるを見て曰く我にして彼幼者に問ふ羞《は》づ可きの至りなりと如此《かくのごとく》に至ては如何して其疑を解くを得るか其疑たる死に至て尚未だ解けざるなり。

九、吝財者《りんざいしゃ》は植学者たるを得ず

書籍を購《あがな》ふ財を要するなり、器械を求むる財を要するなり、苟《いやしく》も此学の考証に備へ此学をして益《ますます》明ならしむる所以のものは皆一として財を要せざるなし、財を投ぜざれば書籍器械等一切求むる所なし、故に曰く財を吝《おし》む者は植学者たるを得ずと。

十、跋渉《ばっしょう》の労《ろう》を厭《いと》ふ勿《なか》れ

峻嶺岡陵《しゅんれいこうりょう》は其攀登《はんと》に飽かず、洋海川河は其渡渉を厭はず、深く森林に入り軽く巌角を攀《よ》ぢ沼沢砂場に逍遥し荒原田野に徘徊するは是れ此学に従事するもの、大に忽《ゆるがせ》にす可《べか》らざる所にして当に務て之を行ふべきなり、其之を為す所以は則ち新花を発見し土産を知り植物固有の性と其如何の処に生ずるかを知るに足ればなり。

十一、植物園を有するを要す

遠地の産を致し稀有の草木を輸するときは皆之を園に栽《うえ》て之を験す可きなり、又賞玩《しょうがん》の草木に至ては随在之を自生するものに非ず故を以て之を園に培養せざるを得ず、又山地沼沢等の草木ヲ栽蒔《さいじ》して他日の考に備ふるは大に便を得る有るなり、故に植物学を修するの輩は其延袤《えんぼう》の大小を問はず当に一の植物園を設置するを以て切要《せつよう》とすべし既に園を設くれば則磁盆鋤鍬《じょしょう》の類よりして園に俟《ま》つの物は一切予置するは更に論を俟ざるなり。

十二、博《ひろ》く交《まじわり》を同志に結ぶ可《べ》し

道路の遠近を問はず山河の沮遮を論ぜず我と志を同くするものあれば年齢の我に上下するに論なく皆悉く之と交を訂し長を取て短を補ひ互に其有する所を交換すれば其益たる少小に非ずして亦一方に偏するの病を防ぐに足り兼て博覧の君子たることを得べし。

十三、邇言《じげん》を察するを要す

農夫野人樵人漁夫婦女小児の言考証に供すべきもの甚だ多し、則ち名を呼び功用を称し能毒を弁ずるが如き皆其言ふ所を記し収むべし他日其功を見ずんばあらざるなり、故に邇言取るに足らずと云が如きに至ては我の大に快しとせざる所なり。

十四、書を家とせずして友とすべし

書は以て読まざる可《べか》らず書を読まざる者は一も通ずる所なき也、雖然《しかりといえども》其説く所必ずしも正とするに足らざるなり、正未《いま》だ以て知る可らず誤未だ以て知る可らざるの説を信じて以て悉く己の心に得たりと為し独《た》だ一に書を是れ信じて之を心に考へざれば則点一に帰するなく貿々《ぼうぼう》乎として霧中に在り遂に植学を修むる所以の旨に反して其書の駆役《くえき》する所となり其身を終て後世に益するなし、是れ書を以て我の家屋と為すの弊たるのみ如此《かくのごと》くならざる者は之を書に徴《しる》して之を心に考へ心に徴して書に参し必しも書の所説を以て正確にして従ふべきと為さず反覆討尋其正を得て以て時に或は書説に与《くみ》し時に或は心に従ふ、故を以て正は愈《いよい》よ正に誤は益《ますます》遠かる正なれば之を発揚して著ならしめ誤なれば之を擯《しりぞけ》て隠ならしむ故に身を終ると雖ども後世に益あり、是れ書を以て家屋と為《せ》ずして書を友となすの益にして又植物学を修むるの主旨は則ち此に在るなり。

十五、造物主《ぞうぶつしゅ》あるを信ずる母《なか》れ

造物主あるを信ずるの徒は真理の有る所を窺ふ能はざるものあり、是れ其理隠て顕れざるものあれば其理たる不可思議なるものとし皆之を神明作為の説に附会して敢て其理を討せざればなり、故に物の用を弁ずることは外に明なりと雖ども心常に壅塞《ようそく》丕閉《ひへい》して理内に暗し、如此の徒は我植物学の域内に在て大いに恥づべき者ならずや、是れ之を強求すれば必ず得ること有るも我の理の通ぜざる処あれば皆之を神明の秘蘊《ひうん》に托して我の不明不通を覆掩《ふくえん》修飾《しゅうしょく》すればなり。

（「余が年少時代に抱懐せし意見」牧野富太郎『植物研究雑誌　第一巻第六号』植物研究雑誌社、大正六年六月三〇日）

主な参考文献

『植学啓原　一・二・三』宇田川榕庵、天保四年
『泰西本草名疏　上・下巻』カール・ペーテル・ツンベルク原著、伊藤圭介編訳、文政一二年
『垤甘度爾列氏植物自然分科表』オーギュスタン・ピラミュ・ドゥ・カンドルレ著、田中芳男訳、文部省博物局、明治五年
『植学略解』コー・ユーマン著、伊藤謙訳、文部省、明治七年
『植学訳筌』ジョン・リンドリー著、小野職愨訳、田中芳男閲、文部省、明治七年
『植学浅解』ジョン・リンドリー著、小野職愨訳、田中芳男閲、文栄堂、明治一五年
『普通植物学』モーリッツ・ゾイベルト著、丹波敬三・高橋秀松・柴田承桂三訳発行、明治一四年
『植物通解』エーサ・グレー著、矢田部良吉訳、文部省編輯局、明治一六年
『普通植物学教科書』三好学編、敬業社、明治二四年
『日本植物図解　第一－三号』矢田部良吉、丸善、明二四－六年
『大日本植物志　第一巻第一－四集』東京帝国大学理科大学植物学教室編、東京帝国大学、明治三三－四四年
『帝国大学理科大学植物標品目録』帝国大学編、丸善、明治一九年
『普通植物図譜』牧野富太郎校訂、東京博物学研究会編、積文社、明治三九年
『野外植物之研究　正・続』牧野富太郎校訂、東京博物学研究会編、参文舎、明治四〇年
『植物図鑑』牧野富太郎校訂、東京博物学研究会編、参文舎、明治四一年

「本会略史」大久保三郎『植物学雑誌　第一巻第一号』東京植物学会編輯所、明治二〇年二月一五日
「日本産ひるむしろ属（図入）」牧野富太郎『植物学雑誌　第一巻第一号』東京植物学会編輯所、明治二〇年二月一五日
「ゼリゴナム一種の発見（図入）」牧野富太郎『植物学雑誌　第一巻第九号』東京植物学会編輯所、明治二〇年一〇月二五日
「牧野富太郎著日本植物誌図篇第一巻第一集及第二集批評」松村任三『植物学雑誌　第二巻第二二号』東京植物学会編輯所、明治二一年一二月一〇日
「日本植物誌図篇」大久保三郎『植物学雑誌　第二巻第二二号』東京植物学会編輯所、明治二一年一二月一〇日
「日本植物報告・第二」牧野富太郎『植物学雑誌　第三巻第二三号』東京植物学会編輯所、明治二二年一月一〇日
「A few words of expla-nation to European botanists.（泰西植物学者諸氏に告ぐ）」矢田部良吉『植物学雑誌　第四巻第四四号』東京植物学会編輯所、明治二三年一〇月一〇日
「日本植物報知・第十九（ムジナモ）」牧野富太郎『植物学雑誌　第七巻第八〇号』東京植物学会編輯所、明治二六年一〇月一〇日
「いてうの精虫に就いて」平瀬作五郎『植物学雑誌　第一〇巻第一一六号』植物学雑誌編輯所、明治二九年一〇月二〇日
「そてつの精虫」池野成一郎『植物学雑誌　第一〇巻第一一七号』植物学雑誌編輯所、明治二九年一一月二〇日
「故理学博士矢田部良吉君の略伝」松村任三『植物学雑誌　第一四巻第一五五号』植物学雑誌編輯所、明治三三年一月二〇日
「理学博士　中井猛之進」原寛『植物学雑誌　第五七巻第六七五号』植物学雑誌編輯所、昭和一八年三月二〇日
「カール・ヨーハン・マキシモヴィッチの伝」宮部金吾『札幌博物学会会報　第一巻第一号』札幌博物学会編発行、明治三九年六月一〇日

「本誌発刊の辞」牧野富太郎『植物研究雑誌　第一巻第一号』植物研究雑誌社、大正五年四月五日
「余が年少時代に抱懐せし意見」牧野富太郎『植物研究雑誌　第一巻第六号』植物研究雑誌社、大正六年六月三〇日
「南方熊楠翁の事ども」牧野富太郎『文藝春秋』昭和一七年二月号
「理学博士矢田部良吉、鎌倉海岸で溺死」『国民新聞』明治三二年八月九日
「矢田部博士の溺死」『時事新報』明治三二年八月九日
「矢田部氏溺死後聞」『時事新報』明治三二年八月一〇日
「不遇の学者牧野氏、植物標本十万点を売らん」『東京朝日新聞』大正五年一二月一六日
「月給三十五円の世界的学者、牧野氏植物標本十万点を売る」『大阪朝日新聞』大正五年一二月一八日
「篤志家は法科大学生、神戸に植物標本陳列所を設立せん」『大阪朝日新聞』大正六年一月三日
「不撓の努力に栄光〝文化日本〟の珠玉」『東京朝日新聞』昭和一二年一月一〇日
「輝く努力の結晶、朝日賞贈呈式」『東京朝日新聞』昭和一二年一月二六日
「〝植物〟の牧野博士、大学から隠棲、半世紀の教壇に訣別」『東京朝日新聞』昭和一四年六月一日夕刊
「〝御多幸を……〟両博士の談」『東京朝日新聞』昭和一四年六月一日夕刊
「危篤で十八時間半も生き永らえた不思議な生命力」『毎日新聞』昭和三二年一月一八日
「牧野富太郎博士、臨終まで意識保つ」『毎日新聞』昭和三二年一月一八日夕刊
「〝牧野植物館〟を建設」『日本経済新聞』昭和三二年一月一八日夕刊
「霊前に七つの草花」『日本経済新聞』昭和三二年一月一九日
「祭壇に野菊の山、牧野富太郎博士の葬儀」『朝日新聞』昭和三二年一月二二日夕刊
「牧野邸も史跡に保存」『朝日新聞』昭和三二年二月一二日
「首都大学東京・牧野標本館における所蔵標本の継続的管理と標本資料に基づく情報の発信」村上哲明『分類(Bunrui)第七巻一号』日本植物分類学会、二〇〇七年二月二〇日

「牧野博富太郎伝に向けた覚書き」大場秀章『分類（Bunrui）第九巻一号』日本植物分類学会、二〇〇九年二月二〇日
「牧野博士の行動録——編纂の経緯と今後の課題」田中伸幸『分類（Bunrui）第九巻一号』日本植物分類学会、二〇〇九年二月二〇日
「植物学者牧野富太郎の出自についての一考察」新谷浩之『佐川史談　霧生関（牧野富太郎博士生誕一五〇年記念号）第四八号』佐川史談会編発行、二〇一二年一一月一日
「ムジナモとその最後の自生地宝蔵沼」小宮定志『日本歯科大学紀要　第一八号』日本歯科大学、一九八九年三月二〇日
「牧野博富太郎と食中植物」伊藤千恵『Makino　第一〇二号』牧野植物同好会、二〇一五年八月
「牧野富太郎の〝疎開日記〟——解説と翻刻」田中純子・伊藤千恵『高知県立牧野植物園研究報告　やまとぐさ第三号』高知県立牧野植物園、二〇二〇年三月三〇日
「大泉の牧野富太郎邸の住居空間とその暮らしについて」伊藤千恵『高知県立牧野植物園研究報告　やまとぐさ第四号』高知県立牧野植物園、二〇二二年三月三〇日
「本草学」矢部一郎『幕末の洋学』中山茂編、ミネルヴァ書房、一九八四年
「矢田部良吉年譜稿」太田由佳・有賀暢迪『国立科学博物館研究報告（Bulletin of the National Museum of Nature and Science.）第三九号』国立科学博物館、二〇一六年一二月二二日
「南方熊楠、牧野富太郎往復書簡にみる植物掲載誌」土永知子『熊楠研究　第六号』南方熊楠研究会編発行、二〇〇四年三月三一日
「牧野富太郎と南方熊楠」土永知子『熊楠 works　第三五号』南方熊楠顕彰会、二〇一〇年四月一日
「日本植物学の父・牧野富太郎」上山明博作・帯ひろ志画『小学四年生　一〇月号』小学館、二〇〇五年一〇月一日

『花と恋して――牧野富太郎伝』上村登、高知新聞社、一九九九年
『牧野富太郎――私は草木の精である』渋谷章、リブロポート、一九八七年。平凡社、二〇〇一年
『草を褥に――小説牧野富太郎』大原富枝、小学館、二〇〇一年。河出文庫、二〇二二年
『歴史街道佐川』松岡司、佐川町立青山文庫、二〇〇六年
『牧野富太郎通信――知られざる実像』松岡司、トンボ新書、二〇一七年
『日本植物学の父・牧野富太郎』佐川町立青山文庫編発行、二〇二一年
『牧野富太郎博士からの手紙』牧野富太郎・武井近三郎、高知新聞社、一九九二年
『牧野富太郎写真集――Dr.Makino's Botanical Life』高知県立牧野植物園編発行、一九九九年
『牧野富太郎植物画集』高知県立牧野植物園編、アム・プロモーション、一九九九年
『牧野文庫蔵書目録　洋書の部／邦文図書の部／和書・漢書の部』高知県立牧野植物園編発行、一九八一・三・六年
『牧野富太郎　蔵書の世界――牧野文庫貴重書解題』高知県立牧野植物園編発行、二〇〇二年
『牧野富太郎植物画展――ボタニカルワールドへのいざない』高知県立牧野植物園編発行、二〇〇〇年
『牧野富太郎と植物画展――ボタニカルワールドへのいざない』高知県立牧野植物園編、毎日新聞社、二〇〇一年
『牧野富太郎植物採集行動録　明治・大正篇』山本正江・田中伸幸編、高知県立牧野植物園、二〇〇四年
『牧野富太郎植物採集行動録　昭和篇』山本正江・田中伸幸編、高知県立牧野植物園、二〇〇五年
『大場秀章著作選Ⅰ　植物学史・植物文化史』大場秀章、八坂書房、二〇〇六年
『牧野標本館五〇周年記念誌』牧野標本館五〇周年記念誌編集委員会、首都大学東京経営企画室企画課、二〇〇八年
『花在ればこそ吾れも在り――牧野記念庭園開園五〇周年』練馬区公園緑地課、パレード、二〇〇八年
『高知県立牧野植物園――Makino Botanical Garden』高知県立牧野植物園編発行、二〇〇五年

『Makino Botanical Garden』高知県立牧野植物園編発行、二〇一一年
『Makino 100: 1911-2011: 牧野植物同好会創立一〇〇周年記念誌』牧野植物同好会創立一〇〇周年記念事業実行委員会編、牧野植物同好会、二〇一一年
『牧野富太郎の植物図――牧野富太郎生誕一五〇年記念誌』練馬区立牧野記念庭園、練馬区環境部みどり推進課花とみどりの相談所、二〇一二年
『MAKINO――牧野富太郎生誕一五〇年記念出版』高知新聞社編、北隆館、二〇一四年
『牧野富太郎の本』高知県牧野記念財団編発行、二〇一八年
『牧野植物図鑑原図集――牧野図鑑の成立』牧野図鑑刊行八〇年記念出版編集委員会編、北隆館、二〇二〇年
『江戸参府紀行』A・ジーボルト著・斎藤信訳、東洋文庫、一九六七年
『錦窠図譜の世界――幕末・明治の博物誌』名古屋大学付属図書館・付属図書館研究開発室編発行、二〇〇三年
『伊藤篤太郎――初めて植物に学名を与えた日本人』岩津都希雄、八坂書房、二〇一〇年
『金箔の港――コレクター池長孟の生涯』高見沢たか子、筑摩書房、一九八九年
『牧野富太郎と神戸』白岩卓巳、神戸新聞総合出版センター、二〇〇八年
『大植物図鑑』村越三千男、大植物図鑑刊行会、一九二五年
『集成新植物図鑑』村越三千男編、大地書院、一九二八年
『牧野植物図鑑の謎』俵浩三、平凡社新書、一九九九年
『ユリイカ――特集・南方熊楠　第四〇巻第一号』青土社、二〇〇八年
『学制百年史』文部省、ぎょうせい、一九七五年
『東京帝国大学五十年史　上・下冊』東京帝国大学編発行、一九三二年
『東京大学百年史』東京大学百年史編集委員会編、東京大学、一九八四－七年
『東京帝国大学理学部植物学教室沿革』小倉謙編、東京帝国大学理学部植物学教室、一九四〇年
『日本植物研究の歴史――小石川植物園三〇〇年の歩み』大場秀章編、東京大学総合研究博物館、一九九六年

『日本の植物学百年の歩み――日本植物学会百年史』日本植物学会百年史編集委員会編、日本植物学会、一九八二年
『牧野植物学全集　全七巻』牧野富太郎、誠文堂新光社、一九三四－六年
『日本植物図説集』牧野富太郎、誠文堂新光社、一九四〇年
『牧野日本植物図鑑』牧野富太郎、北隆館、一九四〇年。改訂七版、一九四九年
『植物記』牧野富太郎、桜井書店、一九四三年。ちくま学芸文庫、二〇〇八年
『植物記　続』牧野富太郎、桜井書店、一九四四年。『花物語――植物記 続』ちくま学芸文庫、二〇一〇年
『牧野植物随筆』牧野富太郎、鎌倉書房、一九四七年。講談社学術文庫、二〇〇二年
『四季の花と果実』牧野富太郎、通信教育振興会、一九四九年。『植物知識』講談社学術文庫、一九八一年
『随筆　植物一日一題』牧野富太郎、東洋書館、一九五三年。博品社、一九九八年。ちくま学芸文庫、二〇〇八年
『草木とともに』牧野富太郎、ダヴィッド社、一九五六年。角川ソフィア文庫、二〇二二年
『牧野富太郎自叙伝』牧野富太郎、長嶋書房、一九五六年。日本図書センター、一九九七年。講談社学術文庫、二〇〇四年
『牧野植物一家言』牧野富太郎、北隆館、一九五六年
『植物学九十年』牧野富太郎、宝文館、一九五六年
『遺稿　我が思ひ出――植物随筆』牧野富太郎、北隆館、一九五八年

著者　上山明博（うえやま・あきひろ）
1955年10月8日岐阜県生まれ。小説家・ノンフィクション作家。日本文藝家協会正会員、日本科学史学会正会員。1999年特許庁産業財産権教育用副読本策定普及委員会委員、2004年同委員会オブザーバーなどを務める一方、文学と科学の融合をめざし、徹底した文献収集と関係者への取材にもとづく執筆活動を展開。主な著書に、小説として『白いツツジ――「乾電池王」屋井先蔵の生涯』（PHP研究所、2009年）、『「うま味」を発見した男――小説・池田菊苗』（PHP研究所、2011年）、『関東大震災を予知した二人の男――大森房吉と今村明恒』（産経新聞出版、2013年）、またノンフィクションとして『プロパテント・ウォーズ――国際特許戦争の舞台裏』（文春新書、2000年）、『発明立国ニッポンの肖像』（文春新書、2004年）、『ニッポン天才伝――知られざる発明・発見の父たち』（朝日選書、2007年）、『技術者という生き方――発見！しごと偉人伝』（ぺりかん社、2012年）、『地震学をつくった男・大森房吉――幻の地震予知と関東大震災の真実』（青土社、2018年）、『北里柴三郎――感染症と闘いつづけた男』（青土社、2021年）などがある。公式サイト http://aueyama.wixsite.com/home

牧野富太郎
花と恋して九〇年

2023年3月10日　第1刷印刷
2023年3月20日　第1刷発行

著者――上山明博

発行者――清水一人
発行所――青土社

〒101-0051　東京都千代田区神田神保町1-29　市瀬ビル
［電話］03-3291-9831（編集）03-3294-7829（営業）
［振替］00190-7-192955

印刷・製本――シナノ印刷

装幀――重実生哉

ISBN978-4-7917-7539-2